정서중심치료 원서 **2**판

Leslie S. Greenberg 저 | **한기백** 역

EFT는 인본주의 치료 접근 중 유일한 증거기반 치료로 알려져 있다. EFT는 내담자뿐만 아니라 치료자 자신을 변화시키고 성장시킨다. EFT는 정서를 치료적 나침반으로 삼아 '자기 자신이 되고, 자기 자신으로' 타인과 서로 존중하고 돌보며 살아가도록 돕는다.

E M O T I O N – F O C U S E D   T H E R A P Y   R E V I S E D   E D I T I O N

학지사

Emotion-Focused Therapy, Revised edition
by Leslie S. Greenberg, PhD

Copyright ⓒ 2017 by the American Psychological Association

This Work was originally published in English under the title of:
Emotion-Focused Therapy, Revised edition as a publication of the
American Psychological Association in the United States of America.
Copyright ⓒ 2017 by the American Psychological Association (APA).
The Work has been translated and republished in Korean language by
permission of the APA. This translation cannot be republished or
reproduced by any third party in any form without express written
permission of the APA. No part of this publication may be reproduced
or distributed in any form or by any means, or stored in any
database or retrieval system without prior permission of the APA.

Korean Translation Copyright ⓒ **2023** by Hakjisa Publisher, Inc.

All rights reserved.

본 저작물의 한국어판 저작권은 American Psychological Association과의
독점계약으로 (주)학지사가 소유합니다.
저작권법에 의해 한국 내에서 보호를 받는 저작물이므로
무단 전재와 무단 복제를 금합니다.

◆

추천의 글

Leslie S. Greenberg

이 책의 한국어 번역판에 추천의 글을 쓰게 되어서 대단히 기쁩니다. 한(恨)이라는 정서는 어떤 형태의 깊은 슬픔 또는 응어리 등의 말로 다양하게 기술되고 있는데, 한(恨)은 한국 문화에서 중요한 정서로 인식되는 만큼이나 정서중심 심리치료에서도 작업할 필요가 있는 핵심 정서입니다. 제가 첫 장에서 언급하는 것처럼 정서중심치료는 "나는 느낀다, 고로 나는 존재한다."라는 문장에 그 의미가 잘 드러나 있습니다. 정서적 고통은 단지 인지적 또는 행동적 어려움으로 인해 유발되는 것이라기보다 영혼의 깊은 곳에서 우러나는 고통으로 이해될 수 있습니다. 단지 행동이나 인지만으로만 작업하기보다 정서와 작업하는 것이 한국 문화와 한국인의 감성에 잘 맞을 것으로 믿습니다. 왜냐하면 한국 문화는 인간의 고통과 정신 건강에 정서가 얼마나 중요한지 직관적으로 이해하고 있다고 생각하기 때문입니다.

정서중심치료(EFT)의 수련은 한국에서 지난 수년간 실시되어 왔습니다. 그리고 아시아, 유럽, 북미와 남미 대륙, 호주 등 전 세계적으로도 수련이 급격히 이루어지고 있습니다. 서강대학교 교육대학원 상담심리 프로그램 주임 교수인 한기백 교수는 한국정서중심치료연구회(KIEFT)를 설립해 그간 많은 EFT 워크숍과 수련 프로그램을 운영해 왔습니다. 한 교수는 수년 전에 캐나다를 방문해 저에게 EFT 수련을 받았고, 지금은 한국에서 EFT 수련과 치료를 담당하고 있습니다. 한 교수는 EFT 이론과 실제에 아주 정통하며, 특히 본서를 정말 훌륭하게 번역하였습니다.

저는 이 책이 EFT에 대한 한국인들의 관심을 증가시키고, 한국 전역에 EFT가 퍼지는 데 이바지하기를 바랍니다. 정서를 자각, 체험, 표현하는 것은 인간 삶의 필수 요소이고 삶에 향기와 의미를 제공하기에, 한국 문화에 자연스럽게 잘 어울릴 것이라 믿고 또 바랍니다. 정서는 우리 삶의 신실한 벗이자 우리가 하는 많은 것에 영향을 미칩니다. 빈센트 반 고흐(1889)는 형제에서 이런 글을 썼습니다. "작은 정서들은 우리 삶의 위대한 선장이다. 우리는 알아차리지 못한 채 그 작은 정서들에 복종한다."

정서는 카타르시스를 통해 제거 또는 수정되거나 이성에 의해 교정되어야 하는 어떤 것이라기보다 적응의 자원이고 의미를 구성하는 체계라는 관점이 1980년대 처음 출현하였습니다. 그리고 인간관계와 심리치료에서 정서의 역할에 대한 이해는 심리치료에 엄청난 변화를 가져왔습니다. 이러한 '새로운 관점'은 심리치료 연구에 새로운 의제로 대두되기 시작했습니다. 정서를 인지의 부차적 변인이 아니라 독립된 변인으로 보고, 정서의 변화를 어떻게 가장 잘 촉진할 수 있을 것인지가 연구되기 시작했습니다. 지금 치료자들에 있어 핵심 이슈는 정서에 대한 접촉과 자각을 어떻게 가장 잘 증진하고 또 부적응 정서를 탈바꿈하도록 어떻게 도울 수 있는가입니다. 이 책이 여러분에게 정서 변화를 어떻게 촉진할 것인지에 대한 이해의 증진에 도움이 되기를 바랍니다.

◆

역자 서문

심리상담사의 길을 걷는 것은 소명(召命)인 것 같다. 30년 전 상담 심리학 석사과정으로 첫발을 내디딘 이래, 나름 치열하게 배우고 깊이 체험하며 궁구해 왔던 물음은 "무엇이 사람을 변화시키고 사람은 어떻게 변화하는가?"이다. 배움의 첫걸음에서 스승님과 선배님들의 따뜻한 안내와 지지로 다양한 치료 집단을 풍성하게 경험할 수 있었다. 호기심과 즐거움, 기쁨도 컸지만 아프고 슬프고 당혹스러울 때도 많았다. 그러함에도 치료의 힘을 직접 체험하였기에 오랜 기간 이 험한 길을 묵묵히 걸어올 수 있었고, 36세의 늦깎이 나이에 먼 유학길을 무작정 나설 수 있었다.

12년간의 미국 유학 생활을 마무리할 때쯤 느닷없이 가슴에 깊이 다가온 화두가 있었다. '나 자신이 되고(becoming myself), 나 자신이기(being myself)'였다. 늘 역할과 의무라는 무거운 짐을 깡다구로 버텨 왔던 삶이었기에 나를 있는 그대로 바라보고 수용하고 돌보는 것의 소중함을 느꼈다. 귀국 길에 스승님의 깊은 배려로 처음

애리조나주의 세도나와 그랜드 캐니언을 함께 여행할 수 있었는데, 스승님도 나의 이 화두에 동감해 주셨다. 지난 10여 년, 대학에서 상담과 심리치료를 가르치고 배우며 제자 및 동료들과 자주 나누는 이야기도 바로 '나 자신이 되고, 나 자신이기'이다. 내가 부족함을 느끼기에 더 강조하는 것 같다.

만약 누군가 '유능한 심리상담전문가가 되기 위해 유념해야 할 것은 무엇인가?'라고 묻는다면 주저 없이 하고 싶은 말이 있다. 다양한 치료 이론과 실제를 이해하고 경험하되 '한 가지 접근은 깊이 체험하고 통달하라'는 것이다. 나의 가슴을 울리고 나의 색깔과 향기에 어울리는 접근을 찾아 전념하는 작업은 전문가로서뿐만 아니라 한 개인으로서 자기 정체감이라는 옷을 든든히 입고 내담자는 물론 가족, 친구, 동료들과 더불어 성장하는 데 필수적이라고 믿는다. 나는 게슈탈트 치료를 통해 많이 치유받고 성장하였다. 늘 목표와 성취를 향해 앞만 바라보며 달렸던 나에게 지금-여기에서 나의 욕구와 정서, 신체를 알아차리고 머물며 누리는 작업은 나 자신을 깊이 만나고 돌보게 하였다. 특히 의자 대화(chair dialogue) 작업의 체험은 기적과 같은 변화를 내게 선물하였다.

석·박사 수련과정에서 정신역동, 대인관계, 인지행동에 정통한 수퍼바이저들의 지도를 받았는데, 역시 나에게 가장 편하고 맞는 옷은 게슈탈트였다. 세월이 흘러 2017년 연구년에 가족과 함께 미국 텍사스 달라스 인근의 모교에 머물면서 나의 치료적 정체성을 더욱 분명히 하고 싶었다. 저명한 치료자들로부터 게슈탈트, EMDR, 신체체험트라우마, 정서중심부부치료의 기본 수련 과정들에 참여하였다. 새로운 것들을 배우고 시야를 넓힌 유익한 경험들이었다. 그런데 왠지 가슴에 채워지지 않는 무엇이 있었다. 그러던 중 2018년 여름 우여곡절 끝에 캐나다 York 대학교에서 Greenberg 박사님께 정서중심치료 수련을 받게 되었다. 박사님과의 인연은 2002년 박사님의 제자가 되고 싶어 박사과정에 지원하였고, 1시간의 전화 면접을 하면서 시작되었다. 선발은 되지 않았지만 박사님을 한국심리학회에 소개해 드렸고, 박사님의 첫 한국 방문의 작은 징검돌이 되었다. 연구년 기간 중 캐나다 토론토 자택을 방문해 박사님을 처음 뵙고 여러 얘기를 나누었던 때가 떠오른다. 박사님께 EFT를 배우고자 전문가 수련과정을 몇 개월 전에 신청하였음에도 긴 대기자 명단에 있었다. 쉽지 않은 상황이었음에도 내 바람과 계획을 들으시고 소중한 배움의 기회를 주셨다. 깊은 배려를 느꼈고 참 감사했다! 그 후 York 대학교 기숙사에서 2주간 머물며 수련을 시작했던 첫날 나는 가슴의 소리를 들었다. "바로 이것이야! 이것이 내가 그동안 찾아왔던 바로 그 접근이야!"

박사님께 한국에 EFT를 뿌리내리도록 하겠다는 약속을 하였기에, 그 사명감으로 2018년 겨울 한국정서중심치료연구회(KIEFT)를 발족하였고, 2019년 3월부터 EFT 토요 월례회를 시작하였다. 매 학기 30~50명의 제한된 인원만을 모집해 선정한 도서로 함께 배우며 체험해 왔고, 방학 중에는 EFT 집단을 통해 여러 선생님과 소중한 삶의 명암을 나눈 지 어언 4년이 되었다. 주목할 만한 변화들이 그간 연구회에 있었다. 먼저, 코로나 사태로 비대면이지만 박사님을 두 차례 모시고 EFT 워크숍을 개최하였고, 박사님의 수제자인

Goldman 박사님을 초청해 사례공식화 워크숍을 성황리에 종료하였다. 둘째, 2019년 연구회 홈페이지를 개설한 이래 많은 분의 관심과 참여로 현재 회원이 360명을 넘어섰다. 셋째, 최근 연구회의 하위 분과로 'EFT 기반 애착 및 트라우마 치료연구팀'을 발족해 한국형 EFT 개발을 위한 실증적인 연구를 준비하고 있다. 넷째, EFT 집단을 체험과정과 심화과정으로 세분화하였고, 증거기반 EFT 집단 프로그램을 개발하고 있다. 다섯째, 지난 2년간 코로나 사태로 연기된 EFT 국제 전문가 수련 1단계를 2022년 청명한 가을날 서울 광화문 인근에서 박사님을 모시고 마침내 개최하였다. 팔순이 가까운 노구로 구만리 여행길의 피로에도 EFT의 정수를 온몸으로 보여 주셨다. 참 감개무량하고 감사하였다!

현재까지 EFT는 인본주의 치료 접근 중 유일한 증거기반 치료이다. 1998년 유학의 길을 나설 때 가졌던 물음인 '무엇이, 어떻게 사람을 변화시키는가?'에 대한 답을 EFT는 실증적 연구를 통해 체계적으로 제시하고 있다. EFT의 가장 중요한 기여는 내담자뿐만 아니라 치료자 자신도 변화, 성장할 수 있는 방안을 기적과 같은 체험적 작업을 통해 제시한다는 점이라 생각한다. 정서를 치료적 나침반으로 삼으며 자신의 존재를 있는 그대로 자각, 표현, 조절, 숙고함과 아울러 해묵은 고통스러운 정서와 신념을 수용, 탈바꿈, 재구성함으로써 '자기 자신이 되고 또 자기 자신으로' 이웃과 서로 존중하고 보살피며 더불어 살아가도록 안내하는 것이 EFT의 매력이자 힘이다.

소회가 길었다. 이 책은 여러분들의 따뜻한 지지와 적극적인 도움이 없었다면 그 모습을 드러내지 못했을 것이다. 먼저, 지난 30년간 한결같은 지지와 사랑을 주신 존경하는 스승 심혜숙 교수님, 늘 깊고 든든한 보살핌을 변함없이 주시는 멘토 김정택 신부님, 오랜 세월 나와 우리 가족을 따뜻한 사랑으로 보살펴 주시는 어세스타의 김명준 대표님과 사모님, 게슈탈트치료의 맛과 멋을 처음 알게 해 주신 김정규 교수님께 깊이 감사드린다. 또한 지난 4년간 한국정서중심치료연구회를 함께 이끌어 준 박인구, 엄혜선, 서지현 선생님을 비롯한 제자들과 매월 토요 월례회와 EFT 집단에서 깊은 나눔과 귀한 배움의 여정을 함께 걸어 주신 여러 선생님께 깊이 감사드린다. 함께해 준 이분들이 있었기에 오늘이 있다. 덧붙여, 학지사의 김진환 대표님을 비롯해 편집부의 정은혜 과장님, 영업부의 소민지 과장님께도 깊이 감사드린다. 촉박한 기간에 번역권 취득과 편집, 발간을 부탁드렸음에도 따뜻한 지원을 아낌없이 주셨다. 끝으로, 하늘나라에 계신 부모님과 동생 기권에게 안부인사 올리며, 그간 EFT의 씨앗을 뿌리고 가꾸느라 여념이 없는 나를 곁에서 묵묵히 지켜보며 든든하게 지지해 준 아내 미정과 사랑스러운 딸 혜인, 멋진 아들 태인에게 깊은 고마움과 사랑을 전한다.

2023년 3월
한기백

심리치료이론 시리즈 서문

　어떤 사람은 이렇게 주장할 것이다. 현대 심리치료의 임상적 실제에서 증거에 기반한 치료적 개입과 효과를 강조하는 것이 이론의 중요성에 그림자를 드리우게 했다고. 그런 측면이 있다. 편집자들은 이와 관련된 논쟁을 여기서 다시 하려는 것은 아니다. 하지만, 우리가 아는 한 치료자는 어떤 한 가지 이론을 채택하고 그것에 근거해 치료한다는 것이다. 왜냐하면 지난 수십 년간 확인된 치료적 증거는 어떤 탄탄한 심리치료이론이 더 나은 치료적 성공으로 이끈다는 것을 보여 주기 때문이다. 조력의 과정에서 이론의 역할을 설명하는 것은 어려운 면이 있다. 문제 해결과 관련된 다음 이야기는 이론의 중요성을 알리는 데 도움이 된다.

　이솝은 태양과 바람이 서로 누가 더 힘이 센지 경쟁하는 우화를 소개한다. 하늘에 있는 태양과 바람은 길을 걷는 한 사람을 지목한다. 바람은 자신이 그 사람이 입고 있는 외투를 벗게 할 수 있다며 내기를 걸었고 태양은 시합에 동의했다. 바람이 불자 그 사람은 외투를 꼭 잡았다. 바람이 더 많이 불자 그 사람은 외투를 더 단단히 붙잡았다. 태양은 이제 자기 차례라고 말했다. 태양이 있는 힘을 다해 따뜻한 햇볕을 만들자 곧 그 사람은 외투를 벗었다.

그 사람의 외투를 벗기려는 태양과 바람의 시합이 심리치료이론과 대체 무슨 상관이 있단 말인가? 이 아주 단순한 이야기는 어떤 효과적인 치료적 개입과 그로 인한 좋은 결과의 조짐으로서 이론의 중요성을 강조한다고 생각한다. 어떤 이론적 안내가 없다면, 우리는 한 개인을 이해하지도 않은 채 증상을 처치하게 될지도 모른다. 아니면, 내담자들과 힘겨루기를 하면서 간접적인 조력(햇볕)이 직접적인 수단(바람) 만큼 ─더 효과적이지는 못하다고 하더라고 ─ 효과적이라는 것을 이해하지 못할지도 모른다. 이론 없이는 치료적 처치의 근거를 잃게 되고 사회적으로 옳은 것에 사로잡혀 간단해 보이는 것조차 하지 않게 될지도 모른다.

이론이란 무엇인가? 미국심리학회가 발간한 심리학 사전은 이론을 '서로 관련된 다수의 현상을 설명 또는 예측함을 목적으로 하는 어떤 원리 또는 상호 관련된 일군의 원리들'로 정의한다. 심리치료의 관점에서 볼 때, 이론이란 사람을 변화시키는 것을 포함해 사람의 생각과 행동을 설명하기 위해 사용되는 일군의 원리이다. 심리치료 실제에서 이론은 치료의 목적을 설정하고 어떻게 그 목적을 추구할 것인지를 구체화한다. Haley(1997)는 심리치료 이론은 평균 수준의 치료자가 이해할 수 있을 만큼 충분히 단순하면서

도 폭넓은 현상들을 설명할 수 있을 만큼 포괄적이야 한다고 보았
다. 더 나아가 이론은 치료자와 내담자 모두에게 회복 가능하다는
희망을 유발함과 더불어 성공적인 결과로 이끄는 행동을 안내해
준다.

이론은 심리치료자가 광활한 임상적 현상을 항해하게 돕는 나침
반이다. 항해를 위한 도구들이 탐색할 지역들을 숙고하고 확장하
는 데 진전이 있도록 적용되고 수정되어 온 것처럼, 심리치료 이론
들도 시간의 흐름에 따라 발전해 왔다. 서로 다른 이론적 학파들이
종종 물결(waves)로 언급되는데 첫 번째 물결은 정신역동 이론들
(예: 아들러, 정신분석)이었고, 두 번째 물결은 학습 이론들(예: 행동,
인지-행동)이었으며, 세 번째 물결은 인본주의 이론들(예: 인간-중
심, 게슈탈트, 실존)이고, 네 번째 물결은 여성주의와 다문화 이론들
이고, 다섯 번째 물결은 포스트모던(postmodern)과 구성주의 이론
들(예: 이야기, 해결중심)이다. 이 물결들은 심리치료가 그 자체적 변
화는 물론 심리학, 사회학, 인식론의 변화에 어떻게 적응하고 반응
해 왔는지를 보여 준다. 심리치료와 심리치료를 안내하는 이론들
은 역동적이면서도 즉각적으로 반응한다. 또한 다양한 이론은 동
일한 인간 행동이 다양한 방식으로 개념화될 수 있음을 보여 주는
증표이다(Frew & Spiegler, 2012).

우리가 미국심리학회 심리치료이론 시리즈를 만들 때 염두에 둔
것은 두 가지로 이론의 중요성과 이론적 사고의 자연스러운 진화
과정이다. 우리는 각 이론과 각 이론의 치료적 모델을 촉발한 사고
의 복합성에 아주 매료되었다. 심리치료 이론 과목을 가르치는 대

학교수로서 우리는 심리치료 전문가들은 물론 전문가 과정 수련생들을 위해서 주요 이론의 핵심요소들을 선명하게 제시할 뿐 아니라 각 이론의 치료적 모델에 대한 최신 정보를 명확히 제공하는 학습 자료를 만들고 싶었다. 기존 이론서들을 보면 이론 창시자의 전기(biography)에 초점을 둠으로써 이론적 모델의 발달과정이 잘 드러나지 않는 경향이 종종 있다. 이와 달리, 본서는 이론들이 발달한 역사와 맥락은 물론 이 이론들을 현대적 관점에서 어떻게 활용할 수 있을지에도 초점을 두고자 하였다. 덧붙여, 각 이론이 다양한 내담자와 치료적 작업을 해 나가는 과정에 어떻게 반영되는지도 보여 주고 싶었다.

본 학습자료 제작 프로젝트를 시작할 때 우리는 두 가지를 사항을 먼저 결정했어야 했는데, 어떤 이론들을 다룰 것인지와 누가 각 이론을 가장 잘 대표하는가였다. 우리는 대학원 수준에서 어떤 이론들이 가르쳐지고 있는지 살펴보았고 어떤 이론들이 가장 관심을 끄는지 확인하고자 저명한 학술 도서, 학술지, 학술 발표 자료들을 검토하였다. 그리고는 현재 심리치료의 이론과 실제에 관한 저명한 인사 중에서 가장 대표적인 저자들의 목록을 작성하였다. 각 저자는 각 치료적 접근의 선두 주자 중의 한 분이자 실제로 그 이론을 치료 현장에서 활용하는 분이다. 우리는 각 저자에게 이론의 핵심 구성요소들을 검토하고, 증거기반의 맥락에서 이론을 임상 실제에 적용하고, 이론이 어떻게 심리치료의 실제 현장에서 작동되는지 명확히 설명하도록 요청하였다.

본 시리즈는 24개의 제목으로 구성되어 있다. 각 제목은 심리치료이론 수업용 자료 제작을 목적으로 단독 또는 다른 제목과 함께 제시되었다. 이것은 교수자가 믿기에 현대 심리치료에서 가장 두드러진 접근들로 수업 과정을 구성할 수 있도록 돕기 위한 것이다. 이러한 목적을 지원하기 위해 미국심리학회도 각 이론이 실제 내담자와의 치료장면에서 어떻게 작동되는지를 입증하기 위해 대부분의 접근에 대한 DVD를 제작하였다. 대부분의 DVD는 6회기 이상의 치료과정을 보여 준다. 전체 DVD 목록은 http://www.apa.org/pubs/videos에서 확인할 수 있다.

우리는 『정서중심치료(Emotion-Focused Therapy)』 개정판을 출간하게 되어 기쁘다. 정서중심치료(EFT)는 정서의 변화는 내담자의 성장과 안녕의 영구적 또는 지속적 변화에 필수적이라고 주장한다. 인본주의적 심리치료이론에 기반한 EFT는 정서 표현의 효과에 주목하고 정서가 의미 있는 심리적 변화의 창출에 결정적인 역할을 하는 적응적 잠재력이 있음을 분명히 보여 준다. 본서에서는 EFT의 공동 창시자인 Leslie S. Greenberg가 EFT 모델의 발달과정과 함께 정서의 표현과 긍정적 정서의 발달이 치료적 효과를 어떻게 도출하는지 구체적으로 설명한다. 실증적 경험에 기반한 이 접근은 내담자가 정서를 수용, 표현, 조절, 이해하도록 돕는 다양한 전략을 강조한다. 지난 10여 년간 EFT 접근을 배우고 이해하는 것에 대한 관심이 엄청나게 증가해 왔다. EFT는 임상적 혁신과 연구의 최일선에 서 있는 대표적인 접근이기에 본 심리치료 시리즈의 중요한 치료적 접근으로 추가되었다.

본 개정판에는 정서적 욕구의 개념들에 대한 중요한 새로운 연

구 결과들이 포함되었으며 불안장애 치료에 EFT를 어떻게 활용할
것인지에 대한 중요한 진전들도 기술되고 있다.

- Jon Carlson와 Matt Englar-Carlson -

이 책을 미국심리학회 심리치료 비디오들과 함께 사용하는 방법

이 심리치료이론 시리즈의 각 도서는 한 이론이 실제 내담자와의 치료장면에서 어떻게 적용되는지를 보여 주는 DVD와 한 쌍을 이룬다. 각 DVD는 뛰어난 학자이자 치료자인 도서 저자를 초대해 저자가 이론을 실제 치료장면에 어떻게 적용하는지를 시청하도록 설정되었다.

DVD들은 이론적 개념들에 대해 더 많이 배울 수 있는 훌륭한 학습 도구로 다음과 같은 특징들을 갖고 있다.

- 다수의 DVD는 6회의 치료 회기를 모두 담고 있는데, 각 이론이 치료에 적용되는 과정에서 내담자가 어떻게 반응하는지를 볼 기회를 제공한다.
- 각 DVD는 각 치료적 접근의 이면에 있는 이론의 기본 특징들을 간략히 소개하고 논의하는 것으로 시작함으로써 시청자들이 각 접근의 핵심 요소들을 살펴보게 한다.

- DVD들은 편집되지 않은 실제 치료 회기에서 작업하는 내담자의 모습을 담고 있다. 이는 문서화된 사례와 축어록이 전달할 수 없는 치료의 실제 모습과 느낌을 이해하게 하는 독특한 기회를 제공한다.
- 시청자는 치료 회기에 대한 치료자의 논평을 선택해 볼 수 있다. 이는 치료자가 어떤 회기에서 왜 그러한 개입을 했는가에 대한 통찰을 제공한다. 덧붙여, 치료자가 내담자를 이해함에 있어 해당 치료 모델을 어떻게 사용하는지도 생생하게 볼 기회를 제공한다.

이 책과 DVD는 함께 사용될 때 이론적 원리가 치료 실제에 어떻게 영향을 미치는지 보여 주는 효과적인 교수 자료가 된다. 이 책의 경우 DVD 〈정서중심치료의 발달과정(Emotion-Focused Therapy Over Time)〉과 함께 활용할 수 있는데, 이 DVD는 저자를 치료 전문가로 초대해 이 치료적 접근이 실제 치료장면에서는 어떻게 작동하는지에 대한 생생한 예를 제공한다.

◆

차례

:: 추천의 글 _ 3

:: 역자 서문 _ 7

:: 심리치료이론 시리즈 서문 _ 13

:: 이 책을 미국심리학회 심리치료 비디오들과 함께 사용하는 방법 _ 19

제1장 **소개** • 25

　핵심 개념 __ 26

　개념적 틀 __ 31

　결론 __ 35

제2장 **역사** • 37

　인간중심이론 __ 38

　체험적 초점 맞추기 __ 41

　게슈탈트치료 __ 47

　실존치료 __ 51

　EFT가 고유한 치료적 접근으로 발달하는 과정 추적하기 __ 53

　현재까지의 진화 __ 58

제3장 **이론** • 63

이론적 발달의 개관 __ 63

인간 본성과 동기에 대한 관점 __ 68

정서이론 __ 73

자기 기능의 변증법적 구성주의 모델: 생물학과 문화의 통합 __ 84

역기능에 대한 관점 __ 97

결론 __ 111

제4장 **치료과정** • 113

관계 및 과제의 원리 __ 114

지각 기술 __ 117

개입 기술 __ 120

사례공식화 __ 146

사례 예시: 분노가 절망을 무력화하다 __ 150

EFT 작업 시 부딪히는 장애물 또는 문제 __ 167

성과 문화가 EFT에 미치는 영향 __ 168

장애별 EFT 이론 __ 170

결론 __ 189

제5장 **평가** • 191

증거기반 처치 __ 191

정서적 상처 __ 195

커플치료 __ 196

변화의 과정 __ 198

정서의 변화과정에 대한 연구 _ 208

구체적인 치료 과제에 관한 연구 _ 210

관계 요인들 _ 219

결론 _ 220

제6장 EFT의 발달 전망 • 223

향후의 연구 영역 _ 223

수련 _ 228

예방적 접근 _ 230

종합 _ 234

비판 _ 234

결론 _ 236

:: 주요 용어 사전 _ 237

:: 추천 도서 목록 _ 241

:: 참고문헌 _ 247

:: 찾아보기 _ 273

제1장

소개

• • •

정서가 없는 지식이란 없다. 우리는 진리를 알아차릴 수 있을지 모른다.

하지만 그 힘을 느낄 때까지는 진리는 우리의 것이 아니다.

두뇌의 인식에는 영혼의 체험이 덧붙여져야 한다.

−Arnold Bennett−

정서중심치료(Emotion−Focused Therapy: EFT)는 심리치료를 통한 변화에서 정서의 역할에 대한 이해에 기반한 치료적 실제로 정의될 수 있다. EFT는 정서의 의미와 정서가 인간의 체험과 치료적 변화에 기여한 바를 가까이에서 주의 깊게 분석한 것에 기반한다. 이러한 분석을 통해 EFT는 치료자와 내담자가 정서를 자각, 수용, 표현, 활용, 조절, 탈바꿈하고 교정적 정서 경험을 증진하게 되는 전략을 도출하였다. EFT의 목표는 자기를 강화하고, 정서를 조절하며, 새로운 의미를 창출하는 것이다.

핵심 개념

EFT는 최신의 정서(emotion)이론과 정동(affect)에 관한 신경과학의 관점에서 재구성된 신인본주의적 · 체험적 접근이다. 본 접근은 인본주의적-현상학적 치료이론들(Perls, Hefferline, & Goodman, 1951; Rogers, 1957)과 정서-인지이론, 정동에 대한 신경과학, 역동적인 가족 체계이론(Damasio, 1999; Frijda, 1986; J. Pascual-Leone, 1987, 1988; Thelen & Smith, 1994; Weakland & Watzlawick, 1979)의 영향을 받았다. 이 접근은 분노, 슬픔, 두려움, 혐오와 같은 근원적 정서들이 우리가 환경과 상호작용하는 복잡한 체계를 구성하는 데 핵심적인 역할을 한다고 본다. 덧붙여, 정서 체계는 삶에서 가장 근원적인 동기를 유발하며 생존과 적응에 필수적이라고 본다. 또한 정서는 목표 지향적이며 목표 지향적 행동의 유발에 핵심적인 역할을 한다고 본다. 정서는 동기를 유발하는 현상학적 실체로 지각, 인식, 행동에 영향을 미친다(Izard, 1977).

수십 년 전에 다양한 심리치료 사례를 통해 사람이 어떻게 변화하는가에 대한 관심으로 태동한(Rice & Greenberg, 1984) EFT는 그동안 하나의 성숙한 이론으로 성장해 왔는데, 사람의 지속적 변화에는 정서의 변화가 핵심이라고 제안한다. EFT는 전통적인 심리치료가 정서의 변화가 치료과정에서 핵심적 · 근원적 역할을 한다는 것을 무시하고 의식적 이해와 인지적 · 행동적 변화를 지나치게 강조해 왔다는 믿음에 기반한다. EFT는 의미 창출과 행동 변화의 중

요성을 부정하지 않는다. 하지만 정서의 자각, 수용, 이해의 중요
성과 함께 심리치료를 통한 변화의 촉진에는 깊은 정서적 체험과
정서의 변화가 중요함을 강조한다.

　EFT는 정서는 타고난 적응적 잠재력을 지니고 있으며, 정서가
활성화되면 내담자는 잃어버린 자기 경험을 되찾게 되고, 문제되
는 정서 상태와 상호작용 방식을 변화시킬 수 있다고 본다. 정서
는 근원적인 타고난 적응 체계로 사람의 생존과 번성에 도움을 준
다는 관점은 광범위한 실증적 지지를 받고 있다. 정서는 인간의 가
장 핵심 욕구와 연결되어 있으며(Frijda, 1986), 욕구가 충족되고 있
는지를 평가하고, 무엇이 좋고 나쁜지에 대한 정보를 제공함으로
써 안녕(well-being)에 중요한 상황들을 신속히 알아차리게 한다.
정서는 또한 중요한 상황에서 욕구를 충족시키는 방향으로 행동
하도록 준비시키고 안내한다. EFT는 인간을 근본적으로 정동적인
(affective) 존재로 보며 행동을 유발하는 일차적 요소는 정서라고 본
다(Greenberg, 2015; LeDoux, 1996). 두려움은 위험을 찾아내는 공포
처리 기제를 활성화하고, 슬픔은 상실을 알리며, 분노는 침범이 있
음을 알린다. 또한 정서는 의사소통의 근원적 체계로 표현을 통해
자신의 의도를 신속히 알리고 타인에게 영향을 미치는 역할을 한
다. 정서는 삶의 본질적 의미와 의사소통, 행동 유발과 관련된 체계
로 우리가 누구인가에 대해 많은 것을 알려 준다. EFT는 "나는 생각
한다. 고로 나는 존재한다."라기보다 "나는 느낀다. 고로 나는 존재
한다."라는 발상에 기초하는데 우리는 먼저 느끼고 난 후에 생각하
며 느끼는 만큼만 생각한다고 제안한다. 따라서 EFT는 정서 변화가

인지 · 행동의 지속적 변화에 핵심적인 역할을 한다고 본다.

내담자들은 EFT를 통해 자신의 정서를 더욱 명료화, 체험, 수용, 탐색, 이해, 탈바꿈시키고, 유연하게 관리하는 데 도움을 받는다. 그 결과 내담자들은 자신과 세상에 대한 중요한 정보와 의미에 접촉하는 기술을 증진하게 되고 그러한 정보를 이용해 생동적이고 적응적으로 사는 기술을 더욱 향상하게 된다. 내담자들은 두려운 정서들을 관리하고 탈바꿈하기 위해 이 정서들을 직면하도록 격려받는다. EFT의 치료적 개입을 안내하는 핵심 전제는 사람은 자기 자신을 있는 그대로 수용할 때만 탈바꿈할 수 있다는 것이다. EFT는 내담자가 자신의 정서를 자각하고 생산적으로 활용할 수 있도록 돕기 위해 고안된 접근이다.

EFT는 서양의 심리치료가 인지와 행동을 지나치게 강조하는 것에 대한 반응으로서 출발하였고 또 성장해 왔다. 암묵적인 정서보다는 인지에 초점을 맞추는 것이 더 용이하다. 왜냐하면 인지가 더 쉽게 의식에 접근할 수 있도록 하기 때문이다. 또한 자동적인 정서 반응보다는 행동을 변화시키는 것이 더 용이하다. 왜냐하면 행동이 의도적으로 통제하기 더 쉽기 때문이다. 하지만 정서는 인지와 행동에 중대한 영향을 미친다. EFT는 적응적 · 부적응적 정서 경험이 치료적 변화에 미치는 핵심적인 역할을 강조함으로써 치료적 초점을 이동시키고자 한다.

EFT의 핵심 특징은 개념적 지식과 체험적 지식을 구별하면서 인간은 자신이 지닌 지적 능력 그 자체보다 더 지혜롭다고 본다는 점이다. 체험적 존재인 유기체에게 있어 의식은 유기체가 지닌 일련의 비의식적 기능이라는 피라미드의 꼭대기에 있는 것 같다. 따라서 자각을 안내하는 실험이 활용되는데 이는 내담자로 하여금 아직 형성되지 않은 정서적 경험에 주의를 집중하게 하고, 그 경험이 더욱 선명해지도록 해서, 그 경험을 의식 속에서 상징화하도록 돕기 위한 것이다. 덧붙여, 치료에서는 본능적 경험인 정서에 초점을 맞추고 정서의 변화를 촉진하기 위해 정서를 직접 만나고 수용하게 한다. 이렇게 자신과 타인의 삶의 서사(narratives) 속에 묻어 있는 정서를 명료히 하는 것은 우리 삶에 이야기를 제공한다(Angus & Greenberg, 2011).

　본 접근의 핵심은 내담자들이 언제 적응적 정서를 안내자로 사용하고, 언제 부적응적 정서들을 변화시키며, 언제 압도하는 정서들을 조절할 필요가 있는지 구별하도록 돕는 것이다. 본 접근의 핵심 원리는 정서로부터 정보를 얻고 정서에 의해 움직이며 변화를 위해서는 정서에 접촉해야 한다는 것이다. 내담자는 단순히 정서에 대해 말하거나, 정서의 발생 근원을 이해하거나, 신념을 변화시킴으로써 자신의 정서를 변화시키지 않는다. 오히려 정서는 수용되고, 체험되며, 다른 정서와의 대립을 통해 탈바꿈되고, 숙고를 통해 새로운 서사적 의미를 창출함으로써 변화한다(Greenberg, 2015).

　정서를 변화시키는 것이 문제 해결의 근원이자 처치의 핵심으로 보인다. 하지만 정서에 대한 작업이 EFT의 유일한 초점은 아니다. 대부분의 문제에는 생리적 · 정서적 · 인지적 · 동기적 · 행동적 · 신체적 · 사회적 · 문화적 원인들이 있기에 이 원인들에 주의를 기울일 필요가 있다. EFT는 동기, 인지, 행동 및 이들의 통합적 상호작용에 주의를 기울이면서도 변화의 핵심 통로인 정서에 초점을 맞춘다. EFT 치료자는 내담자가 삶에서 경험하는 대인관계 문제의 복잡성과 그 심리적 원인을 이해하도록 도울 뿐만 아니라 내담자가 생각, 행동, 대인관계적 상호작용을 건강한 방식으로 조절하도록 돕는다. 덧붙여, 정서중심 치료자는 치료적 작업에서 다음과 같은 핵심 요인들에도 초점을 둔다. 첫째, 치유의 촉진을 위해 공감적 관계를 제공하기, 둘째, 내담자의 정서적 경험과 정서의 근원 및 역동을 섬세하게 탐색하기, 셋째, 정서를 제거하기 위해 정서를 반복적으로 표현하고 정화하기보다 정서가 제공하는 정보를 얻기 위해 정서를 허용하고 수용하도록 격려하기, 넷째, 정서에 접촉하려는 내담자의 노력을 방해하는 방해과정에 초점 두기, 다섯째, 새로운 정서에 접근함으로써 해묵은 정서를 변화시키기, 여섯째, 새로운 이야기를 창출하기 위해 정서를 상징화하고 숙고하기이다.

개인, 부부, 가족을 치료하는 것과 관계없이 치료자가 정서와 정서 체계의 역동을 이해하는 것은 성공적 치료에 핵심 요소이다. 왜냐하면 변화하려는 모든 내담자의 노력에는 정서가 관여되기 때문이다. 따라서 본서에서 논의되는 문제들과 그 치료적 방법들은 모든 형태의 치료적 접근에 적용되고 활용될 수 있다. EFT는 부부치료자들과 개인치료자들에 의해 점차 많이 활용되고 있고, 정서 작업은 정신역동적 접근과 인지적 접근에도 통합되고 있으며, 다수의 통합적 치료자가 EFT를 자신의 치료적 접근 속에 통합하고 있다.

정서에 초점을 두는 처치방법이 모든 치료적 접근에 활용될 수 있지만, EFT는 그렇게 단순하고 규격화된 치료는 아니다. EFT는 이론적으로나 치료적 실제에 있어 복잡한 치료적 접근으로, 공감 적으로 정서를 촉발하는 방법의 숙달에는 수년의 치료적 경험이 요구된다. 본서는 EFT의 풍미를 제공하는데 이것은 단지 시작일 뿐이다. 본서가 당신을 흥분시키고 EFT를 더 배우고 싶은 동기를 촉발하기를 바란다.

개념적 틀

EFT(Elliott, Watson, Goldman, & Greenberg, 2004; Greenberg, 2015; Greenberg & Johnson, 1988; Greenberg & Paivio, 1977; Greenberg, Rice, & Elliott, 1993; Greenberg & Watson, 2006; S. M. Johnson, 2004)는 경험적으로 입증된 통합적ㆍ체험적 치료이다(Greenberg, Watson, & Lietaer, 1998). EFT는 인간중심치료(Rogers, 1959), 게슈탈트치료 (Perls et al., 1951), 체험치료(Frankl, 1959; Yalom, 1980)의 요소에 최 근의 정서, 인지, 애착, 대인관계, 정신역동, 이야기 이론들을 변 증법적 구성주의와 메타이론의 관점에서 융합하고 있다는 점에 서 통합적이다. EFT 개인치료는 처음에는 과정 체험적 심리치료 (Greenberg, Rice, & Elliott, 1993)라 불리었는데, 그 이유는 신인본 주의적ㆍ체험적인 접근에 기초해 치료적 원리를 구현하였기 때문 이다. 시간이 지나면서 정서가 인간 활동과 심리치료에서 핵심적 인 역할을 한다는 것에 대한 이해가 증가하면서 명칭이 과정 체험

적 치료에서 정서중심적 치료로 변경되었다. 하지만 초기의 EFT 커플치료에서는 정서적으로 초점을 맞춘 치료(emotionally focused therapy)라는 용어가 사용되었다. 왜냐하면 정서가 커플의 상호 작용을 변화시키고 정서적 유대를 재구성하는 데 핵심 역할을 하는 것으로 생각했기 때문이다(Greenberg & Johnson, 1988). 이후 EFT는 개인치료와 부부치료를 통괄하는 용어로 채택되었는데, Greenberg(2015)는 정서를 치료적 개입의 주된 초점으로 보는 모든 치료를 통합적으로 언급하기 위해 이 용어의 사용을 제안하였다.

EFT의 이면에 흐르는 근본 원리는 유기체는 지속, 성장, 통달을 지향하는 타고난 경향을 지니고 있다는 점이다. 그리고 성장 경향성은 적응적 정서 체계에 내재되어 있다고 본다(Greenberg, Rice, & Elliott, 1993; Perls et al., 1951; Rogers, 1959). 정서는 삶의 가장 중요한 측면들을 관장하며 우리의 가장 깊은 관심과 가장 중요한 관계에 영향을 미치는 사건들에 대한 신호이다. 정서는 우리가 서로 연결되고, 활기를 느끼고, 사랑하고, 관심을 유지하도록 한다. 하지만 때로는 이해가 되지 않거나 후회하는 어떤 것을 하게도 한다. 정서는 모호하고 그 형태가 충분히 형성되어 있지 않을 수도 있기에 상징화하고 표현할 때만 그 의미가 명료해진다. 이와 함께 정서는 우리가 가장 진정한 자신이 되도록 이끌어 주는 안내자이기도 하다. 내담자는 자신의 정서를 가장 근거리에서 접촉하고 정서의 의미를 구성하는 주체라는 점에서 자신이 체험하는 것에 대한 전문가이다.

정서는 행동을 동기화하는 데 결정적인 역할을 하는 것으로 보인다. 사람들은 보통 이성이나 논리가 지시하는 것보다 하고 싶은 느낌이 드는 것을 한다. 따라서 행동을 변화시키기 위해서는 행동에 동기를 부여하는 정서를 변화시킬 필요가 있다. 정서는 사고에도 영향을 준다. 사람들은 화가 날 때 화를 나게 하는 생각을 하고, 슬플 때 슬픈 기억들을 떠올린다. 따라서 사람들이 생각을 바꾸도록 돕기 위해서는 느끼는 것을 변화하도록 도와야 한다. 예를 들어, 자신을 무가치하지 않고 가치 있는 존재로 재평가하는 것과 같은 인지적 변화는 단지 증거나 논리에 기초한 인지적인 변화라기보다 정동(affect)에 근거한 태도의 변화이다. 자신을 가치 있는 존재로 보는 것은 근본적으로 자신에 대한 정서적 태도의 변화이자 정보처리 과정의 변화이다(Whelton & Greenberg, 2005). 자신과 세상, 타인에 대한 관점의 변화는 근본적으로 정서의 변화에 달려 있다. 정서는 자신과 타인에 대한 관점을 좌우할 뿐 아니라 사람들 간의 상호작용에도 큰 영향을 미친다. 정서의 표현은 상호작용을 좌우하고 변화시킨다. 따라서 대인관계 갈등은 표현하는 것을 변화시킴으로써 해결될 수 있다(Greenberg & Johnson, 1988).

　따라서 심리치료에서 치료자는 내담자에게 매 순간 체험하는 것에 주의를 기울이도록 격려하고, 느껴지는 감각과 정서에 초점을 지속함으로써 더욱 적응적으로 기능하도록 지지할 필요가 있다. 정서 작업의 역설(paradox)은 변화는 변화하려는 노력보다 오히려 있는 그대로를 수용함에서 시작한다는 것이다. 정서적 고통은 충분히 느껴지고, 귀 기울여지며, 허용되고, 수용되어야 한다. 본 접근의 중심에는 현존, 공감, 수용, 일치성의 원리에 근거한 나-너(I-Thou)의 치료적 관계가 존재한다(Buber, 1958; Geller &

Greenberg, 2012; Greenberg & Watson, 2006; Rogers, 1959). 이 관계는 충분히 수용하는 관계로, 내담자가 자신의 적응적 욕구에 초점을 맞추고 통합성과 유연성을 향해 성장하게 한다.

사람들은 적응적 행동을 안내하는 생물학적으로 기반된 정서를 지님과 동시에 정서에 의미를 부여하는 과정을 지속하면서 살아간다. 내담자들은 내적 경험과 신체적인 느낌을 명료화하고 상징화하도록 계속 격려받음으로써 서사적 이야기(narrative)를 변화시키고 새로운 의미를 만들어 낸다. 치료란 내적 경험과 느낌에 대한 접촉과 자각에 기초해 의식적 선택과 이성적 행동을 촉진하는 것이다. 따라서 내담자가 "나는 슬프다." 또는 "나는 가족들 사이에서 쓸모없는 부차적 존재라고 느낀다."와 같은 말로 자신의 경험을 상징화할 수 있을 때, 내담자는 자신의 삶을 안내하는 의미를 창출하게 되는 것이다.

심리적 건강은 상황들에 창조적으로 적응하고 새로운 반응과 체험, 이야기를 양산해 낼 수 있는 능력과 관련된다. 심리치료의 목적은 부적응적 정서 반응들을 탈바꿈시키고 적응적 정서 반응들에 접촉함으로써 자신이 되어 가는 과정(process of becoming)이다. 역기능은 다양한 정서적 기제, 예를 들면 정서적 자각의 결여와 회피, 정서적 경험의 부인, 학습된 부적응적 정서 도식 기억, 지나치게 경직되거나 역기능적인 서사적 이야기와 의미 만들기, 자신의 두 가지 정서적 부분 간의 갈등, 자신과 타인 간의 미해결 감정을 통해 유발된다(Greenberg & Watson, 2006).

EFT의 목적은 내담자가 정서에 대한 문해력과 정서 지능을 발달시키도록 돕는 것이다(Greenberg, 2015). 정서적 유능성은, 첫째, 정서적 경험에 접촉하는 능력, 둘째, 부적응적 정서를 조절하고 탈바꿈하는 능력, 셋째, 자신의 정체감에 대한 긍정적인 이야기의 형성을 포함한다. 궁극적으로 정서적 유능성은 삶에서 발생하는 문제들에 대처하는 능력을 강화하고 자신의 내면은 물론 대인관계상의 조화를 증진시킨다.

결론

EFT의 기본 관점은 정서는 근본적으로는 적응적이지만 다양한 이유, 예를 들어 과거의 트라우마 경험, 정서조절 기술 결핍(예: 정서를 자각하고 상징화하는 방법을 배우지 못했거나, 정서를 무시하거나 일축하도록 배움), 또는 정서 회피(정서가 자신과 타인에게 미칠 영향을 두려워함) 때문에 문제가 될 수 있다. 특히 정서를 회피하는 것은 지능의 한 부분을 버리는 것과 같다. 왜냐하면 정서는 어떤 상황에서 무엇이 중요한지를 알려 주고, 필요하거나 원하는 것을 얻는 데 요구되는 행동에 대해 알려 주기 때문이다. 화나거나 슬픈 느낌을 아는 것은 자신의 욕구가 충족되지 않았다는 것을 알려 준다. 따라서 자신이 무엇을 느끼는지 알아차리는 것은 문제의 본질을 식별하도록 돕는 첫 단계이다. 알아차리게 되면 어떤 특정 상황에서 가장 적절한 행동이 무엇인지를 식별할 수 있다. 정서를 알아차리고 필요할 때 정서를 재소유하고, 조절하고, 탈바꿈하는 능력은 통제감을 제공하고 좀 더 효과적으로 기능하도록 돕는다. EFT의 한 가지 핵심 원리는 정서를 변화하기 위해서는 정서를 느껴야 한다는 것이다.

EFT는 내담자들이 자신의 정서를 더욱 잘 확인, 체험, 수용, 조절, 탐색하고 그 의미를 더 잘 이해하며, 정서를 탈바꿈하고, 활용하고, 유연하게 관리하도록 돕는다. 그 결과 내담자들은 이전에 회피했던 정서를 더 잘 참을 수 있게 되고 자신의 핵심 욕구, 목표, 관심에 대한 중요한 정보들에 더 능숙하게 접촉하게 된다. 또한 정서의 알아차림은 정서와 관련된 행동 경향성에 접촉할 수 있도록 함으로써 목표를 향해 나아가게 돕는다. 따라서 EFT는 사람들이 좀 더 활력 있고 적응적인 삶을 살기 위해 정서가 제공하는 정보와 행동 경향성을 더욱 잘 활용하도록 돕는다.

본 접근은 점차 널리 알려지고 수용되고 있다. EFT는 증거기반 접근이기에 대학원과 인턴십 프로그램들에서 가르쳐지고 있다. 인지행동치료도 정서에 초점을 맞추고 있으며, EFT의 많은 요소를 빠르게 활용하고 있다. 늘 정서를 이론화해 온 정신역동치료와 정서에 주의를 기울이지 않았던 체계이론도 이제는 심리치료 회기와 대인관계에서 정서의 경험에 더 많은 주의를 기울이고 있다.

제2장

역사

• • •

    정서중심치료는 인간중심, 게슈탈트, 체험, 실존 치료들로부터 성장하였으며, 현대의 인지 · 정서 이론들의 관점에서 현상을 바라본다. 인본주의적 · 체험적 접근은 행동주의와 정신분석의 대안으로 1960년대와 1970년대에 북미를 휩쓴 '제3의 힘'을 형성해 왔다. 인본주의자들은 행동주의와 정신역동적 접근에 내재해 있는 결정론적 관점보다 인간 본성에 대해 더욱 긍정적인 관점을 제시한다. 인본주의자들은 개인은 내적 자원을 지니고 있으며 자각하고 선택하는 능력이 있다고 본다. 주관적 경험이 행동에 영향을 미치며 개인은 주체성과 창의성이라는 잠재력을 지니고 있다고 본다.

    EFT는 이러한 바탕이 된 이론들을 넘어서는 한편, 정서 · 인지 · 신경과학의 발달과 심리치료에서의 변화과정에 관한 연구(Greenberg, 1986)에 주목함으로써 신인본주의적 · 과정 지향적 · 정서 초점적 처치 방안을 제시한다. EFT는 대인관계 문제로 중간 수준의 고통을 겪는 사람들을 대상으로 연구를 시작하였지만, 다수의 다양한 치료 대상과 진단 집단(예: 우울, 트라우마, 부부갈등, 섭식장애, 경계선 성격장애, 불안장애; Dolhanty & Greenberg, 2007; Greenberg & Watson, 2006; Warwar, Links, Greenberg, & Bergmans, 2008; Wnuk, Greenberg, & Dolhanty, 2015)에도 효과적인 것으로 밝혀졌다. 이 장에서는 EFT의 발달과정을 개관하는 데 EFT의 기초가 되는 이론들을 먼저 요약한 후, EFT가 차별화된 접근으로 발전하는 데 영향을 미친 개념들을 소개한다.

인간중심이론

EFT의 발원지를 추적해 보면 인간중심적 접근(Rogers, 1959)으로 돌아간다. 이 접근에 따르면 역기능은 자기 개념과 실제 경험 간의 불일치에 기인한다. 자기 개념("나는 강해.")과 경험(약하다는 느낌) 간의 불일치가 의식 속으로 들어와 위협이 될 때, 사람들은 불안한 반응을 보인다는 것이다. Rogers(1959)는 유기체적 체험(organismic experience)은 존재에 대한 기초 자료를 제공하며, 체험에는 유기체 내에서 발생하는 자각 가능한 모든 것이 포함된다고 가정하였다. 동기(motivation)와 관련해 Rogers는 모든 인간 행동의 근원적인 추동(drive)은 잠재력의 실현(actualization)이라고 보았다. Rogers는 사람들이 이러한 경향성에 의해 인도될 때 신뢰할 수 있고, 의지할 수 있으며, 건설적이 된다고 믿었다. Rogers와 같이 EFT 이론도 인간

의 성장과 발달 경향성을 받아들인다. 하지만 EFT는 사람은 자신
의 가능성을 실현하는 경향, 즉 자신이 될 수 있는 최선이 되는 쪽
으로 움직인다는 관점 대신에 사람은 환경에 적응하며 자신을 발
견해 나감에 있어 다양하고 복잡한 방식으로 발전해 간다고 본다
(Greenberg, Rice, & Elliott, 1993).

　Rogers는 하나의 핵심 동기를 제안하였는데, 제안된 이론의 의
미가 제대로 통하기 위해서는 2개의 동기 개념이 더 필요하였다.
첫 번째 개념은 유기체의 가치화 과정이다. 이 가치화 과정은 어떤
것이 유기체에 좋고 나쁜지를 평가하는 실제적 주체로 실현 가능
성을 안내하는 역할을 한다. 다음 개념은 실질적으로 두 번째 핵심
동기로 볼 수 있는데 타인에 대한 긍정적 존중의 욕구이다. 이 욕구
는 가치조건화(conditions of worth)를 유발하며 이 가치조건화는 사람
들의 자기 개념, 즉 타인의 관점에서 '되어야 하는' 자기가 되는 데
영향을 미친다. 자기 개념은 실현 경향성의 한 파생물인 자기 실현
경향성에 의해 유지되는 것으로 보인다.

　자기 개념을 유지하고 실현하려는 경향성과 타인에 대한 긍정적
존중의 욕구 사이에 갈등이 발생할 때, 한 가지 해결방법은 자신의
유기체적 체험에 대한 자각을 부정하거나 왜곡하는 것이다. 하지
만 삶의 상황들이 이러한 왜곡과 부정을 어렵게 만들 때 사람들은
불안해하거나 방어적으로 행동하는데, 보통의 경우 어느 정도의
심리적 장애를 보인다. 일치성을 유지하는 다른 방법들이 있는데
이 방법들은 Rogers가 언급한 것이 아니라 EFT에서 명료화한 것들
로, 자신을 공격하거나, 타인을 조건화하기 위해 공격하거나, 타인

을 존중하는 욕구를 부인하는(즉, 과도한 독립성) 방법이다.

　Rogers(1959)의 관점에서 보면 인간중심치료가 효과적인 이유는 치료적 관계가 내사된 가치 조건들의 해독제가 되기 때문이다. 즉, 있는 그대로 받아들여지고(공감적) 무조건적 태도로(무조건적 긍정적 존중) 진심으로(일치성) 존중받을 때 내담자들은 교정적 경험을 한다는 것이다. EFT 치료자들은 이러한 핵심 조건들을 치료의 근본 요소들로 받아들인다. 덧붙여, 이러한 치료적 조건들에 의한 대인관계 불안의 감소는 그 자체가 치료적일 뿐 아니라 내담자들이 대인관계 불안을 더 잘 인내하게 하고 (이전에 부정되거나 왜곡되었던) 불안을 유발하는 내적 경험들에 초점을 맞추고 탐색하도록 돕는다(Greenberg, Rice, & Elliott, 1993; Rice, 1974).

　심리치료 과정 연구는 점차 Rogers(1959)의 이론에 영향을 미치기 시작했는데, 내담자가 치료 회기에서 하는 **즉각적인 체험**이 치료 결과와 관련되는 것으로 드러났다(Gendlin, Jenney, & Shlien, 1960; Kiesler, Mathieu, & Klein, 1967). 따라서 Rogers는 내담자의 체험과정을 7단계로 개념화하였는데, 이 7단계는 과정 척도(Process Scale)라는 이름으로 조작적으로 정의되었다. 그리고 Gendlin과 동료들(Klein, Mathieu, Gendlin, & Kiesler, 1969)은 한 개인이 자신이 체험하는 것에 거리를 두거나 몰입하는 정도를 측정하기 위해 체험척도(Experiencing Scale)를 개발하였다.

체험적 초점 맞추기

Gendlin(1962)은 심리치료에 대한 설명에서 체험(experiencing)을 구체적인 신체적 느낌이자 심리적 현상의 기초 자료라고 하였다. 이 기초 자료를 알아차리는 것이 건강한 삶에 필수라고 보았다. Gendlin의 주장에 따르면 자기가 되는 최적의 과정은 체험을 점차 증가시키고 활용하는 것이다. 이 과정에서 느껴진 어떤 의미가 언어적 상징과의 상호작용을 통해 명확한 의미를 만들어 내며, 이 과정을 통해 구조적인 부인-불일치의 틀에서 벗어나 기능하게 된다고 보았다. EFT는 이러한 과정적 관점을 수용하고 있다.

체험하는 과정의 차단이 역기능의 원인으로 여겨지는데, Gendlin(1962)은 문제가 되는 것은 지각의 내용이 아니라 체험하는 방식이라고 보았다. 역기능은 현재 일어나는 사건에 대한 즉각적인 반응 그 자체보다는 그 사건의 구조와 패턴을 체험하는 방식과 관련된다는 것이다. 효과적인 치료과정은 내담자가 현재의 체험에 주의를 기울이도록 안내할 뿐 아니라 생리적 반응과 의미의 창출에도 영향을 미친다. Gendlin(1996)은 이러한 과정을 초점 맞추기(focusing)라고 불렀다.

Gendlin(1996)이 제시한 관점의 핵심은 인간의 체험은 아주 복잡해서 개념적으로나 언어적으로 설명하는 데 한계가 있다는 것이다. 한 개인의 체험에는 말이나 개념으로 표현될 수 있는 것 이상이 항상 있다. 하지만 자신의 체험에 주의를 기울이면 말이나 상징으로 기술할 수 있다는 것이다. 초점 맞추기는 체험하는 것을 단어로 점검하고 그 단어와 확실한 느낌("그래, 그것이 바로 이거야.") 간의 합치점을 찾는 것이다. Gendlin은 찾아진 '그것'을 나타내기 위해 느껴진 감각(felt sense)이라는 용어를 사용하였다. 여기서 중요한 원칙은 느껴진 감각은 다양한 방식으로 설명될 수는 있지만, 무작위로 표현될 수는 없다는 것이다. 즉, 느껴진 감각은 그것을 적절히 표현할 단어를 찾기 어려운 모호한 측면이 있지만, 오직 특정 단어만이 적합하다는 점에서는 아주 엄밀하다. 암시적인 것을 명시화하는 것이 치료과정의 목표이다.

감정이 작동하는 과정과 그 작동과정에 주의를 기울이는 것 간의 지속적인 상호작용이 '이것'이라는 하나의 구체적인 감정을 발생시키며 이 감정은 다시 어떤 특정한 것으로 인식된다. Gendlin은 이것을 어떤 직접적 참조 대상(a direct referent)으로 보았는데, 그의 표현을 빌리면 이것은 상징화될 수 있는 어떤 것이다. Campbell (2004)이 지적한 것처럼, 찾아내는 것과 만드는 것, 즉 발견하는 것과 창조하는 것의 차이를 명확히 구분하는 것은 불가능하다. 예를 들어, 우리가 손으로 공을 잡을 때 잡는다는 것은 손과 공이 상호작용한 결과이다. 어떤 대상 안에 암묵적으로 존재하는 어떤 것을 체험한다는 것은 그 어떤 대상에 주의를 기울이면 그 옆에 무엇이 있는지도 알 수 있음을 뜻한다. '암시한다는 것(implying)'은 논리적인 암시와 다르며 그 이상의 무엇을 필요로 한다. 자동으로 발생하는 정서적 반응과 그 반응에 암묵적인 의미를 부여하는 것이 어떤 신체적으로 느껴진 감각을 야기한다. 하지만 이것은 의식의 중심에 있지 않기에 무시된다. 즉, 느껴진 감각은 무엇이 느껴짐을 암시하지만, 내담자가 그 느껴진 감각에 주의를 기울이지 않으면 그것은 결코 어떤 감정의 형태로 조직되지도 처리되지도 않는다.

이러한 관점에서 볼 때, 언어는 의미를 창출하는 것이지 비언어적인 어떤 실체에 상응하거나, 실체를 반영하거나, 또는 실체와의 일치를 통해 그 의미를 획득하는 것이 아니다. 따라서 상징화한다는 것은 상징과 체험 간의 일치성을 의미하는 것은 아니다. 이러한 관점은 Rogers가 말하는 일치성의 개념을 재구성하는 것이자 복잡한 구성주의적 요소를 현상학적 관점에 접목하는 것이다. EFT는 이러한 구성주의적 관점을 채택하는 데 정서와 상징의 상호작용 과정을 의미 창출의 핵심 요소로 본다.

느껴진 감각은 울기나 고함치기와 같은 정서적 반응들과는 다르다. 이 반응들은 아주 구체적인 양태의 행동들로, 이 행동들에 몰입되어 있으면 그 행동들이 발생하는 상황의 복합성을 놓치게 된다. 느껴진 감각을 갖는다는 것은 상황이 요구하는 암시적인 것에 대한 감(sensing)을 갖는다는 것으로, 이것은 말로 충분히 표현될 수 없다. 느껴진 감각에 대해 언급하면서 Gendlin은 명시적인 정서 (예: 두려움, 분노, 슬픔)나 신체 감각(예: 쓰라림, 긴장)을 의미하지 않았다. 상실로 인한 슬픔이라는 상황 전체에 대한 느껴진 감각은 슬픔 그 이상을 내포한다. 그것은 사랑하는 사람을 잃었다는 느낌, 자신의 삶에서 그 사람이 차지하는 독특하고 대체할 수 없는 느낌, 그 사람이 없이 어떻게 살아갈지를 모르는 느낌을 포함한다. 느껴진 감각은 정서와도 다르다. Gendlin에 따르면, 정서는 특정 상황에 대한 구체적 반응으로 느껴진 감각보다 복잡하지 않다.

하지만 Gendlin은 정서에 대해 언급할 때 정서적으로 압도되는 경험들만을 언급하였는데 그는 이러한 정서를 순수한(sheer) 정서라고 불렀다. EFT는 정서의 유형을 구분하는데, Gendlin이 말하는 순수한 정서는 특정 종류의 정서(이차적 정서)로 보인다. EFT 치료자들이 Gendlin의 견해에 동의하는 바는 정서 표현을 단지 정서를 분출하거나 정화하는 것으로만 보는 견해에 반대하는 점이다. 하지만 EFT 치료자들은 순수한 정서가 아니라 **일차적**(primary) 정서가 체험의 근본 요소이며 정서가 제공하는 정보와 행동 경향성, 욕구를 파악하기 위해서는 일차적 정서에 접촉해 표현하는 것이 중요하다고 본다.

Gendlin과 Rogers는 체험을 존재의 기본 단위로 본다. 반면, EFT는 정서는 근본적으로 주어진 것이고 체험은 정동적(affective) 반응과 의미(meaning)가 혼합되어 만들어진 높은 수준의 파생물이자 여러 수준과 많은 종류의 처리과정이 암묵적으로 융합된 결과물로 본다(Greenberg & Pascual-Leone, 1995, 2001). 예를 들어, 상실에 대한 반응으로 나타나는 슬픔은 근원적 반응인 반면, 대체할 수 없는 상실에 대한 느껴진 감각과 어떻게 계속해 나가야 할지 모르겠다는 느낌은 복잡한 파생물이다. EFT는 Gendlin이 제시한 느껴진 감각의 중요성을 통합하면서 근원적 정서와 정서적 각성의 중요성을 추가한다. EFT 치료자들은 느껴진 감각에 주의를 기울이고 상징화함으로써 의미를 창출해야 한다고 믿는다. 하지만 두려움, 분노, 슬픔과 같은 정서들 또한 활성화하고 조절함으로써 암묵적 평가와 행동 경향성과 함께 무엇이 좋고 나쁜지를 알려 주면서 적응적 행동으로 이끄는 욕구에도 접촉할 수 있어야 한다고 본다.

Gendlin(1996)은 심리치료에 활용하기 위해 **초점 맞추기**(focusing)라 불리는 접근을 개발하였다. 초점 맞추기의 첫 단계는 신체적으로 느껴지는 감각에 주의를 기울이는 것이다. 주의를 기울이면 어떤 상황에 대한 느껴진 감각이 더 분명해진다. Gendlin은 둘째 단계를 **펼치기**(unfolding)라 불렀다. 주의를 기울임으로써 느껴진 감각이 드러나기 시작하고 새로운 의미가 출현한다. 초점 맞추기의 셋째 단계는 **포괄적 적용**(global application)이다. 이 단계에서는 다른 상황, 환경, 기억들이 연합되어 물밀듯이 경험된다. 초점 맞추기의 넷째 단계는 **참조 체계의 전환**(referent movement)이다. 이 단계에서는 '느껴지는 모든 방식'에 전환이 일어난다. 즉, 문제에 대한 느껴진 감각 전반에 전환이 발생한다.

Rogers는 처음에 하나의 치료적 의도(즉, 이해한 바를 점검하기)를 제안한 한편, Gendlin은 이중의 치료적 의도 모델, 즉 이해하는 환경의 제공과 체험의 심화를 제안하였다. 즉각적으로 느껴지는 체험적 정보에 주의를 기울이는 것은 공감적 이해와 함께 치료과정의 새로운 목표가 되었다. 이러한 관점이 체험적 심리치료를 촉발하였는데, 이 치료의 핵심 치료과정과 목표는 체험을 깊게 하는 것으로 보인다. EFT는 이 두 가지 의도에 기초함과 아울러 이를 확장해 더 깊은 치료적 의도를 제안한다. EFT는 표식에 의해 안내되는 과정 지향적인 접근을 제시하는데, 이 접근은 심리치료에는 공감적 이해, 체험의 심화, 맥락을 고려한 치료적 의도들(예: 촉진하기, 주의 기울이기, 표현하기, 조절하기, 상징하기)이 포함된다고 본다. 단, 이 의도들은 회기 내의 상황과 내담자의 상태를 어떻게 인식하는가에 따라 달라진다. 따라서 EFT는 다양한 의도를 가진 치료 모델을 제안한다. 즉, 공감을 전달하고 체험을 심화함에 덧붙여 특정한 정서과정을 촉진하기 위해 다양한 방법을 다양한 시점에 사용한다.

이러한 다양한 의도와 구체적인 개입방법의 채택은 논쟁을 유발하였는데, EFT는 인간중심, 게슈탈트, 또는 인본적-실존주의 원리들에 충실한가 하는 문제제기이다. 고전적인 인간중심 치료자들은 비지시성과 치료적 태도를 치료의 핵심 요소로 보기에 치료자가 의도를 갖고 치료기법을 사용하는 것을 너무 지시적 또는 비관계적이라고 보는 경향이 있다. 게슈탈트 치료자들은 어떤 형태의 목표 지향적 또는 처방적 개입과 변화과정을 개방적 실험에 반하는 것으로 여기는 한편, 구체적인 처치방법을 사용하는 것은 너무 처방적이고 충분히 진솔하지도 관계적이지도 않다고 본다. EFT는 과정 지시적이지 내용 지시적이지 않다. EFT는 내담자의 체험에 대한 치료자의 이해가 내담자에게 강요되지 않는 한, 구체적인 치료적 개입절차를 사용하는 것이 치료적 관계의 강조와 상충하지 않을 뿐 아니라 내담자를 자신이 체험하는 것의 전문가로 보는 관점과도 반드시 상충하는 것으로 보지 않는다. EFT 치료자는 내담자가 체험하거나 체험해야 하는 것에 대한 전문가가 아니라 내담자가 체험하는 것을 돕는 방법에 대한 전문가이다. 기법을 사용하는

것은 내담자가 체험하도록 만들기 위한 것이 아니라 체험이 일어
나도록 하기 위한 것이다. 핵심적인 관계 조건에 표식에 의해 안내
된 치료적 개입을 추가하고 또 그것을 강조하는 것은 EFT의 독특
한 특징이다. 이러한 추가 사항들은 인간중심적인 관계와 나-너의
관계, 즉 치료자와 내담자가 개방적이고 서로 진심으로 지금-여기
에 현존하고 반응하는 관계를 약화하려는 것이 절대 아니다. EFT
의 개입방법들은 내담자를 어떤 대상으로 보는 기법적 처치가 아
니고 내담자와 관계하는 특별한 방식이다.

　따라서 처치방법의 사용이 나-너의 대화를 침해하는 것도 아니
고 내담자를 주체로 보는 것과 상충하지도 않는다.

게슈탈트치료

　게슈탈트치료(Perls, 1947; Perls, Hefferline, & Goodman, 1951)는
EFT의 본질적 측면의 한 부분을 구성한다. Rogers와 같이 Perls
(1969)는 많은 문제는 한 개인이 실현하고자 하는 이미지(자기 개
념)와 게슈탈트치료에서 말하는 자기 실현 경향성(Rogers의 유기
체적 체험) 간의 갈등에서 발생한다고 보았다. 게슈탈트 이론에서
는 내사(가치 조건화)가 사람들에게 느낌과 욕구보다 '해야 하는 것
(shoulds)'에 따라 행동하고 체험하게 함으로써 자기 실현성을 방해
한다고 본다. 성격의 주체인 나(I)는 자발적이고도 전 언어적 수준
에서 발생하는 체험적 측면들과 자신을 동일시하거나 또는 소외시

킴으로써 대상인 나(me)를 형성한다(James, 1890). 체험을 동일시
또는 소외하는 과정을 알아차리는 것은 건강에 중요하다. 작동하는
것을 알아차리는 것은 체험을 소유해 행동으로 옮길지, 옮긴다면
언제 옮길지를 선택할 수 있게 한다(Perls et al., 1951). 따라서 심리
치료는 의도적인 자각 실험을 제공함으로써 내담자가 자신이 체험
하는 것의 적극적인 주체가 되는 경험을 촉진시킨다. 즉, 내담자가
"나는 이것을 생각하거나, 느끼거나, 행동하는 주체이다."라는 체험
을 시작하게 하는 것이다(Perls et al., 1951).

　Perls는 타고난 조직화 경향이라는 개념에 관심이 깊었는데, 자
기조절을 유기체의 자연스러운 경향성이라고 강조하였다. 효과적
으로 자신을 조절하기 위해서는 감각을 알아차림으로써 감정과 욕
구를 식별할 필요가 있다고 보았다. 게슈탈트 이론의 핵심 가정은
건강한 유기체는 무엇이 좋고 무엇을 동화해야 하는지, 무엇이 나
쁘고 무엇을 거부해야 하는지 '안다'는 것이다. 게슈탈트치료는 동
기와 관련해 역동적 장이론(field theory)을 채택하는 데 가장 지배
적인 욕구가 어떤 상황에서 발생해 그 장을 조직한다고 본다. 예를
들어, 사람들은 파티에서 데이트 상대를 찾는 것에 관심이 있는지,
집에 태워 주기를 원하는지, 일자리를 찾고 있는지에 따라 모이게
된다는 것이다. 유기체의 지혜는 욕구가 자발적으로 발생해 행동
을 안내함으로써 작동한다. 삶이란 어떤 욕구가 떠오르고 충족되
고 또 다른 긴급한 욕구가 떠오르고 충족되는 과정이다. 게슈탈트
이론에서는 욕구가 가장 기본적인 과정으로 보인다. 하지만 욕구
가 어떻게 떠오르는지는 미스터리로 남아 있다. EFT에서는 욕구의

발생을 도식의 활성화로 설명한다.

　게슈탈트 이론(Perls et al., 1951)에 따르면, 건강은 떠오르는 경험을 소유하는 것과 관련되는 반면, 역기능은 떠오르는 경험을 무의식적으로 소유하지 않거나 소외시키는 것과 관련된다. 병리와 역기능은 욕구–만족의 과정이 방해될 때 발생하는데, 이는 알아차림의 결여 때문이다. 내사, 투사, 반전과 같은 다양한 저지 기제가 알아차림을 막고 환경과의 접촉과 욕구 만족을 방해한다는 것이다. 양극단 간의 갈등, 습관, 미해결과제, 회피, 파국화 같은 현상들도 알아차림과 욕구를 방해하고 역기능을 야기하는 중요한 과정으로 본다. 덧붙여, 사람은 여러 부분으로 구성되어 있고 양극단을 통합함으로써 제대로 기능한다고 본다. 이 이론의 핵심은 자기에 대한 모듈식(modular) 이론으로 사람들은 여러 다른 부분으로 구성되어 있고 이 부분들은 통합되어야 할 필요가 있는데, 역기능은 통합의 결여로 발생한다고 본다. 이러한 게슈탈트 이론의 아이디어들은 EFT에 통합되어 왔다.

　게슈탈트 이론가들은 과정으로서의 자기(a self-as-process) 모델을 제안하였다(Perls et al., 1951). 이 모델에 따르면, 자기는 접촉의 경험 안에서 존재한다(즉, 나란 존재는 내가 하는 '경험'이다). 따라서 자기란 자신의 '내면'에서 벗어나 현상이 발생하는 장(field)에서 경험하는 과정이다(Perls et al., 1951; Wheeler, 1991; Yontef, 1995). 과정적 측면에서 볼 때, 자기는 내부와 외부가 만나는 지점이자 장의 모든 부분이 **역동적으로 융합되는** 지점으로 이는 EFT와 역동적 체계 이론에서도 언급하는 것이다. 자기는 내면의 어떤 깊은 곳이 아닌

표면에서 구성되는데, 유기체와 환경 간의 경계선이 끊임없이 변화하는 과정을 통해 욕구를 충족시키고, 문제를 해결하며, 장애물에 대처한다는 것이다. 이러한 관점에서 볼 때, 진정한 자기란 존재하지 않으며 장(환경)이 경험의 이해에 중요한 역할을 한다고 본다. 자기의 형성에 대한 EFT의 변증법적 구성주의 이론에서는 자기를 역동적인 자기 조직화 체계로 보는데, 이 자기 조직화 체계는 행위의 주체이면서도 환경과의 상호작용의 영향으로 이 순간에 존재한다고 본다.

게슈탈트치료의 핵심 과정은 느낌, 감각, 신체 동작들에 주의를 기울임으로써 자각을 증가시키는 것이다. 자각은 내담자가 환경과 접촉하거나 환경으로부터 철회할 때 일정한 방식으로 일어난다. 자각은 매 순간 지속되는 변화과정을 따라가는데, 이 과정에서 욕구가 인식되고 활성화되고 충족됨으로써 목표가 달성되거나 아니면 새로운 관심사가 뒤따라 발생한다. 따라서 게슈탈트치료는 실체가 발생하는 그 순간에 실체를 어떻게 구성할지를 자각하는 수단을 내담자에게 제공한다. 즉, 내담자가 실체를 구성하는 과정에서 자신의 주체성을 경험하게 하고, 실체와의 접촉을 가로막는 미해결과제를 식별하고 재작업하도록 돕는 것을 목적으로 한다. EFT는 게슈탈트치료가 제시하는 이러한 측면들을 통합한다.

게슈탈트치료는 과정 지시적인데, 치료자는 과정을 제안하고 관찰한다. 치료의 발달 초기에 게슈탈트 치료자들은 공감적으로 반응하기보다 단계화된 실험을 점진적으로 실시하는 것을 주된 치료적 개입방법으로 사용하였다. 이 실험 방식에는 회기 내에서 실시할 과제의 설정이 포함되는데, 이는 무엇을 완결하려는 것이 아니라 어떤 새로운 것을 발견하기 위한 것이다. 이러한 실험에는 "지금 무엇을 경험합니까?"라는 질문에 이어 "이것을 한번 해 보세요."라는 식의 개입이 포함된다. EFT는 게슈탈트치료에서 사용되는 핵심적인 많은 실험을 받아들이고 그 실험들을 언제 사용하는 것이 가장 좋을지, 어떤 치료적 과정들이 내담자의 변화를 촉진하는지를 아주 구체화해 왔다. EFT는 정서의 자각과 체험을 강조하는 게슈탈트치료를 치료적 실재에 통합하였다. 그리고 이를 안전의 제공을 강조하는 인간중심치료와 체험의 심화를 강조하는 체험적 치료에 추가하였다. EFT는 체험하는 바를 명확히 자각하는 것과 자각의 언저리를 탐색하는 것을 함께 강조한다.

실존치료

실존치료는 인간 본성과 삶의 궁극적인 관심사에 대한 EFT의 관점에 영향을 미쳤다. 실존주의자들은 미래 지향적이며 사람은 목표와 이상을 추구하고 이것에 의해 동기화된다고 보는 경향이 있다. 이들은 한 개인의 가능성, 잠재력, 능력, 역량을 믿는다. 개인은 일군의 가능성을 지닌 존재로 어떤 특정 가능성은 세상과의 관계에서 언제라도 실현된다고 본다. 또한 인간은 스스로 가능성을 지니고 있음을 이해할 뿐만 아니라 가능성이 실현되지 않는 경우도 알아차릴 수 있는 능력이 있다고 본다. 각 개인은 어떤 가능성을 실현할지와 실현하지 않을지를 선택해야 하며 그 선택에 대한 책임을 져야 한다고 본다. 이런 관점에서, 실존치료는 사람들이 자신이 지닌 가능성들 중 어떤 가능성을 실현할 것인지 선택하도록 돕는 데 초점을 둔다.

실존적 관점에서는 타고난 본질이 실존을 선행한다고 보지 않으며 사람은 스스로 결정하는 존재로 본다. 사람은 도덕적으로 중립적이며 건강과 질병, 선과 악에 대한 선호를 갖고 태어난다고 본다. 하지만 인간은 선과 악의 차이를 알고 선택하는 능력을 지녔다는 점에서 가치를 타고났다고 본다. Frankl(1959)은 인간의 근원적 추동으로 의미를 추구하는 의지(a will to meaning)를 제안하였다. EFT는 의미의 창조가 인간 기능의 핵심이라는 관점을 수용한다.

실존주의 이론은 진정성의 결여, 경험으로부터의 소외, 의미의 결여, 고립, 존재적 불안에서 역기능이 발생한다고 본다. 존재에는 본질적으로 주어진 피할 수 없는 불안, 즉 유한성, 자유, 소외, 무의미와 같은 근원적인 근심들이 있다(May, 1977; Yalom, 1980). 불안은 이러한 근원적 근심들에 대한 인식에서 야기되고 방어기제를 유발하는데, 이 방어기제가 진솔하게 선택하는 능력을 막는다는 것이다. 즉, 실존주의자들은 근원적 근심들에 관한 알아차림이 불안과 방어로 이끈다고 본다(May & Yalom, 1989; Yalom, 1980). EFT는 근원적 근심들을 다룸에 있어 선택을 치료적으로 초점을 맞추어야 할 것들 중의 하나로 보는 실존치료의 관점을 채택한다.

EFT가 고유한 치료적 접근으로
발달하는 과정 추적하기

EFT는 심리치료에서 변화가 발생하는 과정(Greenberg, 1979, 1986; Rice & Greenberg, 1984)과 인간의 기능에서 정서가 하는 역할에 대한 관심(Greenberg & Safran, 1984, 1987)에 기초한 연구들을 통해 발달하였다. 1970년대 초에 York 대학교에서 Laura Rice와 나는 치료적 변화가 발생하는 이유를 내담자 중심의 관계 조건에 기반한 조력관계와 더불어 변화를 유발하는 구체적이고 다양한 의미 있는 사건들이 회기 내에서 일어난 결과로 보기 시작하였다. 시간이 지나면서 우리는 변화를 촉발하는 의미 있는 사건들은 인지적-정서적 요인들을 지니고 있으며, 이 요인들은 특정한 종류의 개입으로 변화가 가능한 어떤 상태(표식)를 그 특징으로 한다는 것을 알게 되었다. 내담자는 문제 해결을 위해 노력하는 주체이며 치료자는 특정한 개입을 통해 내담자의 노력을 촉진하는 것으로 이해되었다. 우리는 변화를 촉진하려는 내담자와 치료자의 노력을 **치료적 과제(tasks)**라 불렀다. 이러한 일련의 노력이 표식에 의해 안내된 과정 진단적 접근을 발달시켰는데, 이는 문제에 따라 차별화된 개입을 가능하게 하는 것으로 EFT의 대표적인 특징이다. 우리가 처음으로 연구한 2개의 치료적 과제는 다음과 같다. 먼저, 문제가 되는 반응(problematic reactions)으로 이것은 인간중심치료의 관점에 기초한 체계적 촉발로 해결되었다. 둘째는 분열(splits)로 이는 게슈탈트치료에서 가져온 두 의자 대화로 해결되었다(Greenberg, 1979; Rice & Greenberg, 1984).

나는 내가 임상 수련을 받은 인간중심치료, 게슈탈트치료, Satir 의 체계적 접근에 Pascual-Leone(1987)이 제시한 신 피아제주의의 구성주의 마음 모델을 결합하였다. 마음 모델에 따르면 체험은 도식의 자동적 활성화와 함께 주의집중이나 추론과 같은 의도적 처리과정의 작동에 의해 결정된다고 본다. 그리고 상황은 어떤 반응을 유발하는 단서의 역할을 한다. 하지만 사람은 행위의 주체로서 이 단서에 주의를 기울일 수도 기울이지 않을 수도 있고, 자동적 반응을 증폭하거나 방해함으로써 이 반응에 영향을 미칠 수도 있다 (J. Pascual-Leone & Johnson, 1999). 이 모델에 따르면, 정동(affect) 은 도식의 활성화를 촉진하는 역할은 하지만 인지적 문제의 해결에는 초점을 두지 않는다.

임상 수련 경험과 심리치료의 변화과정에 관한 연구(Greenberg & Pinsof, 1986; Rice & Greenberg, 1984)를 통해 나는 정서가 치료적 변화의 중심에 있으며, 정동이 도식 활성화를 촉진하고 삶에서 겪는 문제들을 해결하고 처리하는 데 안내자 역할을 한다는 것을 확신하게 되었다. 또한 정서가 인간 기능과 치료에 대한 대부분의 이론에서 간과되어 왔거나 명확히 개념화되지 않아 왔다는 것을 알게 되었다. 초기의 나의 임상적 관점과 아이디어는 병원의 외래 치료실, 사설 치료센터, 대학 및 학교 상담센터에서 내담자들과 작업한 경험의 영향을 받았다. 관계에서 신뢰와 수용은 치료적 효과에 핵심 요소인 것 같았다. 이러한 관계 방식은 이면의 감정들을 노출하는 데 필요한 안전감을 촉진하였고, 정동에 대한 공감적 조율을 통해 교정적 정서 경험을 제공하였다. 이러한 관계는 내담자와 상담자가 정동을 서로 조율하는 데에도 도움이 되었다. 나와 치료적 작업을 한 내담자들은 정서적으로 과도하게 통제되어 있었기에 나는 그들이 정서를 더 잘 자각하고 정서적 경험에 대해서 말하기보다 체험하도록 도와주었는데, 이러한 정서적 체험이 치료에서 결정적인 역할을 하는 것 같았다.

EFT의 원천은 두 권의 책, 『변화의 패턴(Patterns of Change)』(Rice & Greenberg, 1984)과 『심리치료에서의 정서(Emotion in Psychotherapy)』(Greenberg & Safran, 1987)에 제시되어 있다. 이 두 권의 책은 표식에 의해 안내된 치료적 개입과 치료적 변화에서 정서가 하는 역할에 대한 기본 사항들을 잘 설명하고 있다. 처음에 나의 목적은 새로운 치료법을 개발하는 것보다는 치료의 과정을 연구하고 개인과 부부 치료(Greenberg & Johnson, 1986; Greenberg & Safran, 1984, 1987)에서 정서의 역할을 명료화하는 것이었다. EFT라는 명칭은 이후 부부치료에 이름을 붙일 때 만들어졌다. 이 명칭은 어떤 처치를 매뉴얼화한 후에 그 효과를 검증하려는 업계의 의문스러운(나의 관점에서) 움직임에 큰 영향을 받았다. 나는 심리치료의 효과를 실증적으로 검증하는 것의 중요성을 믿었지만, 임상적 실험을 최상의 기준으로 강조하는 것은 오히려 변화의 과정을 이해하기 어렵게 만든다고 생각하였다. 하지만 증거기반 처치 운동의 관점에서 볼 때, 치료적 처치는 매뉴얼화되어야 했고 처치의 효과는 타당성과 적합성을 획득하기 위해 검증되어야 하였다. 따라서 우리는 부부와 개인 치료과정을 매뉴얼화하였고, 매뉴얼화 작업은 생산적이었다. 하지만 나의 궁극적인 관심사는 새로운 명칭의 치료를 만드는 것이 아니라 과학적으로 입증된 통합적 접근법을 만드는 것이었다. 심리치료 학파들은 종종 정치적·경제적이고 지식보다는 권력에 기반하는 경향이 있다.

치료적 변화에서 정서가 하는 역할에 대한 이해가 증진되면서 생각의 진전이 나에게 일어났는데 그것은 치료적 변화에서 치료적 동맹의 역할을 개념화하는 것이었다. 1974년 나는 작업동맹을 변화의 핵심 요인으로 보는 Bordin의 첫 발표회에 참석하였다. Bordin(1979)에 따르면, 작업동맹은 치료의 목표에 대한 동의와 치료에 사용되는 과제의 적절성에 대한 동의 및 치료적 유대관계로 구성된다. 목표와 과제는 치료 작업에서 치료적 협력이 형성되는 데 중요한 역할을 한다. 나는 한 박사과정생에게 박사 논문으로 작업동맹 검사지를 개발할 것을 권하였다. 검사지를 개발하면서 발견한 것은 작업동맹의 요소 중 특히 협력이 지각된 공감이나 유대보다 치료 결과를 더 잘 예측한다는 점이었다(Horvath & Greenberg, 1989). 따라서 나는 치료적 과제의 적절성에 대한 협력이 공감보다 치료 결과를 더 잘 예측함을 알게 되었다. 시간이 지나면서 나는 협력에는 내담자의 욕구에 맞는 개입을 제공하도록 하는 공감적 이해의 실천이 포함되며, 이 공감적 이해의 실천은 내담자의 내적 세계를 이해함을 언어적으로 소통하는 것보다 훨씬 더 도움이 된다는 것을 이해하게 되었다. 따라서 공감적 소통과 함께 과제에 대한 협력은 EFT의 중요한 근본 원리이자 관계이론의 핵심 요소가 되었다.

첫 번째 연구년인 1981년에 나는 Carlos Sluzki의 지도하에 팔로 알토(Palo Alto)에 있는 정신 연구소(Mental Research Institute)에서 체계적 접근에 대해 수련을 받았다. 그곳에서 나는 개인치료에서 내가 개발해 왔던 정서중심적 관점을 체계적 상호작용의 관점과 통합하기 시작했고, 그 결과 통합적인 정서중심 부부치료를 개발하고 연구하게 되었다. 이후 British Columbia 대학교에 있으면서 한 연구 프로그램을 발달시켰는데, 이 프로그램은 개인치료에서 개인의 내적 갈등을 해결하는 것과 유사한 방식으로 커플의 대인관계 갈등도 해결이 가능한지 알기 위한 것이었다(Greenberg, 1979; Greenberg & Clarke, 1979; Greenberg & Webster, 1982). 이를 위해 나는 정서중심 부부치료(Emotion-Focused Couple Therapy: EFT-C) 매뉴얼을 개발하였는데, 이 매뉴얼은 체계적 관점을 체험적 관점에 통합한 것이다(Greenberg & Johnson, 1986, 1988).

EFT-C가 체계적 관점에 독특하게 기여하는 바는 정서가 커플의 부정적 상호작용 패턴을 유지하는 역할을 하면서도 부정적 상호작용 패턴을 깨고 새로운 상호작용 패턴을 창출하는 역할도 한다는 점에 초점을 맞춘 것이다(Greenberg & Johnson, 1986, 1988). 즉, 커플의 부정적 상호작용 패턴을 그 이면에 있는 감정과 욕구의 관점에서 재구성한 점이다. 여기서 강조할 점은 커플의 유대를 증진하기 위해서는 서로의 취약함을 정서적으로 노출하는 것과 노출된 취약함에 대한 공감적 반응을 촉진하는 것이다. 따라서 EFT-C는 정서에 대한 체험적 작업을 상호작용에 대한 체계적 작업에 추가하게 하였다. 즉, 정서에 초점을 둠으로써 자기를 체계 안에 되돌려 놓은 것이다.

1986년 부부와 가족에 대한 광범위한 연구 작업 후, 나는 개인
치료에서의 체험적 변화과정을 연구하는 것에 다시 초점을 맞추
었는데, 특히 대인관계 상황에서 발생한 정서적 상처를 해결하는
것(Greenberg & Malcolm, 2002; Paivio & Greenberg, 1995)과 우울증
의 치료(Greenberg, Rice, & Elliott, 1993; Greenberg & Watson, 2006;
Greenberg, Watson, & Goldman, 1998)에 초점을 두었다. 현재까지 나
는 내담자를 공감적으로 따라가는 것(인간중심치료에서 나옴)과 치료
과정을 안내하는 것(게슈탈트치료에서의 실험과 커플치료에서 상호작
용을 지시하고 실연을 촉진하는 것에서 나옴)을 통합하는 방식을 개발
해 왔다. Laura Rice, Robert Elliott와 나는 협력해서 과정 체험적 접
근의 기본 원리들을 설계하였는데, 이것은 표식에 의해 안내된 과정
지시적 접근으로 정서 도식의 변화에 초점을 맞춘 처치방법이다.

현재까지의 진화

그동안 우리는 다양한 심리치료의 과정과 효과에 관한 연구들
(제5장 참조)을 통해 정서중심적이고 과정 체험적인 이 처치법이
우울, 부부갈등, 대인관계 문제, 트라우마의 처치에 효과적이라
는 것을 밝혔는데(Goldman, Greenberg, & Angus, 2006; Greenberg,
Watson, & Goldman, 1998; S. M. Johnson & Greenberg, 1985a; Paivio
& Greenberg, 1995; Paivio & Nieuwenhuis, 2001; Watson, Gordon,
Stermac, Kalogerakos, & Steckley, 2003), 이 시기는 정서중심치료의

큰 틀을 세우고 기본 원리들을 구체화하는 기간이었다. EFT의 기본 원리들은 『정서중심치료: 내담자가 자신의 감정을 통해 작업하도록 코칭하기(Emotion-Focused Therapy: Coaching Clients to Work Through Their Feelings)』(Greenberg, 2015)에 잘 드러나 있다. 이 책에서 사용되는 **정서중심적 치료**라는 용어는 미국 심리학에서 보편적으로 사용되는 **정서중심적 대처**라는 용어의 입장을 견지하면서 개인치료와 부부치료를 함께 아우르고 있다(Greenberg, 2015). 이 책은 치료자를 정서 코치로 소개하는데, 심리치료에서 정서의 역할을 이해하기 위해 처음 저술된 도서 『심리치료에서의 정서』(Greenberg & Safran, 1987)에서 시작해 『심리치료에서 정서 다루기(Working with Emotions in Psychotherapy)』(Greenberg & Paivio, 1997)로 이어진 노력을 완결하는 것이다. 또한 정서중심적 접근은 다소의 수정을 통해 다양한 다문화적 맥락에서 가르쳐지고 활용되고 있다. 본 접근을 좀 더 집단적인 문화에 적용하기 위해서는 정서 작업에 대한 강한 신뢰와 명확한 논리적 근거가 필요한데, 집단 문화에서는 정서의 표현이 타인에게 미칠 영향에 대한 염려로 인해 제한되는 경향이 있기 때문이다.

　최근 들어 개인의 심리적 고통에 영향을 미치는 부적응적 핵심 정서 도식의 중요성이 이론적으로 더욱 명료해졌다. 버림받음과 관련된 두려움과 슬픔에 덧붙여 불인정과 무시당함과 관련된 수치심과 불안이 치료의 초점이 되었다. 인간의 기능에서 정서 조율의 중요성 또한 더욱 분명해졌고, 정서적 변화의 핵심 원리인 정서를 정서로 변화시키는 과정도 더욱 명료해졌다(Greenberg, 2015;

Greenberg & Watson, 2006).

나는 1990년대부터 시작된 구성주의 심리치료 운동(Guidano, 1995; Neimeyer & Mahoney, 1995)에 관여한 데 이어 서사적 이야기(narrative)의 관점(Angus & McLeod, 2004)에도 관여해 왔는데, 서사적 이야기의 관점은 EFT 방식의 의미 만들기 작업을 구체화하는 데 도움이 되었다. 구성주의적(constructive) 관점은 실재적(realistic) 관점과 대비함으로써 가장 잘 이해된다. 실재적 관점은 보통 인지치료나 실수를 분석하는 것과 잘 어울리는데, 어떤 합의된 객관적 실제가 있다고 가정한다. 반면, 구성주의는 모든 것은 마음의 해석에 달려 있다고 보며 실수의 교정보다 의미의 구성이 심리치료에서 가장 중요하다고 본다. 인간의 기능에 대한 변증법적 구성주의 관점은 정서 도식과 서사적 이야기 간의 상호작용을 강조하며, 정서가 진화하는 의식을 조직화하는 근본 요소이자 복잡하고 높은 수준의 활동에 핵심적인 역할을 한다고 본다. 이런 관점에서 볼 때, EFT는 피아제의 관점과 구성주의적 치료의 관점을 통합하고 있다(Greenberg & Pascual-Leone, 1995, 1997, 2001). EFT가 견지하는 변증법적 관점은 정서는 서로 구별되는 정서들이 존재하며 수량화할 수 있다는 상향식(bottom-up)의 실재적 관점과 정서의 기능을 결정하는 것은 우리가 정서에 어떤 의미를 부여하는지에 따라 달라진다는 하향식(top-down)의 구성주의적 관점을 통합하는 것이다.

새로운 세기가 도래하면서 다수의 새로운 것이 발달하였다. Jeanne Watson은 EFT와 인지행동치료를 비교함으로써 EFT가 증거기반 치료(Watson et al., 2003)가 되는 데 일조하였다. 또한 Elliott,

Watson과 Greenberg(2004)는 EFT 기법을 배우는 데 도움이 되는 처치 방안들을 더욱 구체화하였다. Sue Johnson과 동료들은 EFT 커플치료(Greenberg & Johnson, 1988)를 애착 기반 접근에 통합해 (S. M. Johnson, 2004) EFT를 유명하게 만들었다. (나는 애착이 중요하다고 믿지만, 정서이론가적 관점에서 볼 때 정체감과 애착의 욕구를 그 자체로 존재하는 근원적 동기로 보기보다는 정서에서 파생되는 것으로 본다.) Sandra Paivio는 복합 트라우마 치료를 위한 EFT를 개발하였다(Paivio & Pascual-Leone, 2010). 또한 다수의 연구자가 불안장애 치료를 위한 EFT를 연구하기 시작했는데, Elliott(2013)와 동료들(Elliott, Rodgers, & Stephen, 2014) 그리고 Shahar(2014)는 불안장애를, Timulak(2015) 그리고 Watson과 Greenberg(2017)는 일반화된 불안장애 치료를 위한 처치방법을 연구하고 개발하였다. 최근 들어 Dolhanty와 Lafrance Robinson(Lafrance Ronbinson, Dolhanty, & Greenberg, 2015)은 정서중심 가족치료(Emotion-Focused Family Therapy: EFFT)를 개발하였는데, 이 접근은 전도유망한 가족치료 모델로 기존의 유명한 가족기반 처치들보다 더 강력한 처치 방안을 제시하고 있으며 섭식장애의 치료에도 도움이 되고 있다.

  이상에서 제시된 진전들은 EFT가 다양한 장애의 처치 방안으로 활짝 피어나게 하였는데, 『우울증 처치를 위한 정서중심치료(Emotion-Focused Therapy of Depression)』(Greenberg & Watson, 2006), 『일반화된 불안장애 처치를 위한 정서중심치료(Emotion-Focused Therapy for Generalized Anxiety)』(Watson & Greenberg, 2017), 『정서중심 커플치료: 정서, 사랑, 힘의 역동(Emotion-

Focused Couples Therapy: The Dynamics of Emotion, Love, and Power)』(Greenberg & Goldman, 2008)과 같은 도서들을 출간시켰다. 덧붙여,『정서중심치료 사례공식화(Case Formulation in Emotion-Focused Therapy)』(Goldman & Greenberg, 2014)와『정서중심치료 수퍼비전의 핵심(Supervision Essentials for Emotion-Focused Therapy)』(Greenberg & Tomescu, 2017)과 같은 도서들은 EFT의 다른 측면들을 자세히 설명하고 있다. 이들 각 도서는 EFT의 발달과정과 치료과정, 사례공식화, 수퍼비전에 대해 자세히 제시함과 아울러, 정서와 정동 조절이 친밀감을 형성시킬 뿐 아니라 애착과 정체감을 어떻게 지속시키는지를 제시하고 있다. 끝으로, EFT가『서사적 이야기(Narrative)』(Angus & Greenberg, 2011)나『치료적 현존(Therapeutic Presence)』(Geller & Greenberg, 2012)과 어떻게 작업하는지를 밝힌 도서들이 출간되었는데, 이 도서들은 EFT가 어떻게 의미를 구성하고 관계를 다루는지에 초점을 두고 있다.

제3장

이론

• • •

이론적 발달의 개관

현대 정서이론(Frijda, 1986; Greenberg, 2015; Greenberg & Paivio, 1997; Greenberg & Safran, 1987)은 정서는 본질적으로 적응적이라고 본다. EFT는 이 관점을 수용하면서 개인의 성장 경향성에 관한 과학적 근거를 제공한다. 이 관점에 따르면, 정서는 유기체가 복잡한 상황적 정보를 자동적으로 빨리 처리하고 중요한 기본 욕구들(예: 애착, 정체감)을 충족하는 데 적합한 행동을 취하도록 돕는다. 정서는 사람들이 자신의 안녕(well-being)을 위해 상황을 자동적으로 신속히 평가하고 적응적인 행동을 하도록 안내하는 역할을 한다. 정서는 역동적인 자기 조직화 체계와 협력해 Rogers가 제시한 유기체의 가치화 과정과 Perls가 제안한 유기체의 지혜에 대해 좀 더 적절한 설명을 제공한다.

EFT에서는 주관성과 인식에 대한 인본주의적 관점은 인간의 기능에 대한 구성주의적 인식론과 관련되어 있다고 본다. 인간은 역동적인 자기 조직화 체계로 이 체계의 다양한 요소는 지속적인 상호작용을 통해 경험과 행위를 만들어 낸다(Greenberg & Pascual-Leone, 1995, 1997; Greenberg & Van Balen, 1998). 이러한 관점에서 볼 때, '나'는 자기의 주체적 요소이자 자신의 이야기를 만들어 내는 목소리로, 이 목소리는 어떤 주어진 상황에서 여러 측면의 경험을 통합해서 일관된 자신만의 이야기를 구성해 낸다. 하지만 이 목소리는 '집행관으로서의 자기'라는 특별한 지위를 갖지는 않는다. 사실 사람은 다양한 수준의 처리과정을 통해 의식적 경험을 계속 융합하고 주관적 경험과 실재를 하나의 의미 있는 완전체로 계속 형상화한다(Greenberg & Pascual-Leone, 1995, 1997; Greenberg, Rice, & Elliott, 1993). 세 가지 수준의 정서적 처리과정(타고난 감각운동, 정서 도식 기억, 개념적 수준의 처리)이 밝혀졌는데(Greenberg & Safran, 1987), 이들 중 정서에 기반한 도식(schemes)이 핵심 역할을 하는 것으로 보인다.

고전적인 인간중심 접근에서 보면 **체험하기**(experiencing)는 기존의 **감각기관들**로 인해 그냥 일어난다. 하지만 EFT에서는 체험하기를 다양한 형태의 타고난 감각운동 반응과 획득된 정서 도식(emotion schemes; 다음 장에서 설명됨)이 융합된 산물로 보는데, 이 산물은 어떤 상황에서 활성화되는 개념적 기억들과도 관련된다(Greenberg, Rice, & Elliott, 1993). 이러한 관점에서 볼 때, 다양한 패턴의 신경 활성화(도식)는 동일한 유발인자들에 의해 촉발되면서

도 서로 연합해 복잡하고도 잘 조율된 내적 현상을 만들어 낸다
(Greenberg & Pascual-Leone, 1995, 1997, 2001). 하위 도식들의 상호
작용으로 형성된 내적 현상은 복합적인 어떤 감각을 제공하는데,
이것은 어떤 하나의 명시적 표상이 아닌 훨씬 많은 수의 표상이 어
떤 순간에 함께 작동해서 발생하는 것이다.

  EFT에서는 자기 개념과 경험 간의 불일치를 더 이상 역기능의
주된 기제로 보지 않는다. 대신, 경험이 구성되는 방식에 의해 문
제의 일부가 발생한다고 본다. 또한 고전적 인본주의와 현대의 수
용기반 인지치료의 관점인 경험을 수용하지 않음으로 인해 문제
가 발생한다고 보기보다는, 정서를 어떻게 활용하고 자신의 정서
와 어떤 관계를 맺는가에 관심이 있다. 문제들은 두려움, 슬픔, 수
치심과 같은 감정들에 기반한 부적응 반응들로 인해 발생한다고
보며, 이 감정들은 정서조절의 결여(정서에 압도됨)와 과거의 고통
스러운 경험들로 인해 발생한다고 본다. 사람들은 어떤 자기 개념
을 소유한다기보다 자신의 경험을 적극적으로 이야기하고 자신
과 타인이 누구인지와 무엇이 어떻게, 왜 일어나는지를 주관적으
로 구성한다고 본다(Greenberg & Angus, 2004; Greenberg & Pascual-
Leone, 1995). 또한 사람들은 자신에 대해 여러 관점을 갖고 있으며
이 관점들을 계속 수정하면서 일관성과 통일성을 창출해 가는 과
정에 있다고 본다. 사람들은 자신이 지닌 많은 가능성 중의 하나를
매 순간 표현한다는 것이다.

  EFT는 건강한 기능을 설명하는 핵심 요인으로 전통적인 원리인
일치성(congruence) 대신 **일관성(coherence)**을 제안한다. 내담자가

자기 개념과 경험이 일치한다는 '느낌'을 단순히 자각하는 것만으로는 충분하지 않다. 즉, 역기능은 충분히 형성된 경험을 소유하지 않음으로써만 야기되는 것이 아니라고 본다. 오히려 내담자는 자기에 대한 일관된 감각(예: 화난, 슬픈, 확신하는, 불분명한)을 형성함으로써 이전에 형성되지 않은 경험의 측면들을 성공적으로 조직화하고 일관된 전체 속으로 통합한다. 적응적으로 기능한다는 것은 경험한 바를 발견하고 경험의 다른 측면들을 조화시키는 것이다. 다른 수준의 처리과정들을 융합함으로써 경험의 의미를 이해하고 자신에 대한 일관된 정체감을 형성하게 되는 것이다. 이러한 관점은 이전에는 숨겨졌던 어떤 내용과 의미가 언어와 사고를 통해 충분히 자각되고 자기 개념 속에 들어오게 함으로써 문제를 극복하는 데 도움을 준다. 이와 함께 다양한 수준의 내적 처리과정과 경험에 계속 주의를 기울이고 조직화하는 과정이 있는데, 이 처리과정을 통해 다양한 체험이 무의식적으로 통합되고 자각을 통해 복잡한 내적 현상이 만들어지고 상징화된다.

이런 관점에서 볼 때, 경험을 통한 발견과 의미의 창출은 동시에 작동하는 것이지 한 과정이 다른 과정보다 더 우선하는 것이 아니다(Greenberg, Rice, & Elliott, 1993; Greenberg & Safran, 1987). 사람은 삶의 주체로 환경과의 상호작용에서 발생하는 욕구를 자각하고 문제를 창조적으로 해결하고자 한다. 이것은 게슈탈트치료의 장이론과 일치하는 관점으로 욕구의 발생은 내적 추동에 의해서가 아니라 삶의 현장에서 그냥 일어나는 것이며 이것은 내적 요소와 외적 요소가 일관되게 융합될 때 발생하는 것이다.

이와 함께 내적 경험과 대인관계적 지지는 치료적 변화과정의 주된 요소들로 보인다. 의미는 타인과의 대화라는 활동에 의해 형성되며 인간은 스스로를 만들어 가는 존재이다. 변화는 관계 모델과 성장 모델을 통합하는 과정에서 발생하는데, 변화는 생리적인 기반을 갖고 정서적으로 안내되는 성장 경향성이 스스로 조직화하는 과정을 통해 발생할 뿐 아니라 두 사람의 진솔한 대화를 통해서도 발생한다고 본다. 즉, 변화는 내담자와 치료자가 대화를 통해 새로운 의미를 함께 구성함으로써 일어나는 것이다. 이 대화에서 치료자는 내담자의 정서적 경험을 확인하고 인정하며 내담자가 자기 정체성을 통합하도록 적극적으로 돕는 역할을 한다. 나-너의 대화(Buber, 1958, 1965)의 경우, 한 사람은 다른 사람에게 현존할 뿐 아니라 다른 사람에 의해 현존하게 되는데, 이러한 치료적 현존(therapeutic presence; Geller & Greenberg, 2002, 2012)은 치료적 변화에서 중요하다. 치료자는 내담자의 내적 경험에 초점을 맞추고 그 내적 경험의 의미를 타당화함으로써 내담자와 접촉하고 인정하게 된다.

성장 경향성(growth tendency)은 그 내부와 외부의 변증법적 상호작용에 의해 인도된다. 성장 경향성의 내적 측면은 정서 체계의 안내를 받는데, 왜냐하면 정서 체계가 어떤 상황이 안녕을 담보하는지를 평가하기 때문이다(Frijda, 1986; Greenberg, Rice, & Elliott, 1993; Greenberg & Safran, 1987). 성장과정에 대한 외적 지지는 치료자에게서 오는데, 치료자는 내담자가 문제를 대처하는 데 쏟는 노력을 보고, 그 노력을 알아주고 인정해 주며, 내담자의 가능성과 힘에 초점을 두기 때문이다. 이러한 외적 지지가 내담자의 내적 경험의 활성화에 영향을 미친다. 달리 말하면, 성장은 대인관계 현상에서 발생하는 것으로, 성장은 대화 속에서 초점을 맞추고, 상징화하고, 확인하는 과정들을 통해 강화되는 것이다. 따라서 성장은 두 사람의 관계 속(in-between)에서 발생하는 것으로 내담자가 고통에서 살아남고, 더 강해지며, 더 긍정적으로 나아가는 방향으로 상담자와 내담자가 동맹관계를 맺고 함께 작업해 나갈 때 이루어지는 것이다. 내담자가 자신의 내적 경험을 명확히 이해하게 하고 암묵적인 성장 가능성에 초점을 맞추도록 돕는 치료자의 능력이 내담자가 방향성을 갖고 전진하도록 하는 데 중요하다.

인간 본성과 동기에 대한 관점

EFT는 인간 본성에 대해 긍정적이다. 인간은 생리적 요인이나 본능적 추동, 과거의 경험을 넘어서는 존재로 창의적이고 주체적일 수 있는 잠재력이 있고 자각하고 선택할 수 있다고 본다. 사람은 생존과 성장을 지향할 뿐만 아니라 환경과의 관계에서 자신을 발견하고 적응해 나갈 수 있는 존재이다.

EFT는 동기(motivation)에 대해 통합적인 관점을 취하는데, 다양한 힘이 경험과 행동을 인도한다고 가정한다. 동기는 미는(push) 요소(욕망, 욕구)와 당기는(pull) 요소(자극, 결과, 보상)를 지닌다. 사람은 사회적 상호작용의 장에서 의도와 목적을 가진 주체인데 자각, 선택, 맥락은 행위를 유발하는 최종 결정 요인이다. 사람은 사회적 존재이기에 경험과 행동은 유기체와 환경과의 관계에서 자연스럽게 발생한다. 어떤 문화 또는 하위문화는 정서에 대해 확고한 시각을 견지하고 있기에 정서가 표현되고 경험되는 방식은 생리와 문화의 영향을 받는다.

인간은 역동적으로 자신을 조직화해 가는 체계로 환경과의 지속적인 상호작용 속에서 환경에 영향을 미치고 환경에 의해 영향을 받는다. 조절은 자기 조절과 타인 조절로 나눌 수 있는데, 자기 조절은 스스로 욕구를 만족시키고 두려움을 완화시키는 것이고, 타인 조절은 타인에 의해 욕구가 충족되고 두려움이 진정되는 것이다. 자신과 타인의 두 가지 힘은 출생 직후부터 상호 조절하며 존재하는데, 유아는 배고플 때 젖을 빨도록 자신을 조직화하는 반면, 엄마의 가슴은 유아의 욕구를 조절하기 위해 젖을 생산한다.

정서조절과 의미 창출

정서조절은 동기의 핵심 요소로 보인다. 사람들은 원하는 정서는 체험하고 원하지 않는 정서는 회피하도록 동기화되어 있다. 왜냐하면 그러한 방식이 생존과 성장에 도움이 되기 때문이다. 삶에서 많은 행동과 상호작용은 만족감에 의해 움직인다. 즉, 관계가 욕구를 충족시키거나 설정한 목표가 달성되었을 때 경험하는 흥분과 기쁨에 의해서도 움직이고, 관계에서 실패하거나 목표를 달성하지 못할 때 경험하는 수치심, 불안, 외로움에 의해서도 움직인다. EFT에서는 정서가 무엇이 좋고 나쁜지 안내하는 것으로 보는데, 우리가 자신의 정체성을 유지하고 관계를 추구하는 것은 이러한 행동들이 우리에게 무엇을 느끼게 하기 때문이다(Greenberg & Goldman, 2008). 만약 신체 접촉이 위안으로 경험되지 않으면 우리는 신체 접촉에 가치를 부여하지 않는다. 장애물을 극복하는 것이 기쁨이나 흥분을 유발하지 않으면 우리는 장애물을 극복하려 하지 않을 것이다. 인간은 근본적으로 '부정적' 정서가 아니라 '긍정적' 정서를 느끼고 싶어 하지만 사실 모든 정서는 나름의 기능이 있다. 인간은 단지 즐거움만을 추구하지 않고 목표 성취라는 목적을 위해서도 정서를 조절한다. 외과 의사나 군인이 몇 시간 동안 땀 흘리고 참으며 일하는 이유는 즐거움을 성취하기 위해서가 아니라 업무가 잘 수행되었을 때의 자부심과 흡족함을 느끼기 위해서이다. 즐거움을 추구하고 고통을 회피하는 것이 주된 동기가 아닐 수도 있다는 것이다. 우리가 정서를 조절하려는 이유는 특정한 종류의 정서가 적응적이고 생존과 관련된 행동을 촉진하기 때문이다.

EFT는 인간은 정서의 조절과 함께 의미를 추구하도록 동기화되어 있다고 가정한다. 사람은 의미를 갖고 태어나고 또 의미를 계속 추구한다고 본다. 삶의 주된 동기는 삶의 의미를 발견하려는 의지이다. 의미는 주어지는 것이 아니라 성취되는 것이다. 의미의 창출은 고통을 다루는 데 핵심적인 역할을 하는데, 의미는 즐거움을 포함해 긍정적인 감정을 유발한다(Greenberg & Goldman, 2008). 따라서 목표는 단지 '좋은 느낌' 그 이상의 것을 포함하는데, 사람들은 가끔 어떤 상황에서 부정적인 정서를 참아 낸다. 예를 들어, 높은 수준의 감정(예: 덕목, 사랑)이나 가치(예: 자유, 정의)를 위해 고통을 참고, 분노를 수용하고, 자신을 희생한다. 의미 추구와 더불어 어떤 의미가 형성되고 어떻게 정서가 표현되는지에 영향을 미치는 것은 문화이다.

욕구란 무엇인가

욕구(needs)란 무엇이고 어디서 왔는가? 우리는 욕구를 갖고 태어나는가 아니면 정서가 우리에게 어떤 욕구가 형성되는 틀을 제공하는가? 추동(drives)과 동기가 인간 본성의 근원적 요소라는 가정은 우리의 이론적 선입관에 아주 깊이 내재되어 있다. 따라서 삶은 반드시 정해진 동기 체계에 의해 작동되는 것이 아닐 수도 있음을 인식하기 위해서는 종종 상당한 숙고가 필요하다. 욕구는 추동이나 반사(reflexes)와 달리 복잡한 발달과정을 통해 형성되는 현상이다. 심리적 욕구는 생리적 욕구(예: 배고픔, 목마름, 생존과 번영에 대한 근본 동기)와는 다르게 타고나는 것만은 아니다. 오히려 안전, 안정, 소속감, 친밀감, 자존감과 Maslow가 말한 **존재적 욕구들**(개인적 성장, 절정 경험, 창의성과 잠재력 실현 추구)은 타인과의 관계 속에서 발생하고 형성된다. 정서중심적 관점에서 볼 때, 정서는 욕구와는 달리 자기를 어떤 한 방향이나 다른 방향으로 은근히 나아가게 하는 정신의 기본 요소이다. 정서는 우리가 지닌 핵심적인 선호와 편견에도 영향을 미친다. 이러한 관점에서 볼 때, 욕구는 비직선적이고 역동적인 자기 조직화 과정에서 발생하며 이 자기 조직화

과정은 개인적 선호, 편견, 삶의 경험들 간의 상호작용으로 야기된다. 따라서 욕구는 애착, 자신감, 자율성, 통제력과 같은 동기들로부터 발생하는 것이라기보다 타고난 정서적 요소들이 환경적 요소들과의 상호작용을 통해 형성되는 것이다. EFT에서 상정하는 유일한 핵심 동기는 생존하고 번성하려는 경향성으로, 이 경향성은 정서조절과 의미 창출이라는 2개의 하위 동기과정을 지닌다. 이 두 과정은 구체적인 내용을 가진 욕구가 아니고 보편적 과정으로서의 동기이다. 연대나 권력에 대한 욕구 같은 구체적인 욕구들은 더 근본적인 요소인 정서적 선호와 환경과의 상호작용 경험들이 연합되어 발생하는 것이다. 따라서 유아는 정서 체계를 통해 따뜻함, 익숙한 냄새, 부드러움, 웃는 얼굴, 높은 톤의 목소리, 은근히 마주 보기 등을 선호하도록 되어 있다. 이러한 모든 것이 즐거운 정서를 양산하고 또 계속 추구하게 하는 것이다. 그러므로 욕구는 추동이 아닌 정서에 의해 유발되며 생리적 요소, 경험, 문화에 의해 구성되고 영향을 받는 것이다.

우리는 많은 욕구를 지니고 있으며 욕구는 주변에서 벌어지는 것들에 대한 반응으로 계속 발생한다. 욕구는 마치 감정처럼 다소 자연스럽게 일어난다. 인간의 기본 욕구를 모두 밝히는 것은 거의 불가능한데, 왜냐하면 이것은 사전에 결정되어 있는 것이 아니기 때문이다. 하지만 우리는 사람들과의 치료적 작업을 통해 애착이나 정체성과 관련된 욕구들이 대부분의 사람들에게 가장 중요한 심리적 관심사인 것으로 배워 왔다(Greenberg & Goldman, 2008). 유대와 보호의 욕구와 함께 효과적으로 기능하고 가치 있는 존재가 되고자 하는 욕구는 인간의 기본적인 대인관계 욕구인 것 같다 (Bowlby, 1969; White, 1959). 그러므로 안전과 안정의 욕구와 새로움과 통달의 욕구는 매우 중요한 것 같다. 우리 선조들은 어느 한 집단에 속해 있으면서도 호기심을 갖고 있을 때 더 잘 생존했던 것 같다. 왜냐하면 호기심은 생존의 필요성이 요구되기 전에 어떤 것을 미리 배울 수 있도록 하기 때문이다. 호기심은 이성과 함께 문명의 진화에 가장 강력한 자원이 되어 왔다. 애착, 흥미, 호기심이 없었다면 우리는 아직도 석기시대에 있거나, 아마 지금과 같은 상황에 있지 못했을 것이다.

정서이론

EFT에서는 정서는 근본적으로 적응적이고, 정보가 처리되는 방식을 알려 주며, 안녕과 관련된 상황을 자동으로 신속하게 평가하고, 욕구를 충족시키는 행동 경향성을 유발한다고 본다. 정서의 도움으로 인간은 청각, 시각, 후각의 패턴을 인식하고 비언어적 신호를 통해 타인의 의도에 자동으로 반응하는데, 이러한 자동 반응이 어떤 종족은 수 세기에 걸쳐, 어떤 개인은 수년 동안 생존하게 하였다. 두려움으로 인한 회피 반응은 안전을 제공하고, 혐오감은 악의적 침해 행위를 막으며, 슬픔은 잃어버린 대상을 그리워하게 한다. 사람들은 새로움, 평안함, 상실 또는 굴욕의 신호를 보내는 환경의 신호 패턴들에 정서적인 자동 반응을 보인다.

내담자의 정서는 일종의 치료적 나침반의 역할을 하는데, 내담자와 치료자 모두에게 무엇이 내담자에게 중요한지, 어떤 욕구가 충족되고 있는지 또는 아닌지를 알려 준다. EFT의 핵심 원리는 정서는 욕구, 바람, 또는 목표에 접촉하게 하고 욕구 충족에 필요한 행동 경향성을 알려 준다는 것이다. 즉, 모든 감정에는 욕구가 있기에 정서 도식의 활성화는 행동의 방향성과 함께 어떤 욕구가 미충족되고 있는지를 알려 준다. 어떤 내담자가 슬픈 느낌을 인식하게 될 때, 내담자는 자신이 중요한 무엇인가를 잃었고, 위안이 필요하며, 아마도 연대감을 찾아 소리 내어 울고 싶어 한다는 것을 암묵적으로 알게 된다. 개인 심리치료에서 활성화해서 변화시켜야 하는 것은 고통스러운 과거의 경험과 관련된 부적응적 정서 도식이다. 반면, 커플치료에서는 이면의 적응적 정서와 욕구를 파트너에게 표현하는 것이 자신과 자신의 정서에 대한 파트너의 관점을 변화시키는 데 매우 중요해 보인다. 파트너가 서로 이면의 정서와 욕구를 표현할 때 부정적인 상호작용 패턴이 변화하는 것이다 (Grenberg & Goldman, 2008).

정서는 사고와는 매우 다른 두뇌 현상이다. 정서는 신경 화학적이고 신체적인 기반을 지니고 있으며 뇌의 독특한 언어이다. 변연계는 모든 포유류가 공통으로 지닌 뇌의 한 부분으로 기본적인 정서 반응들을 책임지고 있다. 변연계는 몸의 많은 신체적 과정을 통제하고 신체 건강, 면역 체계, 신체의 중요한 장기 대부분에 영향을 미친다. LeDoux(1996)는 정서를 촉발하는 서로 다른 2개의 신경회로를 발견하였다. 하나는 더 짧고 빠른 편도체 경로로 이 경로는 뇌

와 신체에 위험 신호를 자동으로 전달함으로써 직관적인 반응을 유
발한다. 다른 하나는 더 길고 느린 신피질 경로로 이것은 사고를 통
해 정서를 유발한다. 분명한 것은 어떤 상황에서는 신속하게 반응
하는 것이 적응적이지만, 어떤 때는 인지를 정서적 반응에 통합시
키는 것, 즉 정서에 대한 숙고가 더 적응적인 결과를 도출한다.

　대뇌 피질은 정서의 뇌가 지닌 적응의 지혜에 새로운 형태의 정
서 반응을 추가한다. 이 새로운 정서 반응 체계는 어둠에 대한 두려
움 같은 타고난 정서 반응을 활용할 뿐만 아니라 삶의 경험에서 정
서를 촉발했던 신호(예: 아버지의 조급한 목소리)도 배운다. 이러한
정서적 기억과 정서적 경험의 조직체가 **정서 도식**(emotion schemes)
을 구성한다(Greenberg & Paivio, 1997; Greenberg, Rice, & Elliott,
1993; Oatley, 1992). 인간은 이러한 내적 기억 조직이나 신경 프로그
램을 통해 자동적으로 반응한다. 예를 들어, 어두운 그림자나 편안
한 신체 접촉과 같은 선천적인 신호들에 반응할 뿐만 아니라 위험
하거나 삶을 향상시키는 학습된 신호들에도 반응한다. 이 반응들
은 빠르고 자동적이다.

정서 도식

　정서 도식은 성인기에 보이는 정서 반응 체계의 기반이다. 정
서 도식은 정서 기억 구조로 정서적 · 동기적 · 인지적 · 행동적 요
소들을 기존의 내적 조직에 융합하는데, 이러한 융합은 자각의 과
정 없이 신속히 작동한다. 도식은 도식의 내적 특성과 일치하는 신

호들로 인해 촉발되고 경험과 행동을 그 결과물로 양산한다. 정서적 반응을 촉발하는 중요한 삶의 경험들은 **정서 도식 기억**(emotion schematic memory)에 부호화된다. 정서 도식은 상황을 해석하고 정서적 반응을 유발하는데, 한 개인의 삶의 이야기 속에서 말없이 이미지의 형태로 주로 작동한다. 따라서 어머니의 팔에 포근히 안기거나 신체적인 학대를 당한 정서적 기억들은 무엇이 일어났고 어떤 느낌이었는지와 같은 절차적 기억으로 부호화된다. 도식은 시작 신호(예: 신체 접촉)에서부터 초반, 중반, 종결에 이르는 일련의 체험적 순간들로 구성되어 있다. 타고난 정서적 반응과 경험의 능력은 핵심 정서 도식 기억으로 발전해서 한 개인의 삶의 이야기 속에 자리하게 된다(Angus & Greenberg, 2011).

정서 도식은 학습 경험에 따라 정서를 유연하고 적응적인 체계로 만들 수 있을 뿐만 아니라 부적응적 체계가 되게도 할 수 있다. 사람들은 약탈자들을 피하고, 자기 영토의 경계선이 침범되는 경우에는 화를 내며, 사장의 비난을 두려워하고, 자존심에 상처가 나는 경우에는 화를 낸다. 여기서 중요한 점은 도식이 활성화될 때 작동되는 정서적으로 동기화된 처리과정은 자각의 영역 밖에서 일어나면서도 의식적인 처리과정에 영향을 준다는 것이다. 덧붙여, 이러한 정서적 처리과정이 활성화된 후에야 위험의 원인을 인식하게 되고, 인식된 위험을 말로 상징화하며, 대처 방안을 세우기 시작한다는 것이다. 따라서 두려움이라는 도식이 활성화되면 두려움에 대처하려는 과정이 의식 속에서 작동되는데, 이러한 의식적 대처과정은 도식에 의해 활성화된 정서적 목표(예: 두려움의 경우 안전)를 달성하기 위한 것이다. 정서 도식은 언어적 요소를 포함하기도 하지만 대부분 비언어적 요소들(신체 감각, 시각적 이미지, 냄새를 포함)로 구성되어 있다. 정서 도식은 욕구, 목표, 관심을 만족시키기 위해 작동하도록 되어 있다.

정서 도식의 발달과정은 삶의 경험을 대변하는 신경회로의 발달과정으로 가장 잘 설명된다. 회로는 [그림 3-1]과 같은데, 엄마의 기대를 충족시키지 못한 경험으로 형성된 실패에 대한 두려움 도식에는 엄마의 얼굴에 대한 시각적 표상, 비언어적인 다양한 신체·감각적 요소, 물러서는 행동 경향, (반드시는 아니지만) 자신은 엄마의 기대를 충족시킬 수 없을 것이라는 언어화된 신념이 포함

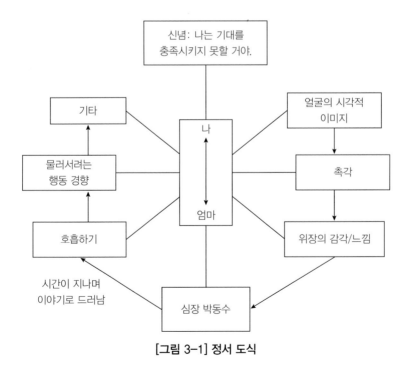

[그림 3-1] 정서 도식

된다. 이 요소들은 화살표의 순서대로 일어난다. 이러한 도식이 지닌 치료적 함의는 정서적 처치를 최적화하기 위해서는 도식 전체를 활성화하면서도 도식의 각 요소에 초점을 맞추는 것이다. 문제는 도식의 모든 요소를 자각에서 소외하거나 1개 또는 그 이상의 요소를 무시함으로써 체험한 것이 충분히 또는 일관성 있게 처리되지 않을 때 일어난다.

정서를 언어로 표현하는 것은 정서를 건강하게 활용하는 데 중요한 요소이다. 문제는 정서가 인지와 연결되지 않을 때 발생한다. 언어는 경험에 의미를 부여하는데, 정서가 언어에 기반한 인지적·정동적 조직체에 연결될 때 정서는 더욱 분별 있는 행동으로 이어진다. 반면, 정서가 현재의 상황적 맥락과 맞지 않는 인지나 행동과 연결될 때 부적응적인 정서 반응들이 나타나는데, 이 반응들은 과거 경험에 뿌리를 둔 고통스러운 감정들(예: 두려움, 수치심)에 기반한다. 인식되지 않고 다루어지지 않은 채로 있는 과거의 경험들이 부적응적 정서 도식을 발달시킨다(Izard, 2009). 정서가 부적응적이 되는 또 다른 상황은 정서가 의미를 창출하는 개인의 능력을 압도하는 경우이다. 즉, 정서조절의 결여(예: 정서에 의해 압도되는)가 정서가 부적응적으로 작동되게 한다.

향상된 정서조절력은 문제 대처에 도움이 된다. 하지만 지속적인 변화가 일어나기 위해서는 둘 또는 그 이상의 도식이 융합되어 더 높은 수준의 도식으로 발달하는 과정이 일어나야 한다(Piaget & Inhelder, 1973). 발달적 관점에서 보면 상반된 도식들이 동시에 활성화될 때 이 도식들 간의 상보적 요소들이 서로 융합되어 새로운 높은 수준의 도식을 형성한다. 예를 들어, 1세 아이의 경우 일어서기 도식과 넘어지기 도식은 변증법적 융합의 과정을 거쳐 역동적으로 통합되어 걷기라는 더 높은 수준의 도식이 된다(Greenberg & Pascual-Leone, 1995; J. Pascual-Leone, 1991). 이와 유사하게, 정서적 상태가 서로 다른 도식들이 융합되어 새로운 통합된 도식이 형성될 수 있다. 따라서 과거의 학대 경험으로 인해 형성된 두려움과 철회라는 정서적 도식 기억은 침해받은 것에 대한 힘 있는 분노와 융합될 수 있다. 그리고 이 힘 있는 분노는 철회가 아닌 접근을 동기화함으로써 새로운 자신감 또는 자기 주장을 형성시킨다.

정서의 발생

[그림 3-2]의 흐름도는 정서의 발생과정을 보여 주는데, 이 발생과정은 실제로는 비직선적 · 역동적이고 복잡한 과정이지만 순차적으로 생각할 수 있도록 작성되었다. [좀 더 복잡하고 역동적인 발생과정을 더 잘 설명하는 모형은 Greenberg와 Pascual-Leone(2001)의 논문에 기술되어 있다.] 이 흐름도를 보면, 어떤 자극에 주의를 기울이면 이 주의가 신호가 되어 어떤 정서 도식(좀 더 정확히 말하면 다수의 도식)이 거의 무의식적으로 활성화된다. 예를 들어, 찡그린 얼굴이나 높은 목소리는 두려움이라는 도식을 활성화한다. 덧붙여, 어떤 인지적 처리과정이 자동으로 발생하는데 이 과정은 독립적으로 천천히 작동하면서 언어적 형태의 인지적 평가가 일어나도록 돕는다. 각 도식은 무언의 서사적 형태로 구성된 정동, 행동 경향, 욕구,

인지와 같은 기본 요소들을 포함한다. 예를 들면 타인을 위협적인 대상으로 경험하고, 몸은 긴장하고 피할 준비를 하며, 자신에 대한 부정적 신념이 활성화되는 것이다. 그리고 주의를 기울이면 활성화된 도식 또는 도식들이 언어로 상징화되면서 정서, 관심이나 욕망, 행동 경향성, 사고가 유발된다. 두려움 도식의 경우, 이 요소들이 연합하여 회피 행동에 영향을 미치는 것이다.

이 모형에서 주목할 점은 정서를 유발하는 것은 인지적 평가가 아니라 어떤 형태의 자동적인 패턴으로 이는 정서를 유발하는 도식과 관련된다. 이러한 관점에서 볼 때, 의미의 평가는 두 가지 수준에서 발생한다. 첫째 수준은 내적인 정서 도식과 **일치하는** 신속한 평가로, 예를 들어 찌푸린 얼굴에 대한 **빠른** 평가이다. 둘째 수준은 명시적 의미에 대한 좀 더 의식적이고 인지적인 평가로, 예를 들어 이 사람이 내게 화가 나 있고 나는 위험한 상태에 있다는 것이다.

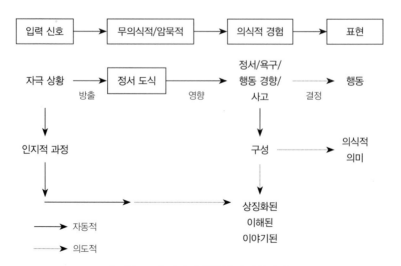

[그림 3-2] 자기의 변증법적 구성과정

후자는 좀 더 신중히 생각한 인지적 과정이면서도 자동으로 발생한다. 인지적 수준에서 언어로 표현된 의미는 정서 도식의 영향을 받으면서도 정서 도식과 상호작용한다. 하지만 활성화된 정서 도식은 기본적으로 정보 처리를 도우면서도 정서에 기반한 각본(예: 추구하기, 안전, 친밀, 경계선 보호)과 생각을 안내하는 어떤 예상되는 기대를 함께 작동시킨다. 정서 도식은 직접적으로 자각되지 않고 도식이 유발하는 어떤 경험을 통해 간접적으로만 접촉될 수 있다. EFT는 도식을 활성화하고, 언어로 도식을 명확히 표현하며, 이를 탐색하고 숙고해 새로운 의미를 창출하게 한다(Greenberg, 2015; Greenberg & Safran, 1987). 따라서 정서 도식은 높은 수준의 암시적 체험들이 조직화된 것으로 생물학적으로 주어진 정서 반응인데, 이 정서 반응은 살면서 정서적으로 경험한 것의 영향을 받는다. 정서 도식이라는 기억 체계는 자기를 조직하는 중요한 촉매제로 건강한 상태(예: 자신감, 차분함, 안전함)뿐만 아니라 병리적 자기 조직(예: 불안한 불안전감, 수치심 기반의 무가치감, 외로운 버려짐)도 유발한다. 정서 도식과 도식의 활성화는 개입의 최종 표적이다.

정서의 유형

모든 정서가 같은 기능을 하는 것은 아니다. 치료적 개입을 위해 다른 유형의 정서적 경험과 표현을 구별하는 것은 이론적으로나 임상적으로 중요하다. 네 가지 유형의 정서적 경험을 개관하면 다음과 같다.

정서의 일반적인 기능은 복잡한 상황적 정보들을 신속히 처리해 어떻게 반응할지 피드백을 제공하고 효과적인 행동을 취하도록 준비시키는 것이다. 복잡하지 않은 단순한 반응을 일차적 적응적(primary adaptive) 정서라고 하는데, 이 정서는 당면한 상황과 일치하는 직접적인 반응으로 적절한 행동을 취하도록 돕는다. 예를 들어, 누군가가 자신의 아이를 해하고자 위협할 경우 엄마가 느끼는 분노는 적응적인 정서 반응이다. 왜냐하면 분노는 엄마가 적극적인(또는 필요시에는 공격적인) 행동을 취하게 해서 그 위협을 종료시킬 수 있도록 하기 때문이다. 두려움은 위험에 대한 적응적인 정서 반응으로 위험을 피하거나 감소시킬 행동을 취하도록 준비시킨다. 예를 들어, 꼼짝하지 않고 그 위험을 추적, 관찰하거나 필요한 경우 도망가게 한다. 한편, 수치심은 자신이 부적절하게 행동했기에 타인으로부터 평가받거나 거부당할 위험에 처했음을 알려 주는 신호이다. 따라서 수치심은 사회적 위치와 관계를 보호하기 위해 무엇을 고치거나 숨기게 한다. 이런 종류의 신속하고도 자동으로 발생하는 반응들은 우리 조상들의 생존을 도왔기에 이런 반응들은 접촉되고 증진되어야 한다. 반면, 다음에서 설명되는 세 가지 다른 유형의 정서는 역기능적이다.

부적응적 일차적(maladaptive primary) 정서도 상황에 대한 직접적인 반응이다. 하지만 반응을 유발한 상황에 더 이상 건설적으로 대처하도록 돕지 않고 오히려 효과적으로 기능하는 것을 방해한다. 이 정서 반응은 보통 과거의 경험들(종종 트라우마)로 인해 과도하게 학습된 반응들이다. 예를 들어, 쉽게 상처받는 내담자의 경우,

성장하면서 어떤 대상과의 관계에서 친밀감을 느낀 다음에 그 대상으로부터 신체적 또는 성적 학대를 당했을 때 이를 과잉학습했을 수 있다. 즉, 타인의 돌봄과 친밀함을 잠재적인 폭력으로 보고 화를 내고 거절하는 반응을 자동으로 보일 수 있는 것이다. (다음 장에서 역기능을 다루면서 좀 더 자세히 논의할 것이다.)

이차적 반작용(secondary reactive) 정서는 어떤 일차적 반응 다음에 이차적으로 온다. 사람들은 종종 초기의 적응적인 일차적 정서에 대한 정서적 반작용을 보이는데 이것이 이차적 정서가 된다. 이러한 '반응에 대한 반응'은 원정서를 모호하게 하거나 변형시키고 현 상황에 적절하지 않은 행동을 유발한다. 예를 들어, 거절을 경험하고 슬픔이나 두려움을 느끼기 시작한 어떤 남성이 그 거절에 대해 화가 나거나(외부 초점) 두려워하는 자신에게 화가 나는(자기 초점) 경우로 이러한 화는 기능적이지도 적응적이지도 않다. 많은 이차적 정서는 고통스러운 일차적 정서를 모호하게 하거나 막는 역할을 하는데, 이것은 일차적 정서에 대한 정서적 반작용이다. 만약 그 남성이 자신이 느끼는 두려움을 부끄러워한다면 그는 이차적 수치심을 경험하는 것이다. 사람들은 분노하는 것에 대해 두려움이나 죄책감을 느끼거나, 슬퍼하는 것을 부끄러워하거나, 불안해하는 것을 슬퍼할 수 있다. 이차적 정서는 사고에 대한 반응일 수도 있는데, 즉 정서가 사고에 뒤이어 일어나는 것이다(예: 거절을 예상함으로써 불안을 느끼는). 어떤 정서는 사고에 의해 부차적으로 발생할 수 있다. 하지만 중요한 것은 이러한 정서는 증상일 뿐이며 사고 그 자체는 거절에 대한 두려움과 같은 부적응적 정서 도식에 뿌리를 두고 있다는 점에 주목하는 것이다. 생각이 정서를 유발할 수 있지만 모든 정서가 생각으로 유발되는 것은 아니다.

　도구적(instrumental) 정서는 타인에게 영향을 미치거나 타인을 통제하기 위해 표현되는 정서이다. 예를 들어, 악어의 눈물은 타인의 지지를 유발하기 위해서이고, 화를 내는 것은 통제하기 위해서이며, 수치심은 자신의 행동이 사회적으로 적절함을 의도적으로 보이기 위해 표현될 수 있다. 어떤 사람은 의도적으로 또는 습관적으로 반응하거나 자동적 또는 충분한 자각 없이 반응하기도 한다. 어느 경우이든, 이러한 정서 표현은 어떤 형태의 내적인 정서 경험을 나타내기는 하지만 그 상황에 대한 그 사람의 원래 반응과는 동떨어진 것이다. 이러한 정서는 조작적 또는 사회적 수용을 목적으로 하는 감정이다.

자기 기능의 변증법적 구성주의 모델: 생물학과 문화의 통합

　인간의 뇌 해부학은 두 가지 중요한 처리과정을 밝혀냈는데, 정서를 소유하는 능력과 정서를 숙고하는 능력이다. 따라서 삶은 두 가지 중요한 평가과정을 포함한다. 하나는 언어나 자각의 과정 없이 정서 체계에 의해 자동으로 일어나는 평가이다. 이 평가는 관련성, 새로움, 위협, 위반, 상실, 악의적 침해, 목표 성취와 같은 근원적 평가에 기초해 무엇이 좋고 나쁜지를 알려 준다. 이 평가는 유기체의 지혜와 Rogers(1959)가 말하는 성장과정을 안내하는 유기체의 가치화 과정의 기초가 된다. 다음은 이차적 평가로 일차적 평가의 결과에 대해 의식적으로(대부분 언어로) 숙고하는 것이다. 일차적 평가에서 제안된 방향을 따를 수 있는지, 따라야 할지를 평가하는 것이다. 우리는 자신의 기본 감정을 신뢰하고 그 감정이 안내하는 것을 믿을 수 있는지, 아닌지와 원하는 것을 정말 원하는지, 원하지 않는지를 점검한다. 책임지기, 주체성, 선택이 바로 이 이차적 평가 수준에서 일어난다(Taylor, 1990).

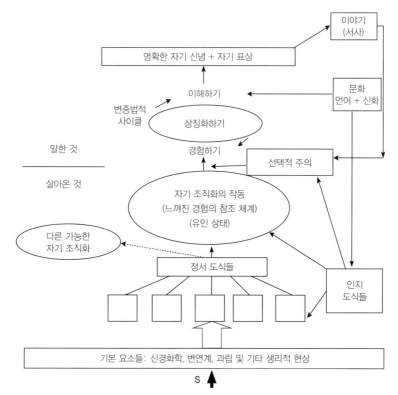

[그림 3-3] 정서의 발생과정

자기의 변증법적 구성에 포함된 요소들이 [그림 3-3]에 표시되어 있다. 이 그림을 보면 두 가지 주된 흐름이 의식적 경험의 바탕에 있다. 하나는 안에서 나오는 것으로 이것은 생물학적·정동적 특성에 기초한다. 다른 하나는 밖에서 들어오는 것으로 이것은 언어적·문화적 특성에 기반한다. 이 두 가지 흐름은 환경 속에서 서로 상호작용하면서 대화를 통해 의미를 구성해 나간다. 내면의 정동적 흐름은 자기 조직화의 기본 틀을 제공한다. 시간이 지나면서 정동적 흐름은 문화적 요인들(예: 문화적으로 결정된 아동기의 양육 경험)과 학습 및 경험의 영향을 받으면서 도식들로 조직되어 가는데, 이러한 도식으로의 조직화는 어떤 상황에서 경험한 정서에 기반한다. 이 정서 도식들이 체험을 유발하는 근원적 요인들이고 이들이 융합되어 자기라는 조직이 되는데, 이 자기 조직에 주의를 기울일 때 자기가 의식적으로 경험되는 것이다. 이 의식적 경험이 언어로 상징화될 때 이 의식과정은 이해를 낳으며, 이 이해는 다시 신념, 자기 표상, 서사적 이야기의 형태를 띠며, 이것들이 다시 무엇에 주의를 기울이게 안내한다. 이러한 과정을 통해 삶의 경험에 대한 생생한 이야기가 형성되는 것이다.

하지만 중요한 것은 경험하고 실행하는 것이 단지 1개의 정서 도식이나 한 수준의 처리과정에 의해 야기되지 않는다는 점에 주목하는 것이다. [그림 3-3]에서 보는 것처럼 경험한 바를 실행하는 것은 많은 도식이 암묵적으로 융합되어 함께 활성화되고 적용됨으로써 가능하다. 일군의 도식들이 있지만 각 도식은 역동적 자기 조직화 과정에서 한 표만 있기에 다수의 도식이 투표하는 방향이 바로 그 사람이 어떻게 조직되는지를 결정한다. 따라서 수면의 질에 의해 형성된 감정, 아침에 가족들과의 상호작용에서 형성된 즐거움의 정도, 일에 대한 욕구가 모두 다 함께 직장에서 일어나는 어떤 문제에 어떻게 반응할 것인지(예: 짜증스럽게, 차분히)에 영향을 미친다. 도식들은 그 자체로 어떤 반응을 촉발하지는 않고, 도식의 작용을 촉진 또는 방해하는 다른 정신 작용들, 즉 주의를 기울이고 실행하는 과정들의 도움으로 어떤 상황에 대해 반응하게 된다 (Greenberg & Pascual-Leone, 1995, 2001; J. Pascual-Leone, 1991). 직장에서 발생한 어떤 문제에 대한 자신의 반응을 자신이 어떻게 느끼는지에 주의를 기울이는 것과 그런 반응이 일어나는 이유와 결과에 대한 이해의 정도가 다 함께 그 문제에 대한 최종적인 경험과 해석, 반응에 영향을 미친다.

어느 한 시점에서 동시에 활성화된 다수의 정서 도식이 암묵적이고 변증법적인 융합의 과정을 통해 여러 자기 조직 체계(예: 자신감, 안전감, 무가치감, 분노, 슬픔, 수치심) 중의 하나로 귀결되어 나타나는데, 이 과정은 매 순간 변할 수 있다. 이 암묵적인 자기 조직 체계는 '무엇이 일어나는 느낌', 즉 어떤 상황에서 자신에 대해 느끼는 어떤 신체적 감각을 제공한다. 이것이 **직관적 느낌**(gut feeling)이다. 의식 수준의 경험은 이러한 암묵적 느낌에 주의를 기울이고 언어로 명확히 표현하며, 느껴지는 어떤 것을 전체적으로 인식하고, 맞다는 느낌이 동반된 일관된 의미를 창출할 때 일어나는 것이다. EFT에서는 자기를 역동적 체계, 즉 많은 과정과 수준의 조직화로 보는데 이 조직화는 많은 하위 요소의 변증법적 상호작용으로 발생한다. 이러한 변증법적 구성주의 관점에서 보면 서로 다른 수준과 측면의 정신적 과정들이 융합됨으로써 안다는 것을 가장 일관되게 설명하는 것이다.

EFT 치료자들은 매 순간 계속되는 암묵적인 경험과 이러한 경험과정을 해석, 정돈, 이해하는 높은 수준의 명시적 · 반성적 과정 간의 변증법적 상호작용을 다룬다. 경험을 일관된 이야기 속에서 명료화, 조직화, 정돈하는 것은 이성과 정서, 머리와 가슴을 통합하는 일련의 중요한 과정이다(Greenberg & Pascual-Leone, 1995, 2001). 궁극적으로, 우리가 누구인가를 이해한다는 것은 이러한 암시적 체계와 명시적 체계 간의 상호작용적 의사소통을 이해하는 것이다. 정서는 우리를 움직이는 한편, 의미는 우리가 따라서 사는 것이다.

이러한 구성주의 관점은 사람은 자신이 구성하는 것으로 살아가며 안다는 것은 실체를 직접 아는 것이 아니라 실체를 체계화하고 실체를 향해 계속 다가가는 것이라 본다. 구성주의는 우리가 아는 것의 본질에 대해 언급하는 반면, 변증법적 구성주의는 뇌가 상호 모순적인 정보를 체계적으로 점검하는 과정에 주목하면서 이러한 과정이 모순을 해결하고 전체를 일관되게 구성한다고 본다.

변증법적 구성주의는 현실이 우리가 구성하는 것을 제한하고 우리가 만드는 의미에 영향을 미치지만, 우리가 어떻게 현실의 한계를 조직화해서 어떤 일관된 의미를 구성하는가가 우리가 알게 되는 것에 영향을 미친다고 본다. 변증법적 구성주의는 상대주의(어떤 것이든 가능하다)와 사실주의(사실만이 중요하다) 사이를 잘 조종해 간다.

그 이유는 몇 가지 다른 설명이 그럴듯해 보이고 타당할 수 있지만 구성하는 모든 것이 사실적 자료와 똑 맞아떨어진다고 보지 않기 때문이다. 우리는 우리가 사는 이 세상과 우리가 누구인지와 우리가 매 순간 느끼는 것을 동시에 발견하고 창조한다. 그리고 우리 자신에 대한 이해는 우리가 느끼는 것을 알아차림으로써 변한다.

우리는 심리치료를 통해 경험을 발견하고 창조하며 새로운 의미를 만들어 간다. 장시간의 비행으로 시차 증상을 겪고 에너지가 낮아진 내담자는 자신의 상태를 시차로 지친, 피곤한, 기력이 없는, 우울한, 절망스러운, 희망이 없는, 또는 죽고 싶은 상태로 상징화할지도 모른다. 이러한 상징화는 어느 정도 몸이 체험하는 낮은 에너지 상태와 맞아떨어진다. 그리고 행복하거나 화난 상태보다는 몸이 체험하는 바를 훨씬 잘 설명한다. 경험이 어떻게 명명되는가는 다음 순간의 경험과 뒤따르는 서사적 이야기에 분명히 영향을 미친다. 체화된 경험은 그것이 이해되는 방식에 영향을 미치고 제한한다. 하지만 자신이 한 경험에 어떤 의미를 부여하는가도 자신이 누구인지를 구성하는 데 영향을 미친다. 발견과 창조가 통합되는 과정이 다음 순간에 되고자 하는 자기를 결정한다. 언어적 상징화는 그 경험이 무엇인지를 대변함과 동시에 그 경험의 의미를 구성하도록 돕는 것이다. 또한 경험하는 것을 더 깊이 숙고함으로써 느끼는 것에 의미를 부여하게 되는 것이다. 따라서 만약 어떤 사람이 자신이 한 경험을 기력이 쇠한 것으로 명명하면, 그 사람은 그 경험을 시차로 인한 피로나 일을 너무 많이 해서 발생한 피로 또는 결혼 생활의 스트레스로 인해 발생한 것으로 이해할 수 있다. 이러한 설명이 경험을 이해하는 서사적 이야기의 기초가 된다. 자신이 체험한 것을 자신과 타인에게 어떻게 설명하는가가 서사적 의미를 만드는 것이다.

이상의 관점에 따르면, 정서는 다차원의 과정을 통해 생성되며, 두려움, 분노, 슬픔과 같은 진화과정에서 발생한 기본 정서들이 복잡한 정서 도식의 형성에 기반이 된다는 것이다. 이 도식들은 상향식(bottom-up) 과정으로 발달 초기에 주로 형성되는데, 성장하면서는 인지의 영향을 더 많이 받게 된다. 인지적 능력과 사회문화적 경험이 증가하고 발달함에 따라 이러한 경험들은 하향식(top-down)의 형태로 정서에 영향을 미친다. 대부분의 심리학자는 인지의 발달은 복잡한 사고와 놀라운 상상력, 깊은 감정을 촉진시킴으로써 이루어진다고 보는데, 나도 이에 동의한다. 하지만 나는 이러한 발달은 정동에 기초해 형성되며 상향식의 정서 형성과정이 우리의 정체성 형성에 가장 큰 영향을 미친다고 본다.

정서 자각 결여의 문제

구성주의 관점을 설명하기에 앞서 이전엔 인식되지 않았던 감정을 어떻게 인식할 수 있을 것인가의 문제를 먼저 설명하면 다음과 같다. 어떤 사람이 "나는 계속 분노해 왔지만 분노를 알아차리지 못하였다."라고 말하는 상황에 대해 Freud 학파 심리학자들은 분노가 억압되었지만, 이제 인식의 장애물이 제거되어 그 분노가 기억난다고 말할지 모른다. Rogers(1959)의 불일치 이론에 따르면, 그 사람의 유기체적 경험은 분노였지만 자기 개념에 분노로 받아들여지지 않았다고 할지 모른다. 하지만 Rogers는 이 관점에 일관적인 태도를 취하지 않았다. 그의 후기 이론(1959)을 보면 발견되어야 할 진짜 자기보다 계속 변화하는 자기를 제안하면서도, 치료자는 내담자가 경험되지 않는 감정을 갖는다고 가정할 수 없다는 입장을 유지한다. 정신분석에서 출발한 초기의 게슈탈트 이론은 정서는 소유되지 않는다고 가정하는데, 예를 들어 분노는 발견되기 위해 그곳에 있다는 것이다. 후기 게슈탈트 이론은 장(field)이론에 더욱 기반하면서 정서를 그 순간에 존재하는 것으로 보았다. 하지만 그 과정을 설명하지는 않았다. Gendlin(1996)은 부인(denial)과 일치성에 대한 관점의 변화에 기여했는데 그는 현재 경험되고 표현되고 있는 막 시작된 분노의 상태가 차단되었다고 보았다. Gendlin에 따르면, 중요한 것은 항상 의식의 밖에 있는 분노를 인식하는 것이 아니라 어떤 상황에서 발생하는 것이 차단된 그 감정을 '완결'하는 것이다. 이 관점에 따르면, 유기체의 현 상태는 미래의 상태를 '암시'하지만 미래 상태는 아직 실현되지 않고 있다. 따라서 그 사람은 화나는 행동을 암시하는 상태에 있지만, 화를 느끼는 것은 안전하지 않을 수도 있기에 화가 느껴지지 않는다는 것이다. 즉, 화가 막혀서 완결되지 않은 것이다. 그 사람은 갇혀 있어서 체험이 더 '전진하지 않는' 다고 Gendline은 말할 것 같다. 예를 들어, 암암리에 화가 난 남자가 아내와의 어떤 문제와 관련해 느껴진 감각 전반에 머물 시간을 가지면 위장에 어떤 긴장감이 있음을 알아차릴지도 모른다. 그의 몸은 아주 분명하게 그 상황에 반응하고 있고 그는 신체적으로 무언

가를 감지하고 있기에, 그는 이것을 포착하려 시도하고 더 나아가 자신이 화가 나 있다는 것을 알아차릴 수 있다.

EFT는 차단되어 왔던 분노가 이제야 인식되었다고 설명하지도 않고 분노가 어떤 단어들로만 적절히 표현될 수 있다고 보지도 않는다(분노 그 자체는 언어로 상세히 표현되기 전에 존재하였다). 대신 EFT는 더 주체적이고 구성주의적 관점을 지지하는데, 분노는 이미 그곳에 존재했지만 일관된 모습으로 조직되거나 형태가 갖추어지지 않았고 현재 그 모습이 구성되는 것이라고 본다. EFT는 차단되었던 분노가 인식된다기보다 체험을 구성하는 요소들이 체계적으로 조직화되어 어떤 일관된 전체를 이룬다고 가정한다.

EFT의 관점에서 보면 분노의 경험과 표현을 나타내는 신체 반응들이 활성화되었지만 이 반응들은 분노를 암시하지도 차단되지도 않았다. 오히려 이 신체 반응들은 충분히 체계적으로 조직되어 일관된 형태의 체험적 분노로 형성되지 않았을 뿐이다. 예를 들면, 한 여성 내담자가 자신의 파트너에 의해 버림받은 것에 관해 이야기하고 있다. 그녀는 신체적으로 느껴진 감각을 "폐기된 것 같은 느낌으로 마치 폐기장에 버려진 것 같다."라고 상징화하였다. 이 느낌은 차단되지 않고 상징화된 것이다. 신체적 느낌은 다양한 방식으로 상징화될 수 있다. 그녀가 사용한 방식은 적극적인 조직화로 이는 의미를 창조하는 많은 방법 중의 하나이다. 예를 들면, "나는 신경 쓰지 않아."에서부터 "나는 철저히 혼자야."까지 다양하다. 이러한 의미들은 어떤 일관된 자기감을 형성하지만 "나는 행복하다." 또는 "나는 즐겁다."라는 상황은 아니다. EFT는 인간을 Gendlin

이 의미하는 것보다 더 적극적으로 자신을 조직화하는 주체로 본다. 구름의 모양이 물고기나 얼굴 모습으로 만들어질 수 있는 것처럼 신체적 느낌도 어떤 형태의 모습으로 나타날 수 있다. 어떤 EFT 치료자는 물고기나 얼굴이 구름에 의해 암시되지 않는다는 입장을 견지할 수 있다. 신체적으로 느껴진 감각이 있다. 하지만 이 느껴진 감각이 조직화될 때 감정으로 나타나며, 감정의 상징화는 일정 정도 느껴진 감각을 반영한다.

변증법적 관점에서 볼 때, 사람들은 자신의 정서가 의미하는 바를 계속 이해해 가면서 살아간다. 우리는 생리적으로 정동적 (affective) 반응들을 지닌 채 태어남과 아울러 문화적 맥락과 삶의 경험들을 통해 타고난 정동적 반응들의 목록을 만들고 발달시킨다. 그 결과 우리는 타고난 적응적 반응들뿐만 아니라 개인적인 삶과 사회적 경험을 통해 구성한 복잡한 정서들에도 반응한다. 또한 생리와 문화는 때로 서로 상충되지만 본질적으로 적대적 관계에 있는 것으로 보이지 않는다. 따라서 개인적인 경험과 사회적 통제 간의 갈등을 역기능의 주된 원인으로 보지 않는다. 오히려 생리와 문화는 변증법적 융합에 필요한 흐름으로, 인간은 내적인 것과 외적인 것, 생리적인 것과 사회적인 것, 정서적인 것과 이성적인 것을 통합시킴으로써 생존 가능성을 가장 높이며 살아간다.

인간은 역동적 존재로 지속적인 융합을 통해 조직화의 과정을 일관되게 유지하려 한다. 인간은 경험한 것을 동화시키고 일치하지 않는 것들을 통합함으로써 더욱 복합적이면서도 일관된 방향으로 성장한다. 성장은 본래 변증법적이고 대화를 통해 이루어지

는 것이다. 이러한 관점은 내적인 초점 맞추기(focusing)의 필요성
을 강조하는데, 왜냐하면 가장 결여된 것이 바로 이것이기 때문이
다. 하지만 정서를 느끼고 정서에 주의를 기울이는 내적 과정이 상
징화, 숙고, 서사적 이야기의 구성과 같은 의미 창출과정보다 더 중
요하다는 것은 아니다. 또한 내적 체험이 타인과의 접촉이나 의미
를 구성하는 과정에서 장(field)이 미치는 영향보다 더 중요하다는
것도 아니다. 이 관점은 오히려 신경 화학적 요소와 신체적 요소,
정서와 인지, 내부와 외부, 생리와 사회 같은 모든 요소의 변증법적
융합이 의미 창출의 핵심 과정이라고 본다. 문화, 경험, 생리는 똑
같이 중요한 역할을 한다. 하지만 본 관점이 제시하고자 하는 바는
오랫동안 무시되어 왔던 정서적인 내적 과정이 인간의 기능에 핵
심적인 역할을 한다는 것을 재천명하는 것이다.

자기 과정의 특징

이 장에서는 자기 과정의 다양한 측면이 기술된다. 자기란 드
러나는 현상이자 하나의 과정이지 어떤 정형화된 구조가 아니
다(Elliott, Watson, Goldman, & Greenberg, 2004; Greenberg, 2015;
Greenberg & Pascual-Leone, 1995). 변화는 피할 수 없으며 자기란 내
적 영향과 외적 영향의 융합으로 그 순간에 드러나는 것이다. 또한
집행하는 자기 또는 지배하는 '나'에 의해 작동되는 영원한 위계적
조직체란 없다. 그 대신, 이질적인 방식으로 작동하는 서로 다른 목
소리나 측면들이 일관성이나 통일성을 형성하기 위해 작동한다. 그

리고 이러한 일관성이나 통일성은 다양한 측면의 정서적 체험들이 어떤 주어진 상황과 시간의 흐름 속에서 통합됨으로써 형성된다.

　과정적 관점에서 살펴보면, 안정성은 다양한 구성요소로부터 동일한 상태가 계속 만들어짐으로써 생겨나는 것이라고 볼 수 있다. 인간은 안정적으로 유지되는 독특한 자기 조직체로 볼 수 있는데, 이 자기 조직체는 매 순간 새롭게 형성되는 정서와 인지가 독특하게 융합한 결과이다. 이 독특한 조직체가 사람에게 성격을 부여하고 성격의 지속적인 측면을 유지하는 것이다. 자기 조직화 또는 내적 상태는 계속 구성되고 재구성된다(Greenberg & Pascual-Leone, 1995, 1997, 2001; Whelton & Greenberg, 2001). 사람들이 안정적인 자기 구조와 특성(예: 불안하게 조직화된 사람)을 가진 것으로 보이는 이유는 동일한 기본 구성요소들로부터 안정적인 상태들을 규칙적으로 재창출하기 때문이다. 사실 자기의 구조와 특성은 다양한 요소가 역동적 융합과정을 통해 상호작용할 때 발생한다. 따라서 자기는 구조적 또는 공간적 현상이 아닌 시간적 현상으로, 매 순간 환경과의 접촉을 통해 형성된다(Perls, Hefferline, & Goodman, 1951).

　변증법적 구성주의 관점에서 보면 진짜 자기라는 것은 없고 '진짜 자기 경험'만이 있다. 내담자는 경험하는 것이 사실로 깊이 와닿고 진짜라고 주관적으로 느끼는 순간이 있다. 이 경험이 처음으로 일어나는 것이라 할지라도 이것은 진짜 자기를 경험하는 것이라고 할 수 있다. 내담자들은 이러한 경험을 "나는 나 자신일 수 있다." 또는 "나는 진짜 나를 발견하고 있다."라고 부른다.

덧붙여, 여기서 기술된 다차원적 융합 체계는 현재 경험하는 것 이상을 인식하고 현재 주의를 기울이는 것 이상을 경험하는 것이 가능하게 한다. 일군의 새로운 암묵적 경험은 의식 안에서 자세히 설명될 수 있다. 따라서 체험한다는 것은 감각적 · 도식적 · 개념적 수준의 처리과정들이 역동적 · 암묵적 처리과정을 통해 융합됨으로써 가능한데, 이 과정은 서로 관련되거나 상보적인 요소들이 통합되어 어떤 형태와 배경을 지닌 전체가 되는 것이다. 체험을 상징화한다는 것은 단지 표상하는 과정이라기보다 구성하는 과정인데 이 과정은 늘 제한적이고 불완전하다. 모든 암묵적인 정보가 구성의 과정에 사용되는 것은 아니다. 우리는 무엇이 더 있는지 늘 탐색하고 새로운 방식으로 그것을 변형하려 한다. 명시적 지식은 적절히 짜맞추고, 의미를 이해하고, 구성요소들을 일관되고 의미 있는 전체로 통합하는 것을 필요로 한다. 따라서 우리는 인간의 경험을 하나의 단순한 직선적인 원인으로만 설명할 수 없다. 우리는 담배를 많은 이유(즐거움, 향, 이미지, 사회적 예의, 생리적 효과, 남성적 분위기)로 핀다. 이 이유들을 제거하더라도 계속 담배를 필지도 모른다. 왜냐하면 행동은 다양한 원인에 의해 결정되기 때문이다.

사람은 자기(self)의 다양한 측면이 복합적으로 계속 변화하는 조직체로 보인다. 이러한 다양한 측면 또는 '목소리'가 상호작용해 경험과 행동으로 나타난다(Greenberg & Pascual-Leone, 1995, 1997, 2001; Whelton & Greenberg, 2001). 어떤 경우에는 단일 특성을 가진 것(예: '취약한' 또는 '느긋한')으로, 어떤 경우에는 하나 이상의 복잡하고 다면적 목소리를 가진 것(예: 아동이 학대하는 아버지를 사랑하면서도 무서워하거나, 어떤 사람이 배우자를 사랑하면서도 미워하는)으로 이해될 수 있다. 내면에 다양한 자기 목소리가 있음을 받아들이는 것은 자기 내면의 여러 부분 간의 관계는 물론, '자신'과 자신이 체험하는 다른 측면 간의 관계에 대한 치료적 작업을 할 때도 매우 중요하다. "나는 화나." 또는 "나는 무서워."라고 말하는 것은 "나의 한 부분이 화나." 또는 "나의 한 부분이 두려워."라고 말하는 것과 체험적으로 상당한 차이가 있다. 외적 대상과의 관계 경험에서 유발된 감정을 나의 전체가 아닌 부분으로 보는 관점은 그 감정을 좀 더 쉽게 받아들이게 한다. 내가 느끼는 수치심을 나의 한 부분으로 인식하는 것은 나의 전체가 수치스러운 것보다 훨씬 낫다. 부모를 미워하는 것은 부모를 사랑하는 측면도 있을 때 더 잘 수용된다. 각 부분들, 즉 비판적인 부분이나 막거나 막힌 부분을 각각 알기 위해서는 각 부분을 자신의 전체로 보기보다 자신의 한 측면으로 볼 필요가 있다. EFT에서는 경험하는 측면들을 자신의 한 부분으로 보는 것을 변화를 위한 핵심 요소로 본다. 이러한 관점은 대안의 가능성을 암시하는데, 자신이 느끼는 두려움과 사랑받을 수 없을 것 같은 무가치감은 단지 자신의 한 부분일 뿐이기 때문이다.

역기능에 대한 관점

EFT 이론에서는 역기능이 어떤 한 가지 경로를 통해서만 야기된다고 보지 않는다. 역기능은 많은 다양한 경로를 통해 유발되는데,

예를 들면 내적 상태에 대한 자각의 결여나 회피, 정서조절의 실패, 트라우마 경험이나 발달상의 결핍으로 인한 부적응적 반응, 자존감의 상처에 대한 보호(수치심), 내적 갈등, 의미 형성의 방해와 같은 경로들이 포함된다. EFT는 역기능과 관련하여 다양한 이론을 포괄하고 있는데, 예를 들면 Rogers의 불일치 이론, Gendlin의 차단된 내적 과정에 대한 관점, 게슈탈트치료의 주장되지 않은 체험, 실존주의 이론의 의미 상실, 학습이론의 트라우마 학습, 정신역동의 발달과정의 결핍에 대한 관점들이다. 하지만 EFT는 이들 이론과 관점들을 단지 포괄할 뿐 아니라 이들을 구성주의적 관점과 용어로 재해석해 왔다.

EFT는 역기능을 현상학적 관점에서 보는데, 어떤 문제의 저변에 있는 결정 요인과 유지 요인을 식별하기 위해 내담자의 현재의 경험을 다루고자 한다. EFT 치료자들은 사람을 진단하거나 장애를 진단하기보다 치료 회기 내의 과정에 대한 진단을 더 중시한다. EFT 치료자들은 많은 정서 문제가 다양한 형태의 역기능에 기여하고 있음을 발견해 왔다. 그리고 치료적 초점을 이 정서 문제들 중의 하나 또는 그 이상에 맞추는데, 왜냐하면 모든 역기능은 정서에 기반하기 때문이다. 정서를 처리하는 과정에는 네 가지 핵심 문제가 있는데, 정서 자각의 결여, 부적응적 정서 도식, 정서조절 결여, 서사적 이야기를 구성하고 실존적 의미를 찾는 문제가 그것이다.

자각의 결여

역기능의 첫 번째 원인은 몸에서 느껴지는 경험을 자각해 상징화할 수 없는 것이다. 자각 기술의 부족, 부인, 회피로 인해 정서를 수용하지 않는 것은 적응에 필요한 가치 있는 정보를 빼앗는 것으로 많은 내담자에게서 공통으로 발견되는 문제이다. 예를 들어, 내담자가 자신의 몸에서 긴장감이 증가하는 것을 자각하거나 이해하지 못함으로써 그 긴장감이 지닌 억울함임을 상징화할 수 없는 경우이다. 정서에 이름을 붙일 줄 모르는 정서 표현 상실증은 감정을 명명하지 못하는 가장 극단적인 형태이다. 이러한 결핍은 다양한 형태로 많은 사람에게서 나타난다. 예를 들어, 경계선 장애를 가진 여성들로부터 감정 인식을 어려워하는 남성들에 이르기까지 다양하다. 정서와 내적 경험을 회피하거나 명명하지 못하는 것은 불안과 우울의 주된 원인일 수 있다. 많은 우울 증상의 이면에는 힘 있는 분노나 차단된 슬픔에 접촉하는 능력의 결여가 있는 반면, 일반화된 불안의 주된 증상인 걱정은 수치심이나 두려움과 같은 일차적 정서들을 막으려는 것일 수 있다. 덧붙여, 가장 적응적인 정서 반응들이 다른 정서 반응들로 인해 그 의미가 모호해질 수 있는데, 예를 들면 분노가 두려움을 숨기는 것과 같다.

EFT의 가장 핵심적인 가정은 역기능은 일차적인 경험의 회피나 부인과 더불어 경험을 기존의 자기 조직에 통합할 수 없을 때 발생한다는 것이다. 하지만 받아들일 수 없다는 것이 반드시 자신의 의식에서 추방하거나 억압함을 의미하기보다는 자신에게 속한 것으

로 경험하지 못하는 것으로 볼 수 있다. 즉, 경험이 억압되거나 잊
힌다기보다 자각 속에서 상징화되지 않음으로써 소유되지 않거나
주장되지 않는다는 것이다. 분노, 슬픔, 수치심 또는 두려움을 몸
으로 체험하지 못하고 또 자신이 그것을 느끼고 있는지를 알지 못
하는 것이 역기능을 유발한다는 것이다. 따라서 자신의 일차적인
적응적 정서 반응을 재소유하고 주장되지 않은 고통스러운 정서를
재처리할 필요가 있다.

　EFT에서는 주장되지 않은 것이 항상 병리적이라고 보지는 않는
다. 경험되지 않는 것이 적응적 분노나 건강한 슬픔일 수도 있고 부
적응적 두려움이나 수치심일 수도 있다. 연대감이나 경계선 보호
와 같은 건강한 욕구도 건강하지 않은 수치심이나 트라우마에 의
한 두려움과 같이 소유되지 않을 수 있다. 역기능은 건강한 성장 지
향적 자원과 욕구를 소유하지 않고, 수용할 수 없는 경험을 억압하
며, 고통스러운 정서를 회피하는 것에서 발생한다. 따라서 치료과
정의 핵심 목표는 억압된 내용을 의식하게 만드는 것이 아니라 주
장되지 않은 경험을 재소유하고 느끼게 하는 것이다. 재소유하기
는 경험을 기존의 의미 구조에 동화시키고 증진된 자기 일치와 통
합의 형성을 촉진시킨다.

　다수의 연구가 밝힌 바에 따르면, 정서에 이름을 붙이는 것(즉,
느낌을 말로 하기)은 정동의 조절을 돕는다(Lieberman, Eisenberger,
Crockett, Tom, Pfeifer, & Way, 2007). 화난 얼굴을 보고 '화난'이라는
단어를 사용할 때 편도체의 반응이 감소한다고 한다. 정동에 이름
을 붙이는 것의 이점은 자신이 느끼는 것을 알게 됨으로써 얻게 되

는 어떤 실재적 통찰 그 이상으로, 이름을 붙이는 행위는 각성 반응을 감소시킨다. 연구에 따르면, 거미를 두려워하는 사람들을 반복적으로 살아 있는 거미에게 노출되게 하고 노출되는 동안 정동에 이름을 붙이게 하면 정동에 이름을 붙이지 않는 비교 집단에 비해 두려움에 대한 피부 반응이 더 줄어들고 거미에게 접근하려는 행동이 더 증가한다고 한다. 또한 노출되는 동안에 불안과 두려움이라는 단어를 더 많이 사용할수록 실제로 두려움 반응이 더 감소하는 것으로 나타났다(Kircanski, Lieberman, & Craske, 2012; Lieberman et al., 2007).

부적응적 정서 도식

부적응적 정서 반응은 다양한 이유로 발달한다. 대부분의 부적응적 정서 반응은 생리적 원인에 덧붙여 대인관계 상황에서 학습되는 경향이 있다. 즉, 침범에 대한 분노나 수치심, 위협에 대한 두려움, 상실에 대한 슬픔과 같은 타고난 정서적 반응들은 대인관계 상황에서 발생한다. 학대받은 아동은 타인과의 관계를 두려움과 연결시키고 타인과의 접촉 회피를 학습하게 될 수 있다. 발달 초기에 양육자와의 정서 경험이 반복적으로 부적절하고 문제가 많을 경우, 이러한 경험은 건강하고 탄력적인 정서 도식과는 상반되는 핵심 부적응적 정서 도식을 발달시킨다. 즉, 발달과정에서 경험한 고통스러운 정서와 양육자의 부적절한 양육에 대처하도록 자신을 조직화하게 되는 것이다.

아동기 학대의 경우, 안전과 평안을 제공하는 가장 원천적인 자원이 위험, 두려움, 창피를 유발하는 자원도 되는 것이다. 따라서 양육자로부터 보호받거나 위로받을 수 없다는 무력감은 견딜 수 없는 불안과 외로움을 유발한다. 또한 병리적인 두려움, 슬픔, 수치심, 또는 격분이 야기된다. 자신은 사랑받을 수 없고, 나쁘며, 결함이 있고, 무가치하며, 무기력하다는 자기 공허감이 형성되는 것이다. 즉, 이차적인 절망감, 무력감, 무망감, 산산이 부서진 느낌, 무너진 느낌, 자신의 감정을 조절할 수 없다는 무력감을 경험하는 것이다. 과거의 부적응적 상황에 대처할 때는 유용했던 일차적인 적응적 두려움과 같은 정서가 이제는 더 이상 적응적인 대처 자원이 되지 않는다. 어릴 때 학대받은 사람은 보살핌을 제공하는 친밀함에 대해 부적응적인 두려움을 느낄 수도 있다.

어떤 경우, 화를 내면 안 된다는 가족의 규율이 무력감이라는 핵심 정서 도식의 발달을 초래하기도 한다. 눈물을 보이거나 애정을 요구하는 것은 수치스러운 행동이라는 가족의 규율이 핵심 부적응 정서 도식과 함께 수치심에 기반한 철회나 고립감이라는 부적응적 정서 도식을 형성한다. 따라서 자기는 정서적 경험에 둘러싸여 조직되며, 이 정서적 경험이 바로 힘든 감정을 감당하는 기능을 하는 핵심 부적응 정서 도식을 형성하는 것이다. 하지만 시간이 지나면서 이러한 핵심 부적응 정서 도식은 정서를 유발하는 사건이나 발달상의 도전(예: 청소년기가 되거나, 학교를 옮기거나, 이사를 하거나, 거절을 당하거나, 사랑하는 사람을 잃거나, 트라우마를 경험할 때)을 경험할 때 점차 문제가 된다.

만약 현재의 상황이 과거의 반응을 촉발하면 현재의 새로움, 풍성함, 섬세함이 사라진다. 현재는 과거에 의해 지배되고 과거가 현재를 이용하게 되면서 부적응과 역기능을 유발하는 것이다. 역기능은 약하거나 나쁜 자기 조직화가 촉발되거나 지배적이 되면서 발생한다. 이러한 자기 조직화에는 수치심, 두려움, 슬픔에 기반한 경험의 환기와 함께 이 정서들에 대처하는 역기능적인 방식들이 포함된다. 버림받음의 두려움과 슬픔은 '연약한 나'라는 자기 조직화의 중심에 있고 수치심은 '나쁜 나'라는 자기 조직화의 중심에 있다. 자신은 근본적으로 결함이 있고 부족하다는 평가에 기반한 강한 수치심은 실패를 인식할 때 촉발되는 한편, 버림받음이나 고립감에 대한 두려움이나 슬픔 또는 불안전에 대한 불안감은 대인관계에서 파탄을 경험할 때 촉발된다. 그리고 이 감정들을 회피나 철회와 같은 역기능적인 방식으로 대처할 때 문제가 악화된다. 우울, 불안과 같은 증상은 안전하지 않고, 사랑받지 못하며, 무시당하고, 늪에 빠져 무력하다는 정서적 상태들이 서로 얽혀 지배적일 때 나타난다. 그리고 이러한 정서적 상태에서는 대안적인 방안을 활성화할 수 없게 된다.

정서적 반응들이 혼란스러워지고 대안적인 삶의 경험으로 인한 변화에 저항하는 정도는 부분적으로 그 정서적 반응이 얼마나 어릴 때, 얼마나 강하게, 얼마나 자주 일어났는가에 달려 있다. 덧붙여, 기질적·생리적 요인들 또한 기분과 정서들이 활성화되는 임계점에 영향을 미친다. 신체적 요인들도 정서의 활성화에 영향을 미친다. 사람들은 피곤하거나 짜증이 날 때 화를 더 잘 내는데, 만약 아동기에 학대나 방임의 경험이 있으면 피곤하거나 짜증이 날 때 과도하게 화를 낼 가능성이 있다. 과거에 방임, 분노, 슬픔을 경험한 빈도와 강도 또한 현 상황이 과거와 비슷할 때 더 쉽게 활성화된다. 따라서 배우자로부터 관심을 받지 못하면 버림받는 것 같은 강한 감정이 활성화되는데, 이것은 아동기에 사랑받지 못한 경험에 그 뿌리가 있다. 그리고 이러한 감정들이 현 상황에 대한 부적응적 반응들이 되는 것이다.

최근 연구된 바에 따르면, 정서 도식적 기억 구조는 기억의 재공고화 과정을 통해 가장 잘 변화되는 것 같다(Nadel & Moscovitch, 1997). 배신이나 방임과 같은 정서적으로 고통스러운 사건은 정서 반응을 유발한다. 이러한 정서 반응은 정서 도식 기억의 형태로 기억 속에 각인되어 있지 않을 경우 점차 약화된다. 정서가 더 많이 활성화될수록 이 정서를 촉발하는 사건은 더 많이 기억되며(McGaugh, 2000), 이 정서 반응은 오랜 시간이 지나도 반복적으로 재생된다. 따라서 방임이나 배신의 기억은 슬픔, 분노, 상처와 같은 정서 반응들을 자극한다.

정서 도식 기억 구조의 변화는 기억의 재공고화 과정을 통해 가장 잘 일어난다. 기억에 대한 고전적 관점은 학습 직후에는 기억이 취약하고 불안정하지만 충분한 시간이 지난 후에 기억은 영구화되는 경향이 있다고 본다. 이 공고화 기간에 기억의 형성을 방해하는 것은 가능하지만, 이 기간이 지나면 기억은 수정 또는 억제될 수는 있지만 제거되지는 않는다는 것이다. 하지만 최근에 기억에 대한 대안적 관점이 새롭게 등장했는데, 기억은 회상될 때마다 그 이면에 있는 기억의 흔적이 취약해지고 불안정해지며 공고화 기간이 다시 필요해진다는 것이다. 그리고 이 재공고화 기간에 기억을 방해할 수 있는 또 다른 기회가 허용된다는 것이다. 부적응적 정서 도식 기억이 때로 불안장애와 PTSD에 동반되는 두려움이나 우울증에 동반되는 수치심이나 슬픔과 같은 정서를 유발한다는 점을 고려할 때, 이전에 획득된 정서 도식 기억이 재공고화되는 것을 차단할 수 있다는 것은 중요한 임상적 함의가 있다.

재공고화와 두려움의 통제에 있어 재공고화가 하는 역할에 대한 새로운 관심이 Nader, Schafer와 LeDoux(2000)의 연구로 촉발되었다. 이들의 연구는 조건화된 두려움은 두려움이 재공고화되는 과정을 차단함으로써 제거될 수 있음을 보여 준다. 더 나아가 Hupback, Hardt, Gomez와 Nadel(2008)의 보고에 따르면, 재공고화 기간에 새로운 정보가 입력되면 원기억은 변화될 수 있다고 한다. 즉, 새로운 자료를 오래된 기억 속에 통합함으로써 원기억이 재공고화될 수 있다는 것이다. 이러한 연구들은 정서 도식 기억은 새로운 정서 체험에 의해 변화가 가능함을 시사한다.

정서 조절과 조절 결여

EFT 이론에서는 자신의 정서를 조절하지 못하는 것을 역기능의 한 형태로 본다. 삶의 많은 문제는 정서를 지나치게 많이 또는 적게 경험하는 것과 관련된다. 정서조절 문제는 강하고 고통스러운 정서들에 압도되거나 정서에 무감각해지고 멀어지게 되는 것과 관련된다. 치료를 받으러 오는 내담자들은 급성 또는 만성 상태의 정서

조절 문제를 빈번히 경험한다. 덧붙여, 우울, 불안, 약물 남용, 거식증과 같은 장애의 이면에는 정서를 조절하려는 역기능적인 시도들이 종종 있다. 건강한 정서조절 기술의 개발은 정서 발달에 중요한 요소이다. 정서 지능의 한 요소인 정서조절 능력은 정서에 의해 안내되는 것이지 강요되는 것이 아니다. 정서적인 반응을 잠시 미루고 정서가 무엇인지 알고 숙고할 수 있는 것은 인간의 본질적인 특성으로, 정동조절은 치료의 주된 과제이다.

정서조절 능력의 일부분은 아동기에 책임 있는 부모나 양육자와의 애착 경험에 기초한다(Shore, 1994; Sroufe, 1996). '좋은 정서 코치'인 부모는 정서를 친밀감 형성에 중요한 요소로 인식하고, 정서를 타당화하고 공감하며, 자녀가 사회적 상황에서 정서를 효과적으로 표현함으로써 목표를 성취할 수 있도록 안내한다(Gottman, Katz, & Hooven, 1996; Greenberg, 2015). Shore(1994, 2003)는 양육자가 어떻게 유아를 돌보느냐가 유아의 뇌 성숙에 영향을 미칠 뿐만 아니라 유아의 자기 진정 능력에도 영향을 미친다는 것을 입증하였다. 안정감 있는 자기는 일차적으로 양육자와의 관계에서 정서를 조절하는 경험을 통해 형성되기에 정서조절의 실패는 불안정한 자기 상을 유발한다(Fosha, 2000; Schore, 1994; Stern, 1985, 1995; Trevarthen, 2001).

인간은 유아기부터 손가락을 빨거나 어두울 때 휘파람을 부는 것과 같은 자기 진정 행동을 배운다. 불안을 진정시키고 적응적으로 기능하기 위해 정서적 각성 수준을 조절하는 것은 정서조절의 중요한 한 요소이다. 성인이 되면 불안 조절을 위해 이완하기와 명상을 배울 수도 있다. 분노 조절도 배울 수 있는데, 예를 들면 호흡하기, 느긋해지기, 10까지 세기와 같은 방법이 있다. 또한 기쁨을 조절하고 기쁨을 상황에 맞게 표현하는 것을 배울 수도 있다. 정서조절에는 인내하기, 자각하기, 말로 표현하기, 괴로움을 조절하고 욕구 충족과 목표 성취를 위해 정서를 적절히 사용하는 능력이 포함된다.

정동에 관한 신경과학적 증거에 따르면, 뇌에는 암묵적이면서 좀 더 정서적인 우반구의 조절과 명시적이면서 좀 더 인지적인 좌반구의 조절이 있다(Shore, 2003). 무의식적인 빠른 처리는 뇌의 우반구에서 더 많이 작동되고, 의식적이고 느리며 순차적인 처리는 뇌의 좌반구에서 더 많이 작동된다(Davison, 2000a; Markowitch, 1998). 정서적·사회적 상황에서의 자기 조절은 우반구 활동의 강화를 요구하는 것 같다(Tucker, 1981). 정서조절에 관한 역동적·체계적 관점에 따르면, 많은 정서조절은 암묵적인 우반구 과정을 통해 일어나며 언어적 중재를 거치지 않는다고 한다. 이러한 과정은 자연스러운 자기 진정 과정과 더불어 신체 접촉, 표정, 목소리의 질, 시선 접촉을 통한 대인관계적 조절의 영향을 가장 크게 받는다.

정서조절에 대한 지배적 관점인 자기 통제의 관점(Beck, 1976; Gross, 2015)에서는 한 체계가 정서를 유발하면 뒤따르는 다른 체계는 정서를 조절한다고 본다. 반면, EFT에서는 정서조절은 정서를 유발하는 경험에 내재되어 있다고 본다. 정서 조절과 유발은 통합된 전체의 한 측면들로 서로 밀접하게 관련되어 있다(Campos, Frankel, & Camras, 2004). 이 관점에서 보면 정서의 과정과 인지의 과정은 서로 조절하는 역동적 체계 안에서 작동하며, 이 과정의 대부분은 의식 밖에서 자동으로 일어난다. 정서는 자연스럽게도 조절되지만 인위적으로도 조절될 수 있다.

정서조절에 대한 이러한 상이한 관점들은 다양한 치료적 함의를 제공한다. 자기 통제 관점에서 제시된 정서조절 전략에는 높은 수준의 인지적 수행 활동이 포함되어 있다. 생각을 의식적으로 변화시키거나 주의분산, 이완과 같은 기술들을 연습함으로써 느끼는 것을 변화시킬 수 있다고 본다. 또한 정서조절을 너무 산만하거나 잘못된 정서를 통제하는 것으로 보면서 치료의 역할을 정서를 통제하는 것으로 본다. 치료적 작업과 관련해서는 역기능을 잘못된 학습과 기술 결핍의 결과로 보고, 정서를 통제하는 기술을 가르치고 인지 체계를 변화시킴으로써 바람직하지 않은 정서를 수정하려 한다(Beck, 1976). 이러한 관점은 정서를 통제하고 제한하는 분노 조절 접근이나 기술 훈련으로 나타난다.

정서조절에 대한 EFT의 자기 유지적 관점에서 볼 때, 인지 체계는 정서 체계에 영향을 미치면서도 정서 체계로부터 정보를 받기도 하는데 사실 정서는 인지와 행동을 안내한다. 정서 체계는 인지와는 다른 처리과정들, 즉 다른 정서나 애착관계에 의해 탈바꿈되거나 조절될 수 있다고 본다(Greenberg, 2015). 정서 체계의 목적은 자기 통제가 아닌 자기 유지와 강화이며 정서의 처리과정은 주로 의식적 자각의 이면에서 일어난다. 정서의 조절을 정서가 발생하는 한 과정으로 볼 때, 많은 역기능은 정서의 회피나 억압 또는 자각 결여의 결과로 볼 수 있다. 따라서 치료적 작업도 정서에 접근해서 정서를 인내하고 명료화하는 데 초점을 두게 된다. 정서조절을 적시에 적응적인 수준에서 원하는 정서를 갖는 것으로 보기에, 치료의 첫 단계에서는 특정 정서의 수용이나 촉진에 초점을 둔다. EFT는 이전에 회피되었던 정서에 접근해 접촉함과 아울러 정서를 인내, 수용, 타당화, 이해하는 것을 정서를 조절하는 최적의 방법으로 본다.

사람들은 정서적 홍수를 위험하고 트라우마적인 것으로 종종 경험하기에 감정들을 통째로 회피하려 한다. 때로 정서의 회피나 무감각은 트라우마의 영향이 지연된 것일 수 있는데, 이러한 반응은 트라우마를 경험하고 난 후에 발생하는 핵심 문제들 중의 하나이다. 정서의 과도한 각성은 정반대의 문제, 즉 정서를 가두려는 부적응적인 시도로 종종 나타난다. 정서를 완전히 억압 또는 회피하거나 정서의 각성 수준을 아주 낮은 수준으로 낮추려는 시도는 정서적 홍수를 포함하는 반작용의 형태로 정서조절 결여를 야기한다. 또한 정서의 과도한 통제는 충동적인 행동들에 몰입하게도 하는데, 지나치게 엄격한 자기 통제에 반발해 터져 나오면서 원하는 것 이상의 과도한 행동들(예: 먹기, 술 마시기, 돈 쓰기, 성관계하기)에 몰입하게 한다.

이야기의 구성과 실존적 의미 만들기

역기능이 발생하는 일반적인 원인은 자신의 경험에 의미를 부여하고 자신, 타인, 세상에 관해 이야기를 만들고 설명하는 방식과 관련된다. 신체적 경험에 근거하지 않은 의미는 공허하다. 삶에서 가장 중요한 이야기들에 대해 의미를 부여하고, 이해하며, 통합하는 능력은 건강한 정체성의 발달과 더불어 자신에 대한 독특하고 일관된 감을 형성하는 데 중요하다. 트라우마 경험에 대해 묘사하는 것은 고통을 악화시킬 수 있다. 이야기에 일관성이 없는 것은 자기 조직화에 혼란스러운 측면이 있다는 표시로 이것은 안정된 자기감을 구성할 수 없음을 나타낸다. 예를 들어, 침범이나 상실의 경험에 대한 해석에 문제가 있는 경우 그 경험에 대한 새로운 의미를 창출할 필요가 있다. 구체적으로, 그 경험을 유발한 사건이 일어난 이유를 찾아내거나 그 사건과 관련된 자신의 역할이나 타인의 의도에 대한 이해를 재구성하는 것이다. 자신과 타인에 대해 좀 더 일관되고 정서적으로 분화된 설명을 명확히 하는 것은 자기 숙고와 주체성 및 새로운 대인관계를 증진하는데, 이러한 경험이 바로 교정적 정서 경험이다. 자신의 경험에 대한 해석은 그 경험에 영향을 미칠 뿐만 아니라 그 경험에 대한 무력감이나 피해의식(종종 일관되지 않은)을 긍정적인 결과가 동반된 주체적이고 일관된 이야기로 변화시키는데, 이러한 경험은 건강을 증진시킨다.

내담자들은 의미와 실존의 문제로 치료를 받으러 온다. 역기능은 불안의 결과로 발생하는데, 불안은 존재하지 않게 될 가능성에 대해 알아차리지 못하고 방어하는 것에서 시작된다. 따라서 역기능은 진정성의 결여, 경험으로부터의 소외, 존재적 불안(실존적 불안)과 관련된 의미의 부재에서 발생한다. 삶에 의미를 부여하는 것은 건강한 삶을 살게 하는 핵심 요소로, 의미는 죽음, 상실, 자유, 고립과 같은 실존적 문제들에 대처하는 방법을 제공한다.

결론

정서는 무엇이 안녕(well-being)에 중요한지 분명히 알려 주고 적응적 행동을 취하도록 준비시킨다. 또한 정서는 경험을 조화롭게 하고, 경험에 방향을 제공하며, 무엇이 중요한지 알려 준다. 그리고 무엇이 중요한지를 아는 것은 무엇을 할 필요가 있고 자신이 누구인지를 알려 준다. 정서가 기본적인 생리적 적응 체계임을 아는 것은 유기체의 가치화 과정('몸의 지혜')에 관한 과학적 근거에 대한 의문을 해소한다. 이 적응 체계는 안녕과 관련된 상황들을 평가하고 경험을 조직하는 기능을 한다. 성장 경향성은 역동적 체계를 통해 작동하는데, 이 체계에는 많은 다른 요소의 변증법적 조화와 포괄적이면서도 일관된 융합이 포함된다. 이 변증법적 과정은 생물학적이고 적응적인 정서 체계를 통해 작동함과 아울러 인간의 상징화 능력과 의미를 구성하는 힘을 통해서도 작동하는데, 이러한 과정들이 자기의 생존과 유지, 강화라는 목적에 기여한다. 유기체는 항상 어떤 방향으로 나아가려는 경향성을 만들어 내는데, 이 경향성은 학습과 경험 그리고 이 둘의 상호작용의 영향을 받는다.

이러한 역동적 관점이 제시하는 바는 정서는 선행 이론들에 의해 알려진 것보다 실재(reality)를 구성하는 데 더 중요한 역할을 한다는 것이다. 근본적으로 건강한 자원인 정서적 경험은 생물학적 적응의 원리에 기초해 건강하고 적응적인 정보를 제공하지만, 때로 어떤 경우에는 학습과 경험을 통해 부적응적이 되기도 한다. 따

라서 내담자를 위한 가장 기본적인 작업은 내담자가 정서를 자각
하고 어떤 정서적 반응이 건강하고 치료적 안내자로 사용될 수 있
고 어떤 반응이 부적응적이고 변화가 필요한지를 구별하도록 돕는
것이다.

제4장

치료과정

● ● ●

작은 정서들은 우리 삶의 위대한 선장이며 우리는 인식하지 못한 채

그 작은 정서들에 복종하고 있다는 것을 잊지 말자.

-Vincent Van Gogh-

정서중심치료(EFT)는 두 가지 치료원리인 치료적 관계의 제공과
치료적 작업의 촉진에 기반한다(Greenberg, Rice, & Elliott, 1993). 두
원리 중 관계 원리가 먼저이기에 과업 촉진 원리보다 우선 고려되
어야 한다. 전반적인 치료 방식은 따라가기와 안내하기를 섞어 사
용한다. 내담자의 내적 참고 체계에 들어가 공감적으로 반응하는
인간중심 접근(Rogers, 1957)이 내담자의 깊은 체험을 돕기 위해 치
료 과정과 방향을 안내하는 게슈탈트의 체험적 치료 방식(Gendlin,
1996; Perls, Hefferline, & Goodman, 1951)과 결합된다. 본 접근에서
는 따라가기와 이끌기가 결합하여 상승효과를 내면서 자연스럽게

흘러간다. 치료란 함께 구성해 가는 과정으로서 내담자와 치료자가 압박감을 주지 않으면서도 서로 영향을 미치는 것이다. 이러한 방식이 내담자의 체험과 탐색을 깊게 하고 정서적 작업을 촉진한다.

이 장에서는 EFT의 원리들이 먼저 논의된 후에, 정서 작업을 위한 지각과 개입 기술들이 논의되고, 뒤이어 정서 변화의 원리들이 요약적으로 기술된다. 그다음 처치 단계, 주요 표식, 사례공식화, 사례 예시가 따라오며, 끝으로 본 접근을 다양한 병리에 어떻게 적용할 것인지에 대한 기술이 이어진다.

관계 및 과제의 원리

EFT를 이끄는 세 가지 관계 원리는 현존과 공감적 조율, Rogers의 의사소통의 핵심 조건들 그리고 작업동맹의 형성이다. EFT는 진심으로 소중히 대하고 정서를 조율하는 공감적 관계에 기반한다. 이러한 관계 속에서 치료자는 충분히 현존하고, 깊이 조율하며, 내담자의 경험에 민감하게 반응한다. 치료자는 존중하고, 수용하며, 일치적인 태도로 의사소통한다. 이러한 관계 방식은 그 자체로 치료적인데 치료자의 공감과 수용은 고립감을 깨고, 경험을 타당화하며, 자신을 강화하고, 자기 수용을 증진시킨다. 치료자와의 관계는 정동의 상호 조율을 통해 내담자의 고통을 완충하는 역할을 한다. 민감하게 반영하고 조율하는 치료자와의 관계는 대인관계를 진정시키고 정서조절 능력을 발달시킨다. 이러한 관계는 압

도적이고 혼란스러우며 고통스러운 정서를 조절하도록 돕는다. 대
인관계에서 이러한 정동 조절의 경험은 시간이 지나면서 내면화
되어 자기 진정을 가능하게 하고 내적 상태를 조절할 수 있게 한다
(Stern, 1985). 치료자와의 공감적 유대가 형성될 때, 뇌의 정서조절
센터는 변화하고 새로운 변화 가능성이 열리게 된다. 이러한 관계
는 최적의 치료적 환경을 만드는데, 이러한 환경은 정서를 조절하
게 하고 충분한 안전감을 느끼게 함으로써 내담자가 자신을 탐색
하고 새로운 것을 학습하도록 한다. 치료적 관계는 치유의 역할에
덧붙여 새로운 의미를 탐색하고 창출하는 작업도 촉진한다.

  치료적 관계의 또 다른 중요한 측면은 치료 목표와 과제에 대한
협력을 통해 동맹관계를 형성하는 것이다. 이러한 동맹관계는 치
료자와 내담자가 문제 극복을 위해 공동으로 작업하는 경험을 촉
진시킨다. 치료 목표와 과제에 대한 동의는 치료자가 내담자를 이
해하는 정도와 무엇이 내담자에게 도움이 되는지를 아는 정도에
달려 있는데, 이것이 바로 공감의 실연이다. EFT에서의 목표 동의
란 어떤 행동적인 변화 목표를 설정하는 것이라기보다 내담자가
몸부림쳐 온 만성적인 고통을 파악하고 이 고통을 해결하는 치료
적 작업에 동의하는 것이다.

  과제의 원리는 세 가지인데, 차별화된 처치 과정, 과제의 완성
그리고 주체성과 선택이다. 이 세 가지 원리는 인간은 주체적이고
목표지향적인 유기체로 내·외부 환경을 탐색하고 통제하려는 욕
구를 타고난다는 가정에 기반한다. 이 원리들은 내담자가 개인적
목표와 함께 회기에서 발생하는 과제에 대한 치료적 작업을 통해

내면의 정서적 문제들을 해결하는 것을 치료자가 잘 돕도록 안내
한다.

과제 원리는 치료적 과제에 대한 작업을 안내하는데, 내담자의
상태에 따라 다른 시간대에 다른 종류의 처치과정을 가능하게 한
다. 처치과정에서 내담자가 회기에서 보이는 상이한 문제들은 차
별화된 개입을 위한 표식(markers)으로 여겨지는데, 표식은 특정
문제에 대한 생산적인 처치 작업을 촉진하는 데 무엇이 가장 도움
이 되고 또 적절한지를 알려 준다. 치료적 작업에는 치료자가 내담
자에게 치료적 경험을 촉진하는 구체적인 행동을 시도해 보도록
제안하는 것이 포함된다. EFT에서 제안되는 실험들은 일차적 정서
와 욕구를 명료화하고, 미해결된 고통스러운 정서를 수용하고 탈
바꿈하며, 암묵적 감정과 의미에 대한 이해를 통해 내담자가 자신
의 체험에 더 잘 접촉하도록 촉진할 수 있게 설계되어 있다. 치료적
작업의 목적은 곧바로 대처하고, 변화시키고, 고치는 것이 아니라
수용하고 허용하는 과정에 초점을 두는 것이다. 변화는 역동적인
자기 조직화의 과정으로 먼저 수용하고 전진하는 과정을 통해 촉
진되는 것이지 어떤 구체적인 목표를 성취하거나 의도적으로 변화
시키려는 직접적인 노력에 의해 촉진되는 것이 아니다.

따라서 EFT는 따라가기와 이끌기의 조화로 이루어진다. 하지만
따라가기는 이끌기보다 늘 우선한다. 오랜 시간에 걸쳐 EFT를 다
양한 표집에 적용하면서 분명해진 것은 내담자에게 안내와 구조화
를 제공하는 정도는 내담자가 정서를 조절할 수 있는 정도에 따라
달라져야 한다는 것이다. 고통의 크기와 회피의 정도가 높은 내담

자는 치료과정에 대한 안내와 함께 진정하기, 자비하기와 같은 정서적인 부모의 역할을 포함하는 정서 코칭을 통해 더 도움을 받는다. 반면, 정서적으로 많이 취약하거나, 내적 통제 소재가 강하거나, 반응 스타일이 반동적인 내담자의 경우에는 민감하게 반응하면서 따라가기를 더 많이 하고 안내하기를 더 적게 할 때 더 많은 도움을 받는다. 내담자들은 종종 문화적 배경에 따라 치료자의 지시에 대해 다른 기대를 갖고 있다. 따라서 치료자의 지시는 내담자의 기대에 맞게 다양화할 필요가 있는데, 특히 치료 초기에 그러하다.

지각 기술

치료적 처치는 지각 기술의 안내를 받는데, 지각 기술은 정서의 유형, 문제 표식들, 개입 기술들을 식별하도록 안내한다. 이 장에서는 지각과 개입 기술 중 일부를 개관하고 구체적인 문제 표식들과 각 표식에 대한 세부적 개입은 다음 장에서 논의토록 하겠다.

정서의 종류를 정확히 사정하는 것은 중요하다. 왜냐하면 정서의 종류에 따라 치료적 처치가 다르게 이루어져야 하기 때문이다(Greenberg, 2015; Greenberg & Paivio, 1997). 정서의 종류를 식별하는 것은 지각 기술의 하나로 이 기술은 한번 개발되면 공감적 조율의 형태로 자연스럽고 암묵적으로 작동된다. 치료자가 가장 먼저 점검할 것은 내담자가 정서를 너무 많이 또는 너무 적게 경험하는가로, 이 점검에 따라 정서에 접촉하도록 개입할지 아니면 정서를 조절하도록 개입할지가 결정된다. 하지만 중요한 것은 모든 정서는 관계적 맥락에서 발생한다는 점과 내담자의 정서 표현은 문화적 규범의 영향을 받는다는 점에 주의를 기울이는 것이다. 내담자가 정서를 조절하지 못하거나 과도하게 조절하는 것은 대인관계적·문화적 영향과 관련되지 내담자의 성격과 관계되는 것이 아니다. 정서가 드러나고 또 조절되는 방식은 치료적 관계와 내담자가 성장한 문화나 가족 규범의 영향을 받는다.

치료자는 정서를 어떻게 사정하고 구분할까? 예를 들어, 내담자가 이차적인 우울성 무력감으로 우는지 아니면 상실로 인한 일차적 슬픔 때문에 우는지를 어떻게 구별하는가? 치료자는 슬픔이 애도와 같이 고통을 겪고 있다는 신호인지 아니면 우울과 같은 괴로움을 나타내는 증상인지를 어떻게 아는가? 또는 내담자의 눈물이 이면의 일차적 분노를 표현하는 항의성의 눈물인지 아니면 위안을 얻으려는 도구적인 '악어의 눈물'인지 어떻게 사정하는가?

치료자들은 일군의 기술과 정보를 이용해 어떤 종류의 정서가 표현되는지 식별한다(Greenberg, 2015; Greenberg & Paivio, 1997). 가장 먼저, EFT 치료자는 결코 자신의 참고 체계로만 정서를 평가하지 않고 내담자와 협력해서 어떤 정서가 어떤 순간에 어떻게 기능하는지 판단한다. 공감적 조율은 타인의 정서를 감지하는 데 필수 요소이다. 목소리, 표정, 몸동작 같은 비언어적 신호들은 표현되는 정서의 성격을 이해하는 데 핵심적인 정보를 제공한다. 목소리나 표정은 어떤 정서가 일차적이고 진실한 정서인지 아니면 이차적이고 다른 정서를 모호하게 하는 정서인지 알려 준다. 인간의 보편적인 정서 반응과 정서의 발생과정에 대한 치료자의 지식이나 경험과 함께 특정 상황에서 발생하는 치료자 자신의 전형적인 정서 반응에 대한 자각은 무엇이 일차적 정서인지를 알려 준다. 예를 들어, 공적인 저녁 식사 자리에서 모든 사람이 지켜보는 가운데 포도주잔을 엎지르는 것이 어떤 느낌인지 치료자가 아는 것은, 같은 상황에서 내담자가 느끼는 일차적 경험이 창피함이라는 것을 이해하는 데 도움을 준다. 감정과 행동 경향성, 욕구가 일치할 때, 즉 상실이 발생할 때 슬픔을 느끼거나 가까운 사람에게 평안을 구하는 것은 일차적 정서를 암시한다. 반면, 상처를 입었을 때 위안을 원하면서도 화를 내고 타인을 밀치는 것은 이차적 정서를 암시한다.

이와 함께 내담자에 대한 치료자 자신의 정서 반응을 자각하는 것은 정서의 사정에 중요하다. 왜냐하면 인간은 태어나면서부터 타인이 보이는 정서적 신호에 정서적으로 반응하도록 되어 있기 때문이다. 따라서 자신의 정서에 대한 자각은 중요한 정보를 제공한다. 우리는 타인이 보이는 일차적 고통과 아픔에는 동정심을 느끼지만 칭얼거리는 이차적 반응에는 짜증이 난다. 또한 부적응적이고 공격적인 화에 대해서는 두려움과 조바심을 느끼지만 적응적이고 힘이 있는 진솔한 분노에는 지지를 보낸다. 우리 자신의 정서적 반응은 타인이 어떤 종류의 정서를 느끼는지에 대한 정보를 제공한다. 어떤 한 내담자가 보이는 전형적인 정서 반응과 다른 문화적 배경에서 성장한 다른 내담자가 보이는 특정한 정서 반응에 대한 지식은 정서의 사정에 도움이 된다. 정서가 표현되는 맥락에 대한 지식은 정서를 맥락 속에서 이해하는 데 큰 도움이 된다. 처음 표현된 새로운 정서는 스무 번이나 표현된 오래된 정서와 아주 다르다. 정서의 표현이 더욱 생산적인 처리과정이나 적응적인 행동으로 이끄는지 아니면 반대로 정서조절을 더 못하게 하는지를 보면, 표현된 정서가 일차적·적응적 정서인지 아닌지를 알 수 있게 된다.

개입 기술

치료적 개입은 정서 개입의 원리, 정서처리 과정의 이해, 문제 표식에 따른 구체적인 개입 방안에 의해 인도된다. 이 단락에서는 전반적인 치료전략을 먼저 기술하고, 정서의 변화 원리, 처치의 단계, 표식과 과제에 대한 논의 순으로 기술한다.

EFT의 일반적인 정서 작업 전략

EFT의 두 가지 중요한 처치 과제는 정서가 너무 적은 사람에게는 정서를 더 많이 접촉하게 돕고, 정서가 너무 많은 사람에게는 정서를 억제하도록 돕는 것이다. 내담자가 정서에 접촉하도록 돕는 방법에는 여러 가지가 있다. 예를 들면, 정서를 촉발하는 신체 감각에 주의를 기울이도록 권장하기, 특정 감정을 유발하는 과거의 사건이나 상황을 회상하도록 돕기, 내담자와의 대화에서 선명한 정서적 단서(예: 상처가 되는 말이나 이미지)를 사용하기가 있다. 또한 내담자에게 마치 무엇을 느끼는 것처럼 행동하도록 제안하기, 즉 말이나 행동을 과장 또는 반복하도록(예: 크고 화난 목소리로 말하기, 주먹을 쥐고 흔들기) 하는 것도 있다. 내담자가 자신의 정서적 각성 수준을 점검하고 정서가 자연스럽게 일어날 수 있도록 안전감을 느끼게 돕는 것도 중요하다. 이 마지막 전략은 특히 중요한데, 왜냐 하면 대부분의 사람은 자신이 통제력을 잃고 있다고 느끼면 정서 에 대한 접촉을 단절하기 때문이다.

치료자들은 종종 나에게 정서를 통제하는 내담자에게 정서에 접 촉하게 하거나 정서조절이 어려운 내담자에게 정서를 조절하도록 돕기 위해서는 무엇을 해야 하는지 묻는다. 이 질문은 다음과 같은 질문으로 변경될 수 있다. 내담자가 정서에 접촉하거나 정서를 조 절하도록 돕기 위해서는 어떤 치료적 관계가 필요한가? 치료적 관 계는 경험되는 정서에 접촉하고 정서를 처리하는 데 핵심적인 역 할을 한다. EFT는 내담자가 정서적 조율을 통해 정서에 접촉하고, 대인관계적 위안을 통해 정서를 조절하며, 관계를 통해 새로운 정 서 경험을 하도록 돕는 잠재적 주체를 치료자로 본다.

내담자가 자신의 정서를 접촉하고 상징화하도록 돕는 공감의 종류에는 순수한 공감적 이해부터 공감적 타당화와 환기, 공감 적 재초점화, 공감적 탐색과 추측에 이르기까지 다양하다(Elliott, Watson, Goldman, & Greenberg, 2004; Greenberg & Elliott, 1997). 공 감적 탐색은 EFT의 가장 핵심적인 개입으로 내담자가 하는 체험 의 어떤 중요한 끝자락에 초점을 맞추는 것이다. 이것은 내담자의 가장 생생한 또는 가장 고통스럽거나 암묵적인 체험이 드러나도록 돕는다. 치료자의 반응이 내담자의 진술 속에서 가장 살아 있는 것에 초점을 맞추게 될 때, 내담자도 자신의 그러한 체험들에 주의를 기울이고 초점을 맞추게 되고 경험의 중요한 끝자락을 구별할 가능성이 높아진다. 공감적 탐색은 내담자의 언어적·비언어적 진술 속에 묻어나는 가장 아픈 것에 매 순간 민감하게 주의를 기울이는 것으로, 공감적 탐색을 통해 치료자는 내담자가 체험하는 것을 내담자가 기술하는 것보다 훨씬 풍부하게 파악할 수 있게 된다. 또한 이 작업은 내담자에게 과거의 암묵적 경험을 의식 속에서 자각하고 상징화하도록 돕는다.

내담자는 보통 자신의 문제를 이야기하면서 치료를 시작한다. EFT 치료자는 공감을 하면서 시작하는데 내담자가 자신의 내면에 초점을 맞추고 체험을 깊이 할 수 있도록 용기를 북돋아 준다. 만약 이러한 조력이 내담자의 체험을 심화시키지 않으면 치료자는 신체적으로 느껴지는 감각에 초점을 맞추고 주의를 기울이게 한다. 이러한 작업에 이어 종종 의자 대화나 이미지 작업과 같은 자극을 촉진하는 개입이 이어지는데, 이러한 개입은 정서를 고조시키고 의식의 초점을 명확하게 한다.

치료자는 내담자에게 신체적으로 느껴지는 체험에 주의를 기울이게 하면서 "나한테 무엇이 문제지?"라고 스스로 묻도록 용기를 북돋운다. 그런 후 치료자는 내담자가 느낌을 언어로 표현하고, 언어적 표현이 주는 체험적 효과에 초점을 맞추며, 문제를 전체적으로 보게 하고, 중요한 것이 신체 감각으로부터 드러나도록 돕는다. 이것이 바로 초점 맞추기의 과정으로 내적 경험에 주의를 집중하도록 격려하는 방법이다.

EFT 치료자는 정서적으로 압도되거나 매몰된 내담자에게는 압도하는 감정을 관찰하거나 상징화하는 방법들(예: 명상의 한 방식인 관찰자의 입장을 취하고 안전한 거리 두기, 두려운 느낌을 위장에 놓인 검은 공이라고 기술하기)을 통해 정서를 억제하는 적응 전략을 개발하도록 돕는다. 지지와 이해를 제공함과 아울러 내담자가 타인의 지지와 이해를 구하도록 용기를 북돋우는 것도 정서조절에 도움이 되며, 괴로운 정서를 정리하도록(예: 문제의 목록 만들기) 용기를 북돋우는 것도 도움이 된다. 내담자가 자신을 진정시키는 활동을 배우도록 돕는 것은 핵심적인 치료전략으로 치료자는 내담자가 이완하기, 자기 위안, 자기 돌봄을 해 보도록 격려한다(예: "자신의 다른 한 부분에게 말해 보세요. 슬픔을 느끼는 것도 괜찮다고."). 고통 중에 있는 내담자에게 주의를 분산하도록 돕는 것(예: 숫자 거꾸로 세기, 상상으로 안전한 곳에 가기)도 정서조절을 촉진하는 또 다른 유용한 방법이다. 만약 내담자가 치료 회기에서 정서에 압도당할 때, 숨을 쉬게 하거나, 발을 바닥에 닿게 하거나, 의자에 앉아 있는 자신을 느끼게 하거나, 치료자를 쳐다보거나, 눈에 보이는 것을 기술하는 행동을 제안함으로써 내담자가 고통을 조절하게 할 수 있다.

역설적으로, 내담자가 정서를 관리하도록 돕는 가장 효과적인 방법들 중의 하나는 정서가 일어나자마자 정서를 자각하고 표현하며 그 정서에 대해 무엇을 할지를 결정하도록 돕는 것이다. 왜냐하면 정서를 억압하고 아무것도 하지 않는 것은 원하지 않는 침투적 정서를 더 많이 발생시킴으로써 그 정서에 더 압도되고 무서워지게 만드는 경향이 있기 때문이다. 내담자와 치료자가 똑같이 겪는 딜

레마는 언제 정서를 자각하고 경험하며 언제 조절할지를 아는 것이다. 압도적이고 파괴적인 정서를 경험하는 사람들에게 특히 도움이 되는 치료적 지침은 그 정서가 얼마나 강한지를 알아차리고 정서를 대처전략의 안내자로 활용하는 것이다. 정서에 접근해 알아차리는 전략은 정서의 각성 수준이 관리할 수 있는 수준(예: 70% 이하)일 때 사용되어야 한다. 반면, 정서를 분산시키고 조절하는 전략은 각성 수준이 70%를 넘어 관리할 수 없게 될 때 사용되어야 한다.

앞서 언급한 일반적인 정서 작업 전략과 함께 제3장에서 기술된 여러 종류의 정서는 각기 다른 방식으로 작업해야 한다. 일차적 적응 정서는 접촉되고 충분히 허용됨으로써 정보와 행동 경향성을 제공받아야 한다. 내담자들이 자신이 느끼는 것이 일차적 적응 정서인지를 식별하도록 돕기 위해 치료자는 공감적으로 반응하고, 정보 처리의 대리인으로 행동하며, 내담자가 자신이 경험하는 것에 적합한 느낌을 언어로 상징화할 수 있도록 조력할 필요가 있다. 치료자는 "이것이 내면 깊은 바닥에서 느껴지는 핵심 정서인가요?"라고 묻거나 "내면을 점검해 보아요. 이것이 당신이 느끼는 가장 근원적인 감정인지 살펴보세요."라고 말함으로써 내담자가 어떤 정서가 일차적인지를 사정하도록 도울 수 있다. 부적응 정서들은 내담자로 하여금 그 정서들에 접근, 허용, 인내, 상징화, 조절, 탐색할 수 있도록 조력함으로써 가장 잘 다루어질 수 있다. 이 정서들은 회피하기보다 접촉하고 수용한 후에 그 이면의 다른 정서들에 접촉하거나(예: 부적응적 수치심을 분노, 자기 자비, 또는 자부심으로 무력화하기) 그 정서들의 의미를 숙고하고 이해함으로써 변화가 가능해진다. 치료자는 내담자가 하는 깊은 체험을 공감적으로 탐색하고 추측함으로써 내담자가 이 정서들에 접촉하도록 조력한다. 부적응 정서에 접촉하도록 돕기 위해 치료자는 내담자에게 "당신이 기억할 수 있는 가장 어린 시절에 경험한 가장 취약한 감정은 무엇입니까?" 또는 "이 감정은 과거에 일어났던 일에 대한 반응처럼 느껴지나요? 아니면 지금 일어나고 있는 것에 대한 반응처럼 주로 느껴지나요?"라고 물을 수 있다. 도움이 되는 또 다른 질문들로는 "이것은 익숙한 어떤 갇혀 버린 것 같은 느낌입니까? 그 상황을 다루는 데 이 느낌이 도움이 될지요?"가 있다.

이차적 반동적 정서는 이 정서를 유발하는 이면의 일차적 정서(예: 반동적 분노 이면의 일차적 두려움)를 공감적 탐색을 통해 발견해 낼 때 가장 잘 처리된다. 이차적 정서 이면의 정서를 탐색하기 위해 치료자는 이렇게 물을 수 있다. "그것을 느낄 때, 가장 잘 알아차리는 감정 외에 어떤 다른 감정은 없는지요?" 또는 "잠깐 시간을 갖고 그 감정 이면에 어떤 다른 느낌이 있는지 살펴보아요."

도구적 정서는 이 정서가 갖는 대인관계적 기능이나 타인에게 영향을 미치려는 의도를 탐색함으로써 가장 잘 이해할 수 있다. 내담자가 느끼는 분노나 슬픔을 이해한다는 것을 전달한 후에 치료자는 이렇게 말할 수 있다. "혹 이 감정을 통해 그 사람에게 무엇인가를 알려 주거나 말하려는 것은 아닌지 궁금합니다." 사람들은 도구적 정서에 대한 탐색을 통해 자신의 정서적 경험에 내재된 의도, 자기 보호나 평안함에 대한 욕구, 또는 다른 사람을 지배하려는 의도를 인식하게 될 수 있다.

정서 변화의 원리

EFT의 관점에서 볼 때, 변화란 공감적으로 조율된 관계 맥락에서 자각, 표현, 조절, 숙고, 탈바꿈, 교정적 정서 경험의 과정을 통해 내담자가 자신의 정서를 이해하도록 도울 때 일어난다. 다음에서는 경험적으로 입증된 정서 변화의 원리(Greenberg, 2015)를 논의하고자 하는데, 논의의 초점은 치료장면에서 정서 작업을 하는 데 있지 일상에서 정서를 다루는 데 있지 않다. 예를 들면, 치료에서는 트라우마로 인한 두려움이나 의미 있는 타자에게 표현되지 않은 적개심을 알아차리고, 각성해서 표현하기를 촉진하는 것이 종종 도움이 된다. 반면, 사람들은 일상생활에서는 대처 행동과 정서 조절 능력의 증진을 원할지 모른다.

자각(알아차림)

정서에 대한 자각의 증진은 치료 전반에 걸쳐 가장 근본적인 처치 목표이다. 사람들은 자신이 무엇을 느끼는지를 알 때 자신의 욕구에 접촉하게 되고 욕구를 충족시키고자 한다. 정서 자각의 증진은 다양한 측면에서 치료적이다. 핵심적인 정서적 경험을 자각하고 언어로 상징화하는 것은 정서에 내포된 적응적 정보와 행동 경향성에 접근하도록 한다. 여기서 주목할 점은 정서 자각은 정서에 관한 생각이 아니라 정서를 자각 중에 느끼는 것이다. 소유되지 않거나 분열된 것은 변화할 수 없다. 주장되지 않은 것이 느껴질 때 변화하는 것이다. 정서를 언어로 명확히 표현하는 것은 자각의 증요한 요소인데 이것은 정서가 느껴질 때만 가능하다. 따라서 정서 자각의 목표는 정서의 수용이다. 자기 수용과 자기 자각은 서로 연결되어 있다. 자신에 대해 무엇을 진정으로 알기 위해서는 먼저 그것을 수용해야 한다.

문제가 되는 정서를 자각하는 세 가지 중요한 단계를 기술하면 다음과 같다. 첫째 단계는 어떤 사건이 일어난 이후에 느껴지는 정서에 대한 자각으로, 과거에 느껴진 것을 숙고하는 것은 미래에 더 잘 반응하는 방법을 배우는 데 도움이 된다. 정서적 반응을 촉발하는 것에 대한 알아차림도 여기에 포함된다. 통찰 지향적 치료의 상당 부분은 이 첫 단계에서 멈춘다고 볼 수 있다. 사람들은 왜 후회하는 방식으로 행동했는지 이해는 한다. 하지만 이해한다는 것이 같은 방식으로 행동하는 것을 막아 주거나 유사한 상황에서 같은 행동이 촉발되는 것을 멈추는 데 도움이 되지는 않는다. 둘째 단계는 정서가 감정을 확인하는 데 걸리는 시간의 감소이다. 셋째 단계는 정서가 올라오려 할 때 그것은 인식함으로써 정서가 올라오기 전에 막을 수 있다는 것이다(예: 충격으로 인한 분노나 실망을 인식하고 그것이 더 커지기 전에 탈바꿈할 수 있음). 즉, 충동이 행동으로 변하기 전에 알아차리는 것이다. 끝으로, 변화의 마지막 단계에서는 정서가 제일 먼저 촉발되지는 않는 것이다.

표현

치료에서 정서를 표현한다는 것은 이차적 정서를 터뜨리는 것이 아니라 경험 회피를 극복하고 이전에 억제된 일차적 정서를 표현할 수 있는 것이다(Greenberg & Safran, 1987). 표현을 통한 대처는 중요한 걱정거리들에 주의를 기울이고 명료화하는 데 도움이 될 뿐 아니라 목표를 추구하는 데도 도움이 될 수 있다. 정서를 효과적으로 표현하는 방법에 대한 보편적인 원칙은 없지만, 치료장면에서 과거의 문제되는 경험을 재체험하고 재작업하는 것과 일상생활에서 정서를 표현하는 것은 구분되어야 한다. 정서를 각성하고 표현하는 것이 치료장면과 일상에서 어떤 역할을 하고 얼마나 유용할지는 어떤 문제에 대해 어떤 정서가 표현되고, 어떻게 표현되며, 누구에 의해, 누구에게, 언제, 어떤 상황에서 표현되며, 정서의 표현 뒤에 어떤 정동과 의미가 뒤따라오는가에 달려 있다. 일상에서 문제시되는 정서를 표현하는 것은 그렇게 도움이 되지 않는 경우가 많다. 심리치료에서 정서를 각성하고 표현하는 것은 필수이지만 치료적 변화에 항상 충분조건인 것은 아니다.

고통스러운 정서를 경험하고 표현하기를 회피하려는 것은 인간의 자연스러운 경향성이기에, 치료자는 내담자가 이러한 회피 경향성을 극복하고 자신의 신체 경험에 조금씩 주의를 기울이면서 고통스러운 정서에 접근하도록 용기를 북돋아 주어야 한다. 예를 들면, 내담자가 자신의 회피 경향성을 지배하는 명시적 신념(예: 화를 내는 것은 위험하다, 남자는 울지 않는다)을 변화시키거나 파국에 대한 두려움을 직면하도록 돕는 것이다(Greenberg & Bolger, 2001). 그다음 내담자는 자신의 정서에 생생하게 접촉하면서 정서를 수용하고 인내해야 한다. 정서에 접근하고 불편한 정서를 인내하는 이 두 단계는 노출에 관한 연구 결과들에서 제안되는 바와 일치한다.

광범위한 연구들이 과거에 회피되었던 감정이 미치는 부정적인 결과를 감소시키기 위해서는 충분한 기간 동안 노출될 필요가 있음을 지지한다(Foa & Jaycox, 1999). 하지만 정서중심적 관점에서 볼 때, 정서적 경험에 접촉해서 각성하고 인내하는 정서처리 과정은 필수적이지만 일차적 부적응 정서를 변화시키기에는 충분하지는 않다. 최적의 정서처리 과정에는 인지와 정동의 통합(Greenberg, 2015; Greenberg & Pascual-Leone, 1995; Greenberg & Safran, 2015)과 정서의 인내와 함께 정동의 탈바꿈(Greenberg, 2015)이 필요하다. 핵심적인 수치심이나 근본적인 불안전감과 같은 일차적인 부적응 정서 경험이 접촉되고 표현된 후에는 그러한 정서 경험들을 인지적으로 처리할 수 있어야 한다. 즉, 그러한 경험을 의식 속에서 상징화하고, 탐색하며, 숙고하고, 그 의미를 이해하며, 탈바꿈할 수 있어야 한다.

조절

정서처리 과정의 세 번째 원리는 정서조절이다. 심리적 장애가 있는 사람들은 어떤 상황에서 정서조절 결여의 어려움을 겪는다(Linehan, 1993). 심리치료에서 중요한 핵심 요소는 어떤 정서들이 어떻게 조절되느냐는 것이다. 조절이 필요한 정서들은 보통 절망감, 무망감, 불안감과 같은 이차적 정서나 무가치감이 동반된 수치심, 근본적인 불안전감, 공황과 같은 일차적인 부적응 정서들이다.

정서조절을 돕기 위한 첫 단계는 안전하고, 차분하며, 타당화하고, 공감하는 치료적 환경의 제공이다. 이러한 환경은 자동으로 발생하는 조절되지 않는 고통을 진정시키고(Bohart & Greenberg, 1997) 자기 강화를 돕는다. 다음 단계는 정서를 조절하고 고통을 감내하는 기술을 가르치는 것이다(Linehan, 1993). 예를 들면, 정서유발 원인을 식별해서 회피하기, 정서를 구별하고 명명하기, 정서를 허용하고 참기, 작업동맹을 형성하기, 긍정적 정서를 증진하기, 자기 진정하기, 호흡하기, 주의를 분산하기가 있다. 명상 연습과 자기 수용은 압도하는 핵심 정서들로부터 일정한 거리를 두는 데 가장 크게 도움이 되곤 한다. 호흡을 조절하고 정서를 관찰하며 정서가 왔다가 가게 하는 능력은 정서적 고통의 조절을 돕는 중요한 처치과정이다.

정서조절의 또 다른 중요한 측면은 자신을 진정시키고 자비하는 능력의 개발이다. 정서는 다양한 수준의 처리과정을 통해 진정하고 조절할 수 있다. 신체적 진정에는 부교감 신경 체계의 활성화가 포함되는데, 부교감 신경은 심장 박동률, 호흡하기, 스트레스 상황에서 빨라지는 교감신경을 조절한다. 고통스러운 정서적 경험을 수용하고 자비하는 능력의 증진은 정서의 감내와 진정에 중요하다. 이렇게 자신을 진정하는 능력은 보호자가 진정시켜 주는 것을 내면화함으로써 발달하기 시작한다(Sroufe, 1996; Stern, 1985). 치료자가 진정시켜 주는 행동을 시간이 지나며 내면화함으로써 내담자는 인위적으로 노력하지 않아도 정서를 자동으로 조절하는 능력인 암묵적 자기 진정 능력을 발달시킨다.

숙고

　정서를 인식하고 언어로 상징화하는 것에 덧붙여, 정서적 경험을 깊이 숙고하는 것은 자신의 경험에 서사적 의미를 부여하고 이 경험을 기존의 자기 이야기 속에 동화할 수 있도록 돕는다. 정서적 경험에 의미를 부여하는 것은 우리를 우리 자신이 되게 한다. 숙고는 새로운 의미를 창출하고 새로운 이야기를 형성시켜 경험을 이해하게 한다(Goldman, Greenberg, & Pos, 2005; Greenberg & Angus, 2004; Greenberg & Pascual-Leone, 1997; Pennebaker, 1995). Pennebaker(1995)는 정서적 경험에 관해 글을 쓰는 것은 자율신경계 활동, 면역 기능, 신체적·정서적 건강에 긍정적인 영향을 미침을 입증하였다. 그는 사람들은 언어를 통해 정서적 경험과 정서를 촉발한 사건을 조직화하고, 구성하며, 궁극적으로 동화할 수 있다고 결론지었다.

　정서적 경험을 탐색하고 발견된 것에 대한 숙고를 통해 일관된 이야기를 구성하는 것은 변화의 또 다른 중요한 과정이다. 숙고는 자기가 심리적으로 형성되고 구성되는 방식에 대한 이해를 증진시킨다. 서사적 이야기는 인지적 조직화의 한 과정으로 개인이 삶에서 경험한 사건과 행동의 의미는 어떤 특정한 주제나 줄거리에 의해 결정된다는 것이다. 서사적 이야기는 내담자의 경험과 기억을 의미 있는 일관된 이야기가 되도록 하고, 경험을 체계화하며, 정체감을 제공한다. 인간은 자기 존재의 의미를 체험하기를 갈망하고 실존적 공허감을 극복하기 위해 의미의 창출을 필요로 한다.

탈바꿈

아마도 심리치료에서 부적응 정서를 다루는 가장 중요한 방법은 단지 부적응 정서를 노출하는 것도 이를 조절하는 것도 아니고 다른 정서로 부적응 정서를 탈바꿈시키는 것이다. 구체적으로 말하면 두려움, 수치심, 외롭게 버림받은 슬픔과 같은 일차적 부적응 정서들을 다른 적응적 정서들을 사용해 탈바꿈시키는 것이다 (Greenberg, 2015). 부적응적 정서 상태를 가장 잘 탈바꿈하는 방법은 다른 적응적인 정서 상태를 활성화함으로써 부적응 상태가 작동되지 않게 하는 것이다. EFT 접근의 중요한 목표들 중 하나는 부적응 정서에 도달하는 것인데, 그 이유는 부적응 정서가 제공하는 정보와 동기를 활용하기 위한 것이 아니라 이 부적응 정서를 탈바꿈시키기 위한 것이다. 적절한 시기에 부적응 정서와 함께 또는 부적응 정서에 대한 반응으로 나타나는 적응적 정서를 활성화하는 것은 부적응 정서의 탈바꿈에 도움이 된다. 정서의 변화과정에 내포된 역설은 정서의 변화는 정서를 변화시키려고 노력하는 것이 아니라 고통스러운 정서를 충분히 수용하는 것에서부터 시작한다는 것이다. 치료적 개입을 안내하는 EFT의 주요 전제는 자신을 있는 그대로 수용하지 않으면 탈바꿈할 수 없다는 것이다. 어떤 곳을 떠나기 위해서는 그곳에 도착해야 하는 것처럼, 정서를 치유하기 위해서는 정서를 느껴야 한다. 정말 바꾸고 싶은 자신의 어떤 측면이 있다면 먼저 그것을 받아들이고 포용해야 하는 것이다. 자기 수용이 항상 자기 탈바꿈에 선행한다는 것이다.

정서를 정서로 변화시키는 과정은 카타르시스, 종결해서 내려

놓기, 노출하기, 소거하기, 습관화 같은 방안들을 넘어선다. 이 과
정은 부적응적 감정을 몰아내거나 약화하는 것이 아니라 다른 감
정을 사용해 부적응적 감정을 탈바꿈시키거나 작동하지 않게 하는
것이다. 두려움, 공포로 인한 불안, 강박, 공황과 두려움을 몰고 오
는 침투적 이미지와 같은 조절되지 않은 이차적 정서는 단순히 노
출하는 것만으로도 극복될 수 있다. 하지만 많은 경우에 일차적 부
적응 정서들(예: 무가치한 느낌의 수치심, 기본적인 불안정감으로 인한
불안, 버림받음으로 인한 슬픔)은 다른 정서들과의 접촉을 통해 가장
잘 탈바꿈될 수 있다. 예를 들어, 깊은 수치심이나 버림받음에 대한
두려움과 같은 일차적 부적응 정서는 동일 상황에서 힘 있는 분노,
자긍심, 자기 자비와 같은 양립할 수 없는 더 적응적인 정서 체험을
활성화함으로써 변화될 수 있다. 새로운 정서는 오래된 정서 반응
을 약화하기보다 작동하지 않게 한다(Fredrickson, 2001). 이것은 단
지 느끼거나 느낌을 직면함으로써 느낌이 줄어들게 되는 것 이상
으로, 철회하는 경향성(예: 일차적인 부적응적 두려움이나 수치심)은
접근하는 경향성(예: 분노나 평안을 추구하는 슬픔)을 활성화시킴으
로써 탈바꿈되는 것이다.

　아동기 학대 경험으로 인해 유발된 버림받음이나 무가치감 같은
부적응적 두려움은 지금 여기에서 그것을 활성화한 후에 다음과
같은 처지 작업으로 안전하게 탈바꿈될 수 있다. 예를 들면, 과거에
느꼈지만 표현하지 않았던 학대에 대한 적응적 분노나 혐오와 같
이 자신에게 힘을 실어 주면서도 경계선을 분명히 하는 정서들을
활성화하거나, 이전에는 접촉할 수 없었던 부드럽고도 자신을 진

정시키는 슬픈 감정과 평안함, 자기 자비에 대한 욕구를 활성화함으로써 탈바꿈될 수 있는 것이다. 이와 비슷하게 부적응적 분노는 적응적 슬픔으로 비활성화될 수 있다. 타인의 경멸을 내면화한 부적응적 수치심은 고통을 유발한 학대에 대한 분노에 접촉하고, 자기 자비를 실행하며, 자긍심과 자기 가치감에 접촉함으로써 탈바꿈될 수 있다. 불공정한 대우를 받거나 좌절당한 것에 대한 분노는 무망감과 무력감의 해독제이다. 수치심으로 숨거나 무력감에 무너지는 경향성은 침해에 대한 분노에 접촉해 표현해 나감으로써 탈바꿈될 수 있다. 뇌의 한 측면에서 발생하는 철회하는 정서는 뇌의 다른 쪽에서 일어나는 접근하는 정서로 대체될 수 있으며 그 반대도 가능하다(Davidson, 2001, 200b). 대안적인 정서가 접촉되고 나면 그 정서는 원상태의 정서를 변형시키거나 작동되지 않게 하고 어떤 새로운 상태의 정서를 형성한다. 탈바꿈시키는 반대 정서를 활성화하기 전에 종종 필요한 것은 변화가 필요한 부적응 정서를 일정 기간 조절하거나 진정시키고 또 그 의미를 이해하는 것이다.

치료자는 어떻게 내담자가 새로운 정서에 접촉해 기존 정서를 변화시키도록 도울 수 있을까? 많은 방법이 소개되었다(Greenberg, 2015). 치료자는 다양한 방법으로 내담자에게 지금 일어나는 정서 이면의 새로운 정서에 접근하도록 도울 수 있다. 예를 들면, 현재 표현은 되고 있으나 자각의 언저리에만 있는 정서에 주의를 기울이게 하거나, 어떤 다른 정서가 없을 때는 욕구에 초점을 맞춤으로써 새로운 정서를 작동시키는 것이다(Greenberg, 2015). 새롭게 접촉된 대안적인 감정들은 성격에 내재해 있는 자원으로 부적응적 상태를 변화시키는 데 도움이 된다. 이 새로운 감정들은 과거의 원상황에서 느껴졌지만 표현되지 않았거나, 과거 상황에 대한 적응적 반응으로서 지금 느껴지는 것이다. 가해자에 대한 암묵적인 적응적 분노를 이끌어 내는 것은 트라우마 희생자들이 보이는 부적응적 두려움을 변화시키는 데 도움이 된다. 두려워 도망가려는 경향성이 앞으로 진격해 나가려는 분노의 경향성과 연합될 때, 가해자에게 잘못된 행동을 책임지게 하고 자신은 죄책감과 불안감 대신 보호받을 자격이 있었음을 알게 되는 입장을 새롭게 취하게 된다. 덧붙여, 새로운 적응적 정서(이 경우에 분노)에 접촉하도록 조력하기 전에 호흡하기나 진정하기를 통해 일차적 부적응 정서(이 경우에 두려움)를 상징화하고, 탐색하며, 식별하고, 조절하는 것이 필수적이다.

새로운 정서에 접촉하는 또 다른 방법들로는 실연(enactment)과 이미지의 형상화를 이용해 정서를 환기하기, 정서가 느껴졌던 때를 기억하기, 사물을 보는 방식을 변화시키기, 정서를 표현하기 등이 있다(Greenberg, 2015). 이러한 새로운 정서적 자원들은 한번 접촉되면 그 사람의 정보처리 방식에 영향을 미쳤던 이전의 심리정동적인 작동 프로그램을 무효화시키기 시작한다. 새로운 정서 상태들은 부적응 정서와 연결된 자신과 타인에 대한 지각의 타당성에 의문을 제기함과 아울러 부적응 정서의 영향력을 약화시킨다. 적응적 욕구에 접촉하는 것은 자동적으로 부적응 정서와 신념의 부당성을 입증하게 한다.

부적응적 정서 반응들의 지속적인 변화는 통찰이나 이해의 과정을 통해서가 아니라 과거 상황에 대해 새로운 반응을 유발하고 이를 기억에 통합하는 과정을 통해 일어난다. EFT는 어떤 곳을 떠나기 위해서는 먼저 그곳에 도착해야 한다는 기본 원리에 근거해 작동한다. 아동기에 경험된 상실과 트라우마로 형성된 부적응적 정서 도식 기억이 치료 회기에서 활성화되고 재구성되면 그 기억은 변화될 수 있다. 지금의 새로운 경험을 활성화된 과거 사건들에 대한 기억 속에 도입하는 것은 새로운 자료를 과거 기억 속에 동화시킴으로써 기억의 탈바꿈을 유발한다(Nadel & Bohbot, 2001). 현시점에서 활성화되고 있는 오래된 기억들은 안전한 관계 맥락에서 형성된 새로운 경험에 의해서뿐만 아니라 더욱 적응적인 정서 반응과 과거 상황에 대처하는 성인기의 새로운 자원과 이해를 동시에 활성화함으로써 재구조화된다. 기억들은 이 새로운 요소들을 통합함으로써 새로운 방식으로 재공고화된다. 사실 과거는 변화될 수 있다. 적어도 과거에 대한 기억은 변화될 수 있다.

교정적 정서 경험

다른 사람(종종 치료자)과의 새로운 경험은 교정적 정서 경험에 특히 중요하다. 대인관계에서 위안을 얻고, 병리적 신념의 부당성을 입증하고, 새로운 성공 경험을 하는 것은 이전에 형성된 대인관계 패턴을 교정할 수 있다. 치료적 맥락에서 수치심을 직면하고 예상되었던 경멸이나 폄하가 아닌 수용을 경험하는 것은 수치감을 변화시키는 힘이 있다. 치료자와의 관계에서 분노가 거절당하지 않고 수용되는 경험을 하는 것은 새로운 존재 방식을 경험하게 한다. 이제서야 내담자는 체벌 없이 자신의 취약함과 분노를 표현할 수 있고 책망받지 않고 주장할 수 있다. 부정할 수 없는 이러한 새롭고 실제적인 정서 경험은 내담자에게 자신이 더 이상 힘 있는 성인과 상대하는 힘없는 아이가 아님을 경험하게 한다. EFT에서 제시하는 이러한 교정적인 정서 경험은 일상생활에서도 격려될 수 있지만 주로 치료적 관계에서 일어난다.

EFT의 목적은 내담자가 치료라는 좋은 환경의 도움으로 과거에 감당할 수 없었던 정서를 재경험하고 통제력을 갖게 하는 것이다. 즉, 내담자는 이전의 관계에서 받은 상처의 경험을 치료하는 교정적 정서 경험을 하는 것이다. 교정적 정서 경험은 치료과정 전반에 걸쳐 일어나는데, 치료자가 내담자의 내적 세계를 공감적으로 조율하고 타당화한다는 것을 내담자가 경험할 때 일어난다. 내담자와 치료자 간의 진정성 있는 관계의 지속이 바로 교정적 정서 경험이다.

치료의 단계

EFT 치료과정은 크게 3단계로 나눌 수 있는데, 각 단계는 치료의 진전과정을 기술하는 일군의 하위 단계들로 구성된다(Greenberg & Watson, 2006). 첫 단계는 유대와 자각이고 다음 단계는 촉발과 탐색이다. 마지막 단계는 탈바꿈으로, 이 단계는 새로운 정서의 양산을 통해 대안들을 만들고 숙고를 통해 새로운 서사적 의미를 창출하는 것을 포함한다. 첫째 단계인 유대와 자각은 4개의 하위 단계를 포함하는데, ① 내담자의 감정과 자기 지각에 주의를 기울이고, 공감하고, 타당화하기, ② 정서 작업의 근거를 제공하기, ③ 내적 경험에 대한 자각을 증진하기, ④ 협력해서 초점을 형성하기이다. 둘째 단계인 촉발과 탐색도 4개의 하위 단계를 포함하는데, ① 정서적 경험을 지지하기, ② 문제가 되는 감정을 환기하고 각성하기, ③ 정서의 방해물들을 해체하기, ④ 일차적 정서와 핵심 부적응적 도식에 접촉하도록 돕기이다. 새로운 정서를 유발하고 새로운 서사적 의미를 창출하는 마지막 단계는 3개의 하위 단계를 포함하는데, ① 새로운 정서 반응을 발생시켜 핵심 부적응 도식을 변형하기, ② 숙고를 통해 경험한 것의 의미를 이해하기, ③ 새로운 감정을 타당화하고 드러나는 자기감을 지지하기이다.

일차적 정서로 전환하고 이를 변화의 자원으로 활용함으로써 가장 깊은 변화가 일어난다. 어떤 경우에 변화는 다음과 같은 단순한 이유로 일어난다. 예를 들어, 내담자가 힘 있는 주체적 분노와 같은 이면의 적응적 정서에 접촉하고 경계를 재설정하고 주장할 때, 적응적 슬픔에 접촉하고 상실을 애도할 때, 물러서서 조직화하고 회복할 때, 또는 평안과 지지를 요청할 때 변화가 일어난다. 이러한 상황들에서 정서에 내포된 욕구와 행동 경향성에 접촉하는 것은 변화의 동기와 방향성 및 대안적 반응을 제공한다. 행동을 취하는 것이 포기하기를 대체하고 동기화된 욕구가 절망감을 대체한다.

하지만 어떤 핵심적인 일차적 정서에 도달할 때 그 정서는 슬픔이나 분노와 같은 표현되지 않은 일차적인 적응적 정서가 아니라 복잡하고 부적응적인 정서 도식적 경험인 경우가 많다. 부적응적인 핵심 도식은 무력감이나 없는 존재와 같은 느낌, 깊이 상처받은 느낌, 수치심, 안전하지 않음, 무가치감, 또는 사랑받지 못하거나 사랑받을 수 없다는 느낌으로 나타난다. 이러한 느낌들은 종종 절망감, 공황, 무망감, 일반화된 괴로움과 같은 이차적인 나쁜 감정의 이면에 존재한다. 무가치감, 나약감, 안전하지 않은 느낌과 같은 일차적인 부적응 정서는 변화를 위해 접촉되어야 한다. 변화는 정서적 고통이 치유될 수 있는 정서 경험을 통해서만 일어난다. 무가치감과 안전하지 않은 느낌에서 떠나기 위해서는 먼저 그곳에 도착해야 한다. 치유는 무가치감이나 나약함과 같은 정서를 먼저 상징화한 후, 대안적인 적응적 정서에 기반한 자기 도식에 접촉하는 능력에 달려 있다. 대안적인 도식은 현재 경험되는 정서적 고통에 대한 반응인 적응적 정서와 욕구가 활성화되고 접촉될 때 생성된다. 자신의 상징화된 고통에 대해 반응하는 것은 적응적이기에 접촉해서 생명을 주는 자원으로 활용해야 한다.

탈바꿈의 기본적인 정서처리 단계

'나쁜 감정'을 활성화, 탐색, 탈바꿈하는 모형이 제안되고 검증되었다. 이 모형은 임상적 이론과 실제에 기초하는 것으로 이차적 정서에서 일차적 부적응 정서를 통해 일차적 적응적 정서로 움직여 가는 것을 포함한다(Greenberg & Paivio, 1997; Herrmann, Greenberg, & Suszra, 2016; A. Pascual-Leone & Greenberg, 2007). 고통스러운 감정을 탈바꿈시키는 과정은 먼저 각성된 감정(예: "기분이 나빠.")에 주의를 기울인 후에 나쁜 감정(예: "희망이 없어." "시도해 봤자 무슨 소용이야?")을 유발하는 인지적·정서적 연결고리를 탐색하는 것이

다. 결국, 이 과정은 두려움이나 수치심(예: "나는 무가치해." "혼자서
는 살아남을 수 없어.")에 기반한 부적응적인 핵심 정서 도식이라는
자기 조직 체계를 활성화하게 된다. 탈바꿈 과정의 이 지점에서 새
로운 적응적 경험이 접촉된다.

　총체적인 고통 상태에 있는 내담자가 생각과 느낌을 구체화하고
식별하기 시작할 때, 내담자는 다음 두 가지 방향 중의 하나로 움직
여 간다. 하나는 두려움, 수치심 또는 외롭게 버림받은 슬픔과 같은
부적응 정서 도식에 기반한 핵심적인 부적응적 자기 조직화이고,
다른 하나는 절망감이나 거부적 분노의 형태로 종종 표현되는 이
차적 정서이다(A. Pascual-Leone & Greenberg, 2007). 문제가 잘 해
결되는 경우, 적응적 애도나 상처의 표현과 더불어 자신에게 힘을
실어 주는 분노나 자기 전정으로 이어지는데 이러한 반응들은 자
기 수용과 주체성을 촉진한다. 자원이 많은 내담자는 종종 이차적
정서에서 바로 주장적 분노나 건강한 슬픔으로 움직여 가지만, 상
처를 많이 입은 내담자는 애착과 관련된 두려움과 슬픔 또는 정체
감과 관련된 수치심 같은 핵심적인 부적응 정서를 거칠 필요가 있
다(Greenberg, 2015; Greenberg & Paivio, 1997; Greenberg & Watson,
2006).

　고통스러운 상태에서 시작해 이를 해결하는 내담자들은 주로 부
적응적인 두려움, 버림받음, 슬픔, 또는 수치심 안으로 들어감으로
써 문제를 해결한다. 이러한 상태에 있는 내담자들은 자신을 부적
절하고, 공허하며, 외롭고, 무능하다고 본다. 탈바꿈은 이런 부적
응 상태들의 이면에 있는 적응적 욕구가 확인됨으로써 일어나는

데, 이 욕구는 핵심 부적응 도식에 내포된 자신에 대한 핵심적인 부
정적 평가에 대해 반박하는 역할을 한다. 이 과정의 핵심은 다음과
같다. 즉, 두려움, 수치심, 슬픔과 같은 부적응 정서에 내포된 핵심
적인 적응적 애착과 정체감 욕구(예: 연결되고 인정받기를 원하는)가
활성화되고 인정될 때, 이 욕구들은 적응적 정서에 접촉해 자신이
사랑받고, 존중받고, 관심받을 가치가 없는 존재라는 부정적인 자
기 메시지를 반박하게 한다. 이 두 가지 상반된 경험("나는 가치 없
고 사랑받을 수 없다."와 "나는 사랑받고 존중받을 가치가 있다.")이 적응
적 분노와 슬픔의 지지를 받을 때 부적응 상태를 극복하는 것이다.
이것은 새로운 자기 경험에 접촉하고 새로운 의미를 창출함으로써
가능하며, 이러한 새로운 경험과 의미 창출은 자신에 대한 새롭고
더욱 긍정적인 평가를 유발시킨다.

　타당화하는 치료적 관계의 맥락 안에서 내담자는 상실과 상처를
인정하고 애도하게 되며("나는 필요한 것을 가질 수 없어. 나는 가질
자격을 잃었어."를 재구조화하는), 분노를 힘 있게 주장하고 자신을
위로하는 방향으로 나아가게 된다. 이렇게 새롭게 소유된 욕구가
경계선의 설정이나 위안을 포함하는가에 따라 내담자는 적응적 정
서 표현을 밖으로 향하게 함으로써 경계선을 보호하거나(즉, 분노
하기), 자기 안으로 향하게(자비와 돌봄처럼) 할 수 있다. 이러한 과
정 뒤에는 종종 상실에 대한 애도가 따라온다. 애도는 상실을 넘어
선 슬픔이나 자신의 아픔과 상처를 인정하는 것(또는 모두)을 특징
으로 하는데, 이 애도에는 비난, 자기 동정, 체념을 특징으로 하는
초기의 고통스러운 상태가 동반되지 않는다. 이후 이 상실감을 새

롭게 발견된 자기 주장과 진정 능력에 통합함으로써 문제가 해결
된다.

  이차적 정서가 일차적 부적응 정서를 통해 일차적 적응 정서로
나아가는 이러한 과정은 EFT의 핵심 변화과정이다. 중간 수준에서
높은 수준의 정서적 각성이 이러한 탈바꿈의 과정 전반에 걸쳐 필
요하다. 하지만 이 수준은 항상 치유과정을 촉진하는 수준이어야
한다. 치료자는 최적의 정서적 각성을 촉진함으로써 내담자가 정
서를 충분히 느끼고 정서가 제공하는 정보에 귀를 기울이도록 해
야 하지만, 정서조절이 어렵거나 혼란스러울 만큼 해서는 안 된다.

표식과 과제

  EFT의 대표적인 특징은 치료적 개입이 표식의 안내를 받는다는
것이다. 연구에 따르면 내담자는 문제가 되는 특정 정서 상태에 있
으며, 이 상태는 이면의 정서 문제를 나타내는 내담자의 말과 행동
으로 확인할 수 있기에 특정한 방식의 효과적인 개입 기회를 제공
한다(Greenberg, Rice, & Elliott, 1993; Rice & Greenberg, 1984). 내담
자가 보이는 **표식**(markers)은 내담자의 상태와 사용할 개입의 종류
뿐만 아니라 내담자가 문제를 다룰 준비가 되어 있는지도 알려 준
다. EFT 치료자는 서로 다른 유형의 정서처리 문제를 나타내는 표
식들을 식별하고 각 문제에 가장 적합한 방법으로 개입하도록 훈
련받는다.

  표식별 과제에 대한 연구들이 집중적이면서도 광범위하게 실

시되었으며(제5장 참조), 문제 해결 경로의 핵심 요소들과 방식들
이 구체화되었다. 변화과정에 대한 실제적인 모형들이 제시되었
는데 이 모형들은 치료적 개입을 안내하는 지도 역할을 한다. 주
요 표식과 각 표식에 동반되는 개입들이 다음과 같이 확인되었다
(Greenberg, Rice, & Elliott, 1993).

- 문제되는 반응(problematic reactions) 표식은 특정 상황에서 나타
  난 정서나 행동 반응에 대해 어리둥절해 하는 것으로 표현된
  다(예: 내담자가 말하길 "치료받으러 오는 길에 귀가 축 늘어진 작은
  강아지를 보았는데 갑자기 매우 슬퍼졌어요. 그런데 그 이유를 모르
  겠어요."). 문제되는 반응은 체계적인 환기를 통해 밝히는 과정
  이 사용될 기회이다. 개입방법에는 체험한 것을 명확히 환기
  해서 상황을 재경험하고, 상황, 생각, 정서 반응 간의 관련성을
  살펴보며, 그러한 반응을 유발하는 상황이 지닌 암묵적 의미
  를 파악하는 것이 포함된다. 자신의 기능에 대해 새로운 관점
  을 가질 때 문제가 해결된다.
- 불분명하게 느껴진 감각(unclear felt sense) 표식은 표피적인 체
  험을 하거나 느낌이 혼란스럽고 체험한 것에 대한 이해가 분
  명하지 않은 것이다(예: "어떤 느낌이 있는데 그것이 무엇인지 모
  르겠어요."). 불분명하게 느껴진 감각은 초점 맞추기(Gendlin,
  1996)를 필요로 한다. 초점 맞추기는 치료자의 안내로 내담자
  가 주의를 기울이고, 호기심과 의지를 갖고 경험의 구체적 측
  면을 점검하고, 체험하고, 신체적으로 느껴지는 감각을 단어

로 표현하는 것이다. 신체의 느낌이 변하고 새로운 의미가 창출될 때 문제가 해결된다.

- 갈등 분열(conflict splits) 표식은 자신의 한 측면이 다른 측면과 상반될 때 발생한다. 이것은 종종 자신의 한 측면이 비판적이거나 강압적인 형태를 띤다. 예를 들어, 언니들의 관점에서 자신을 실패자로 판단한 한 여인은 절망감과 패배감을 느끼면서도 비판에 화가 난다. 그녀는 "나는 그들보다 열등해요. 난 실패했고 그들만큼 잘나지 못했어요."라고 말한다. 이러한 자기 비판적 분열은 두 의자 작업의 기회를 제공한다. 이 작업에서 자신의 두 부분은 서로 생생한 접촉을 하게 된다. 자신의 두 측면 각각이 지닌 생각, 감정, 욕구가 탐색되고 진짜 대화하는 형태로 소통하는 과정을 통해 비판적인 목소리는 누그러진다. 두 측면의 통합으로 문제는 해결된다.

- 자기 방해 분열(self-interruptive splits) 표식은 자신의 한 부분이 정서적 체험과 표현을 방해하거나 제한할 때 발생한다(예: "눈물이 올라오는 것을 느낄 수 있어요. 하지만 울지 않으려 눈물을 참으며 삼켜요."). 두 의자 실연을 통해 방해하는 부분이 명확히 드러난다. 내담자들은 자신이 어떻게 방해하는지 알아차리고 방해하는 행동을 실연하도록 안내받는다. 예를 들면, 신체 활동을 통해서나(목을 조르거나 목소리 막기), 은유적으로나(새장에 가두기), 말로("닥쳐, 느끼지 마, 조용히 해, 넌 이걸 견딜 수 없어.") 실연할 수 있다. 이러한 작업을 통해 자신이 활동의 주체임을 경험하고 자기 내면의 방해에 반항하고 도전할 수 있다.

이전에 차단된 경험을 표현함으로써 문제를 해결하는 것이다.

- 미해결과제(unfinished business) 표식은 어떤 의미 있는 타자에게 오랫동안 해결되지 않은 감정을 표현하는 것이다. 예를 들어, 한 내담자가 첫 회기에서 매우 감정이 격해져서 다음과 같은 말을 하였다. "아버지는 결코 내 곁에 있어 준 적이 없어요. 난 결코 그를 용서할 수 없어요." 의미 있는 타자에 대한 미해결과제는 빈 의자 작업을 필요로 한다. 내담자는 빈 의자 대화를 통해 의미 있는 타자에 대한 자신의 관점을 활성화하고 타자에 대한 자신의 정서 반응을 체험하고 탐색하며 그 의미를 이해하게 된다. 미충족 욕구에 접촉하고 타인과 자신에 대한 관점의 변화가 일어난다. 타자가 책임지도록 하거나 타자를 이해하거나 용서함으로써 문제가 해결된다.

- 취약성(vulnerability) 표식은 자신이 부수어질 것 같이 연약하거나, 아주 수치스럽거나, 안전하지 않다고 느끼는 상태이다(예: "내게 아무것도 남은 것이 없는 것 같은 느낌이에요. 난 끝났어요. 나 자신에게 계속하라고 요구하는 것이 너무 버거워요."). 취약성은 긍적적이고 공감적인 타당화를 필요로 한다. 자신이 경험한 것에 대해 깊은 수치심이나 안전하지 않은 느낌 또는 그 이상의 무엇을 느낄 때, 내담자들은 치료자로부터 공감적 조율을 필요로 한다. 치료자는 내담자가 느끼는 것의 내용을 파악해야 할 뿐 아니라 내담자가 보이는 정동적 활력에 주목해야 하는데, 내담자의 체험이 전해오는 박자, 리듬, 톤을 잘 반영해야 한다. 또한 내담자의 체험을 인정하고 정상화해야 한다. 자

신이 경험하는 것을 반영받을 때 자기감이 강화된다.

다수의 추가적인 표식과 개입방법(예: 트라우마와 서사적 재진술, 작업동맹의 결렬과 회복, 자기 경멸과 자비, 정서적 고통과 자기 진정하기, 혼란스러움과 공간 정리하기)이 상기한 기존의 여섯 가지 표식과 작업에 추가되어 왔다(Elliott, Watson, et al., 2004; Greenberg, 2015; Greenberg & Watson, 2006). 덧붙여, 정서와 서사적 이야기를 결합하는 일군의 새로운 이야기 표식들과 개입방법들이 구체화되어 왔다(Angus & Greenberg, 2011). 다소 자기 설명적인 표식들도 있는데, 예를 들면 오래된 똑같은 이야기 표식으로, 꼼짝하지 못하고 갇힌 어려움을 계속 반복해서 이야기하는 것이다. 이것은 구체적인 기억을 재경험하도록 촉진함으로써 잘 해결될 수 있다. 언급되지 않은 이야기 표식도 있는데, 이것은 공감적 탐색을 통해 접촉함으로써 이야기가 드러나게 할 수 있다. 정서가 없는 공허한 이야기 표식은 암묵적 느낌에 대한 공감적 추측으로 풍성하게 할 수 있다. 조각난 이야기 표식은 예측할 수 없는 결과가 안전감을 위협하는 것으로 이것은 일관성을 촉진함으로써 가장 잘 다룰 수 있다.

사례공식화

EFT는 단기치료에 특히 도움이 되는 과정 지향적 사례공식화를 개발하였다(Goldman & Greenberg, 2014; Greenberg & Goldman, 2008).

EFT 사례공식화는 사람이나 증상의 진단보다 어떤 초점의 발달과 주제의 형성에 주목하는 과정 진단에 기반한다. 과정 지향적 접근의 사례공식화는 사람에 대한 이해에 관심을 주는 만큼이나 회기에서 매 순간 일어나는 것과 회기 내의 맥락에 민감하게 반응하는 일련의 과정에 주목한다. 치료자는 늘 자신의 손가락을 내담자의 정서적 맥박에 올려두고 무엇이 일어나고 있는지 세심히 파악하고 어떤 정서적 고통이 내담자가 겪는 핵심적인 고통인지 귀를 기울인다. 치료자의 주된 관심은 내담자의 오래된 성격이나, 심리적 역동, 핵심 관계 패턴이 아니라 내담자의 내적 과정을 따라가면서 핵심적인 고통과 현재의 정서적 표식을 식별하는 것이다.

치료의 초점을 형성하는 과정에서 치료자는 내담자의 고통스러운 정서적 경험을 추적해 가는 도구인 고통 나침반을 따라가면서 다양하게 드러나는 표식들에 주목한다. 내담자의 고통과 표식은 진단이나 명확한 사례공식화보다 치료적 개입 방안에 대해 더 많은 것을 알려 준다.

EFT 사례공식화는 내담자가 하는 말의 내용에 귀를 기울이고 저변의 원인에 대한 개념적 모형을 만들기보다 내담자의 이야기 속에서 가장 고통스럽거나 가슴 아픈 것을 따라감으로써 만들어진다. 가장 우선되고 중요한 것은 내담자의 '고통 나침반'을 따라가는 것으로 이것은 내담자와 치료자를 문제의 핵심으로 안내한다. 내담자의 고통을 따라가는 것은 내담자에게 가장 핵심적인 관심사에 다가가도록 안내하는데 이것은 내용보다 더 우선한다. 공식화의 단계는 Goldman과 Greenberg(2014)의 책에서 자세히 기술되고 있기에 여기서는 간략히만 설명한다.

사례공식화의 첫 단계는 내담자 삶의 서사적 이야기가 드러나게 하고 내담자의 정서처리 스타일을 관찰하는 것이다. 첫 단계는 다음과 같은 하위 단계들로 구성되어 있다.

① 내담자가 호소하는 문제를 주의 깊게 듣기
② 아프고 고통스러운 경험을 식별하기
③ 내담자의 정서처리 스타일에 주목하고 관찰하기
④ 정서에 기반한 서사적 이야기가 드러나도록 하기

내담자가 자기 이야기를 할 때 치료자는 내담자의 정서처리 방식을 관찰하는데, 특히 정서적 어조와 함께 정서처리 방식과 관련된 다양한 요소에 주의를 기울인다. 치료자는 이 요소들 중 내담자가 정서를 과도 또는 과소 조절하는지, 정서처리 방식이 내적 또는 외적인지 경청한다. 이러한 평가를 위해 치료자는 내담자의 표정, 목소리 톤과 질, 정서 각성의 정도, 체험의 깊이를 관찰한다.

사례공식화의 두 번째 단계는 내담자의 서사적 이야기 속에 있는 고통스러운 핵심 정서 도식에 초점을 맞추는 것이다. 사례공식화에서 핵심 정서 도식의 식별에는 MENSIT이라는 머리글자로 대표되는 여섯 가지 측면이 있다(Goldman & Greenberg, 2014). 즉, 표식(markers), 정서 도식(emotion schemes), 욕구(needs), 이차 정서(secondary emotions), 방해(interruptions), 주제(themes)가 그것이다. 치료자는 회기에서 내담자가 보이는 정서적인 문제 상태(예: 불안 분열, 미해결과제, 자기 방해 과정)를 주의 깊게 듣는다. 도식에 의해 안내된 개입은 저변의 정서에 접촉하고 두려움이나 수치심과 같은 고통스러운 핵심 정서 도식(E)을 드러내는 것을 돕는다. 연대와 인정에 대한 핵심 욕구(N)와 함께 핵심 정서 도식을 모호하게 하는 이차적 정서(S)가 올라오면 이들을 식별한다. 자기 침묵이나 자기 방임과 같은 방해과정들(I)도 식별하는데, 방해과정들은 핵심적인 고통과 욕구는 충족되어 마땅하다는 느낌에 접촉하는 것을 방해한다. 시간이 지나면서 상실에 대한 슬픔, 버림받음에 대한 두려움, 부적절하다는 수치심과 같은 주제들(T)이 떠오른다. MENSIT을 안내자로 활용하면서 치료자와 내담자는 서사적 이야기를 함께 구성하는데, 서사적 이야기는 호소 문제, 촉발 자극, 회피 행동, 대처방식이 초래한 결과를 내담자의 고통스러운 핵심 정서 도식과 연결한다.

내담자의 고통스러운 정서를 공식화하는 세 번째 단계는 과정 공식화를 진행하는 것이다. 치료자는 매 순간의 공식화에 초점을 맞추면서 내담자의 현재 상태, 내담자의 핵심 문제와 관련된 표식, 처치 과제 내의 미세 표식들을 식별해 낸다. 새로운 의미가 드러날 때 치료자는 새롭게 드러나는 내담자의 서사적 이야기가 호소 문제와 어떻게 연결되어 있는지를 평가함과 아울러 내담자의 변화 정도와 종결에 대한 준비 정도도 평가한다(Goldman & Greenberg, 2014).

사례 예시: 분노가 절망을 무력화하다

접수 면접 때 39세의 폴란드계 백인 여성 내담자는 울면서 기분이 처지고 우울하다고 보고하였다. 그녀는 자기 삶의 대부분이 우울했으며 특히 작년은 힘들었다고 하였다. 일도 하지 않았고 거의 집을 나가지 않았으며 전화도 받지 않았고 누가 문을 두드려도 응답하지 않았다고 하였다. 원가족과의 관계가 힘들고 종종 고통스럽다고 하였다. 어머니는 가게에서 물건을 훔치다 기소되었고 자신과 남자 형제, 두 자매는 어머니와 더 이상 접촉하지 않는다고 하였다. 아버지는 유대인 수용소에서 살아남은 생존자로 늘 가족들과 정서적으로 단절되어 살아 왔고 비판적이고 판단적이라고 보고하였다. 아동기 내내 신체 체벌이 있었으며, 가족 상황이 매우 좋지 않았기에 모든 형제자매는 할 수 있는 한 빨리 집을 떠났다고 하였다. 내담자는 자매들을 가족 중에서 가장 중요하게 생각하였고 자매들이 종종 부모 역할을 하였는데 부모보다 자매들로부터 애정과 지지를 더 많이 받았다고 보고하였다.

처음 몇 회기 동안 치료자는 공감적 이해와 탐색, 추측을 사용해 내담자의 이야기에 귀를 기울이고 내담자를 이해하고 있음을 전달한다. 내담자는 호소 문제에 대해 얘기하면서 치료를 시작한다.

내담자: 평생 심한 우울감을 느끼면서 살아왔다고 생각해요. 그런데 올해는 특히 힘드네요. 개인적으로 가까웠고 도움을 주었던 몇 사람을 잃었

어요. 작년에 우울증으로 위기를 느꼈지만 잘 회복했는데 올해는 정
말 힘드네요.

이어서 내담자는 9년 동안 결혼생활을 해 온 남편이 불안증으로
힘들어하고 있고, 올해 초에 병원에 입원했는데 자매들이 이혼하
기를 제안해 왔다고 하였다. 하지만 그녀는 남편 곁을 지키면서 남
편이 어려운 시기를 잘 극복하도록 지원하고 있는데, 가족들로부
터는 소외감을 느낀다고 하였다.

내담자는 첫 회기에서 자신의 우울증에 대한 생각을 이야기하
였다.

> **내담자**: 제 생각에 저의 우울감의 대부분은 가족 관계 내의 역동이 그 중심에
> 있는 것 같아요. 저는 가족들 심지어 오빠와 언니들에게도 가까운 느
> 낌이 없어요. 모두들 아주 이른 나이에 결혼했고 자녀들도 가졌고 그
> 자녀들은 또 자녀들을 낳았어요. 저는 가족 내에서 유목민과 같아요.
> 서른여섯 살이 되어 결혼했고, 여러 곳을 옮겨 다니며 살았고, 많은 다
> 양한 일을 경험했어요. 그들이 살았던 것과는 다른 형태의 삶을 살았
> 어요.
>
> **치료자**: 외부인 같은 느낌이었네요. (공감적 이해)
>
> **내담자**: 네, 그들은 저를 배척했어요.
>
> **치료자**: 외부인 같은 느낌만이 아니라 비난받는 느낌도 있네요. (공감적 탐색)
>
> **내담자**: 맞아요. 맞아요. 큰 언니는 그러지 않았지만 다른 언니는 절 비난했어
> 요. 오빠와는 매우 가까웠지만 지금은 더 이상 가깝지 않은데 이유는

모르겠어요. 잘은 모르겠지만 아마도 우울한 사람 곁에 있는 것이 지쳤는지도 몰라요.

치료자: 가족의 불인정이 힘들었다는 말로 들리네요. 그들이 당신에게 넌 결혼해야 한다. 넌 ······이어야 한다. (공감적 재초점화)

내담자: 정착하라는.

치료자: 그리고 버려진 것 같은 느낌도 들고, 그게 기분을 나쁘게 하고. (공감적 추측)

내담자: 우울해져요. 가끔 우울감을 느끼는데 그 이유를 모르겠어요.

첫 회기의 탐색을 통해 치료자는 내담자가 아동기부터 성인기에 이르기까지 혼자이고 지지받지 않는 경험을 해 왔으며, 내담자의 핵심 정서 도식은 외롭게 버림받은 슬픔과 수치심이라는 느낌을 받았다. 부모의 비판적 목소리를 내면화함으로써 자신을 실패자로 판단하였으며, 과거의 신체적·정서적 학대로 종종 정서적으로 불안하고 버림받은 느낌을 가져왔다. 정서처리 방식과 관련해서 치료자는 내담자가 공감적 반응을 받을 때 자신의 내적 경험에 초점을 맞출 수 있다는 것을 관찰하였다. 내담자는 말을 할 때 고통스럽고 힘든 정서는 피하는 경향이 있었다. 내담자는 일차적 정서인 슬픔이나 분노를 느끼려 할 때나 미충족된 친밀감과 수용의 욕구를 경험할 때면 이차적 정서인 무력감이나 절망감의 상태로 빠져드는 정서 패턴을 뚜렷이 보였다. 이런 패턴이 첫 회기 초부터 보였는데, 내담자는 자신이 어떻게 더 이상 가족들과의 관계 문제에 대처할 수 없게 되었는지를 설명하였다.

내담자: 언니가 전화해서 "네 생일이기에 밥을 사주고 싶다."라는 메시지를 남겼어요. 어떤 이유에서인지 그 메시지가 어제 종일 저를 아주 속상하게 했고 울게 했어요. 정말 감정이 많이 올라와서 언니와 밥을 먹고 싶지 않다고 생각했어요. 왜냐하면 제가 무슨 말을 하면 저를 비난할 것 같았기 때문이었어요. 언니는 매우 비판적이에요. 제가 보기에 언니는 이상적인 삶을 살아요. 이 언니가 바로 제게 전화해서 변호사를 만나라고 하는 그 언니에요. 그런데 언니는 남편이 병원에서 퇴원한 후 몇 달이 지나도 제게 전화 한 통 하지 않았어요. 언니는 제가 왜 가족들과 어울리지 않는지 의아해해요. 우리가 서로 어떻게 느낄 것 같다고 생각하세요? 언니들은 저더러 남편이 정신적으로 문제가 있으니 헤어지라고 했어요. 그런데도 식사하러 가서 모든 것이 괜찮은 척 해야 할까요?

치료자: 언니들에게 정말 분개했을 것 같네요. (공감적 탐색)

내담자: 정말 분개하게 돼요.

치료자: 행복한 얼굴을 하고 생일 축하 점심을 하러 가는 게 참 힘들 것 같아요. 그건 척하는 것이죠. 그런 것이 당신을 울게 했네요. (공감적 탐색)

내담자: 그게 저를 우울하게 만들었어요. 맞아요.

상담자: 언니가 당신을 대하는 방식 때문에 언니에게 화가 난 것 같네요. (공감적 추측)

내담자: 네, 그래요.

치료자: 또 그게 당신을 취약함에 빠져들게 하네요. 언니가 당신을 비난하거나 어떻게 할 것 같고요. (공감적 추측)

> 내담자: 제가 너무 예민하다고 느껴요. 방금 말한 것 같이 과거에 화가 났던 때는요. 지금은 더 이상 논쟁하고 싶지 않은 상태에요. 희망이 없어요. 근본적으로 그들이 저를 혼자 내버려 두면 좋겠어요. 그게 제가 느끼는 거예요. 이런 것이 좋지 않다는 것은 알아요. 크리스마스가 다가오는데 크리스마스가 무서워요.

첫 회기에서 내담자는 부모와의 관계 문제에 대해 계속 이야기하였다.

> 내담자: 엄마는 제가 결혼했는데도 밤중에 전화해서 욕을 해요. 그래서 더 이상은 참을 수 없다는 생각이 들어 엄마와의 관계를 단절하기로 결심했어요. 아빠는, 아빠는 곁에 있지 않았어요. 제가 일 년간 일하지 않았을 때나, 남편에게 문제가 생겼을 때나, 심지어 저의 가장 친한 친구가 죽었을 때도 안부 전화 한 통 하지 않았어요. 올해만이 아니라 언제나 그랬어요. 아빠는 곁에 없었어요.

치료자는 내담자가 아빠는 "곁에 없었어요."라고 말할 때 그 목소리의 특성에 주의를 기울였다(Rice & Kerr, 1986). 그녀의 그 말과 목소리는 자신의 경험에 대해 내적으로 탐색하고 있음을 암시하였고, 그녀가 현재 외롭다는 것을 암묵적으로 나타내고 있었다.

> 치료자: 정말 외롭군요. 아무도 곁에 없네요. (공감적 추측)

치료자의 이 말에 내담자는 처음에는 외부에서 강의하는 식의 목소리로 자신은 친구가 많다고 하였다. 치료자는 친구가 있다는 내담자의 말을 반영하면서도 내담자가 외롭고 버림받은 느낌에 다시 초점을 맞추도록 공감적으로 조력하였고 내담자는 울기 시작하였다. 내담자는 외롭고, 연약하고, 취약한 감정을 내적으로 탐색해 들어가면서 절망감으로 빠져들었다. 치료자는 이 감정을 잠재적으로 치료적인 초점을 맞출 필요가 있는 것으로 보고 추후의 작업을 위해 표시해 두면서, 정서에 대한 작업이 필요한 근거를 알려 주었다.

내담자: 그런데 혼자 기분 나빠하며 앉아 있기보다 무엇인가를 해야 한다고 생각해요.

치료자: 나약한 느낌이 싫다는 말씀이군요. (공감적 탐색)

내담자: 그래요. 그건 시간 낭비에요.

치료자: 하지만 정서는 자신에게 어떤 중요한 메시지를 전해 주어요. (정서의 중요성에 대한 근거 제시)

내담자: 글쎄요. 음, 저는 평생 이런 식으로 살아왔어요.

치료자: 그래요. 여기서 당신이 원하는 것은…… 왠지 이건 무엇인지요? 울기 시작할 때 무엇을 느끼는지요? 외로움을 느끼는지요? 외로움인가요? (공감적 탐색)

내담자: 아마 그런 것 같아요. 그냥 피곤한 느낌이에요.

치료자: 고민하는 것에 지쳤네요. (공감적 확인)

내담자: 맞아요. 생각하는 것에 지쳤어요. 가끔 생각에 푹 빠져 있어요. 스위치가 있어서 꺼 버리면 좋겠어요. 제가 잠을 많이 자는 이유도 생각하

고 싶지 않기 때문이에요.

치료자: 그래요. 때로는 생각들이 계속 돌고 돌죠.

내담자: 항상 그래요.

치료자: 늘 해결되지 않은 감정이 계속 되돌아오는 것 같은 느낌이죠. 마치 정서로 가득한 짐들을 옮기는 것 같고, 가족들과의 고통스러운 과거를 얘기할 때 아픈 감정이 계속 떠오르는 것 같은? 우리가 하려는 것은 그런 감정들을 끝내고 짐을 싸서 치워 버리는 작업이에요. (정서 작업의 논리적 근거 제공)

여기서 치료자는 정서가 정보를 제공하고 사고를 유발한다는 근거를 제공한다. 또한 내담자에게 귀 기울이고 고통의 나침반을 따라가면서 내담자가 자신의 만성적 고통을 명료화하도록 돕기 시작한다. 내담자는 가족으로부터 지지받고 수용받고 싶은 욕구에 대해 이야기할 때 강한 정서를 보이는데, 이때 내담자는 이전에는 결코 경험한 적이 없는 슬픔과 함께 자신은 지지받을 자격이 없다는 수치심에 압도되는 것을 느낀다.

내담자: 전 어떤 이야기를 할 때 제가 스스로 믿을 수 있을 때까지 계속 반복해서 해요. 이 행동은 너무 고착되어 있어 고칠 수 없다고 생각해요. 그래서 더 이상 신경 쓰지도 않고 고쳐지기를 원하지도 않아요. 저는 사랑받지 못하고 다른 가족들만큼 잘하지도 못해요. 제 삶은 혼란스러운 데 반해 언니들의 삶은 잘 진행되는 것 같고 훨씬 더 편한 것 같아요.

내담자가 느끼는 엄청난 외로움과 무가치감은 절망감으로 둘러싸여 있었다. 내담자는 자신이 사랑받지 못하는 실패자라고 느낄뿐만 아니라 이 느낌은 어떻게 할 수도 없고 결코 변하지 않을 것이라고 믿었다.

치료자는 내담자에게 귀 기울이면서 치료적 작업이 시작될 수 있는 표식들에 민감하게 주의를 기울였다. 첫 회기에서 치료자는 내담자로부터 두 가지의 표식을 들었는데, 하나는 가족들로부터 푸대접받은 느낌의 미해결과제이고, 다른 하나는 자신은 실패자이고 사랑받을 자격이 없다고 규정하는 부분과 사랑받고 수용받고 싶다는 부분 간의 자기 비판적 분열과 관련되어 있었다. 이 표식들은 치료 초기부터 드러났기에 쉽게 알아챌 수 있었다.

내담자: 전 제가 나쁜 사람이라고 생각하지 않아요. 나쁜 사람이라고 믿으면서도 마음속 깊은 곳에서는 나쁜 사람이 아니라고 생각해요. 이 모든 것을 감당해야 할 만큼 나쁘지 않아요. 누구를 강간하거나, 살해하거나, 은행을 털거나, 이상한 짓을 하지 않았어요. 가족들이 나를 이렇게 취급할 이유가 없어요.

치료자: 어떤 면에서는 가족들로부터 결코 받지 못한 것에 대해 애도하는 것 같네요. "나는 더 좋은 대우를 받을 만해. 나는 나쁜 사람이 아니야. 결코 갖지 못한 것에 대해 정말 슬퍼. 나는 더 잘 대우받을 자격이 있어."라고 말하는 것 같아요. (미해결과제의 반영)

내담자: 네. 그런 것 같아요.

치료자: 슬픔은 결코 경험하지 못한 것에 대한 것이고 분노는 경험한 것에 대

한 것이에요. 당신의 한 부분이 나는 더 잘 대우받을 가치가 있다고 말하는 것 같네요. 그 느낌이 얼마나 강한가요?

　3회기에 내담자가 학교로 돌아갈 가능성에 관해 이야기할 때 자기 비난 표식이 다시 올라왔다. 내담자는 실패할 가능성에 마주치자 빠르게 절망적이 되었는데 이것은 언니들의 시각이었다. 치료자는 두 의자 대화를 제안하고 언니들을 다른 쪽 의자에 앉게 하였다. 이 작업은 자신의 다른 부분과의 대화가 아니라 타인과의 대화이지만 투사된 자기 비난과의 대화로 볼 수 있다. 왜냐하면 언니들의 비난에 대한 과민 반응은 내면화된 비난이 언니들에게 투사되거나 책임이 전가된 것을 암시하기 때문이다. 언니들의 비난은 큰 상처가 되는데, 왜냐하면 내담자 내면의 비판자를 활성화하기 때문이다. 그녀는 이차적 정서인 절망감으로 빠져듦으로써 그러한 비난에 반응하고 있다.

> 내담자: 그래요. 난 지지를 받지도 못하고 언니들보다 열등하다고 느껴요. 남아 있는 자존심도 없어서 언니들과 더 이상 뭘 시도하고 싶지 않은 것 같아요. 마치, 그래 언니들이 이겼어. 난 언니들만큼 좋은 사람이 아니야. 언니들이 이겼어. 그래 됐지. 그러니 날 내버려둬.

　4회기에서 내담자는 아버지와의 관계에 대해 이야기하였다. 내담자는 아버지로부터 어떤 인정도 받지 못하였다고 하였다. 이에 치료자는 아버지와의 미해결과제 작업을 위해 빈 의자 대화를 제안한다.

내담자: 전 제가 나쁜 사람이라고 믿어요. 하지만 마음 깊은 곳에서는 저를 나쁜 사람이라고 생각하지 않아요. 그래요, 제가 갖지 못한 것에 대해 애도하고 있고 결코 갖지 못할 것이라는 걸 알아요.

치료자: 아버지가 여기에 있다고(의자를 가리키며) 상상하고 아버지가 어떻게 자신을 나쁜 사람으로 느끼게 했는지 말할 수 있는지요? (빈 의자 대화 설정)

내담자: 당신은 내 감정을 파괴했고 내 삶을 망쳤어요. 당신은 살면서 나를 양육하고 돕기 위해 어떤 것도 하지 않았어요. 아무것도 하지 않았어요. 어느 정도 나를 먹여 주고 입혀 주었지만 그게 다예요.

치료자: 마귀라고 불리면서 교회에 가야 하는 것이 어떤 것인지 아버지에게 말해 주세요. (과정 안내하기)

내담자: 정말 끔찍했어요. 당신은 내가 어릴 때 내가 나 자신을 나쁘게 느끼게 했어요. 난 지금 그걸 믿지 않아요. 하지만 어릴 때는 나는 나쁜 아이이기 때문에 죽어서 지옥에 갈 거라고 느꼈어요.

4회기를 마칠 때쯤에 내담자의 개인 내적·대인관계적 주제들이 명확히 드러났다. 이 주제들은 내담자가 보고하는 가장 고통스러운 경험들에 뚜렷이 포함되어 있다. 첫째, 내담자는 실패와 관련된 자기 비난을 내면화하였는데 이러한 내면화는 가족관계의 맥락에서 형성되었다. 실패와 무가치감은 초기에는 언니들과의 관계에서 나타나는 것으로 보였지만 아동기에 부모와의 관계에 그 뿌리를 두고 있음이 드러났고 치료가 진행될수록 명확해졌다. 자기 비난과 인정 욕구는 사랑의 욕구와 관련되어 있다. 그녀의 인생에서 사랑은 잠시도 스쳐 지나가지 않았다. 내담자는 자신의 욕구를 인정하는 것을 차단하거나 회피하는 방법을 배워 왔는데 욕구를 인정하는 것은 자신을 취약하고 외롭다고 느끼게 해 왔기 때문이다. 그녀는 자기 의존적이 되는 방법을 배웠지만 이러한 독립성이 희망이 없고, 지지받지 못하며, 고립된 느낌을 가져다주었다. 사랑의 욕구는 미해결과제와 관련되어 있는데 아동기에 아버지와의 관계에 그 뿌리를 두고 있다. 내담자는 아동기에 그녀를 학대한 아버지에게 엄청난 분개심을 품고 있으면서도 그것을 과소평가하는 경향이 있다("뺨을 맞는 것이 그냥 일상이었어요."). 그리고 이것을 무가치감과 사랑받을 수 없는 느낌으로 내면화하였다. 이러한 이면의 걱정들이 내면의 갈등 분열을 다루는 두 의자 대화 작업뿐만 아니라 유의미한 사람들과의 관계에서의 해결되지 않은 상처를 다루는 빈의자 대화 작업을 정서적으로 다루게 하는 것이 아주 분명하였다.

이러한 치료 주제들은 정서적 처리 과제를 다루는 동안 계속 초점이 맞추어졌다. 5회기에서 다루어진 자기 비난 대화 작업에서 내담자는 자신이 나쁜 사람이라는 내면의 느낌을 부모에게 들었던 비난과 연결한다.

내담자: (내면화된 비판자가 부모의 목소리로 말하며) 그래, 넌 틀려먹었고 형편없어. 넌 어떤 것도 똑바로 하지 못해. 내가 너에게 뭘 하라고 시킬 때마다 너는 내가 원하는 방식으로 하지 않았어. 학점은 한 번도 충분

하지 않았고, 시간에 맞춰 뭘 한 적이 없어. 알고 있어? 네가 하는 모든 것은 다 틀렸어.

치료자: 그래요. 이 의자로 오세요(자기 의자 체험하기). 그런 이야기를 듣는 것은 정말 상처가 되네요.

내담자: 제가 우울할 때는 그런 말들을 믿어요. 정말 완전히 믿어요. 전 틀려먹었고, 형편없고, 실패자라는 것을요. 실패자라는 말은 강력하게 계속 되뇌어져서 전 정말 엄청난 실패자가 돼요. '왜 난 괜찮은 보통의 삶을 살 수 없지?' 이 느낌이 제 삶 전체를 따라 다니는 느낌이에요.

치료자: 비판자에게 그런 비난의 말이 어떻게 느끼게 만드는지 말하세요.

내담자: 그런 말들은 나를 무섭고 슬프게 만들어. 사랑을 받지도 줄 수도 없게 만들어. 그런 말들은 절대 태어나지 말았으면 좋겠다는 느낌을 갖게 해.

대화의 후반부에 내담자는 비난자에게 다음과 같이 말을 이어갔다.

내담자: 저는 제가 사랑받는다는 것을 알아요. 늘 그것을 알았어요. 하지만 이전엔 그것을 절대 믿지 않았어요. 그런데 이제 사랑받는다는 것을 믿기 시작하고 있어요. 그들이 저를 사랑하지 않는다고 화내기보다 그들이 사랑할 능력이 없다는 것을 받아들이고 있어요. 저뿐만 아니라 여동생들도 같았어요. 여동생들만 사랑하고 저를 사랑하지 않은 것이 아니었어요. 우리 중 누구도 사랑하지 않았어요. 부모라면 마땅히 자녀를 사랑해야 하는 방식이 아니었어요.

바로 이 순간에 사랑받을 수 없다는 핵심 감정과 사랑받을 가치가 없다는 확실한 신념이 도전을 받고 있다. 비판적인 목소리는 부드러워지기 시작하고 사랑받지 못한 것에 대한 애도와 자기 가치감이 비판자와의 대화에서 드러나기 시작한다.

> **내담자:** 엄마와 아빠가 절 사랑하지 않았고 저에게 어떤 사랑도 보여 주지 않았지만, 그건 제가 사랑받을 수 없기 때문이 아니라 그들이 사랑할 줄 몰랐기 때문이에요. 그들은 여전히 사랑하는 방법을 몰라요.

내담자는 이제 이전 회기들에서 그렇게 지배적이었던 절망감을 다시 경험하지 않고 있다.

내담자와 치료자는 사랑에 대한 욕구가 어떻게 내담자를 상처와 고통에 취약하게 만들고, 이 욕구의 방해가 어떻게 내담자를 고립감과 외로움에 취약하게 만드는지 계속 확인해 나간다. 7회기부터 9회기까지 내담자는 경험의 두 가지 다른 측면을 계속 탐색한다. 비판자는 사랑에 대한 욕구를 통제하고 차단하는 방식으로 내담자를 보호하려 하고, 체험적 자기는 사랑받고 수용받고 싶어 한다. 내담자는 내면의 목소리들을 계속 확인하고 슬픔, 분노, 고통, 상처를 표현한다. 이전 회기들을 지배했던 절망감은 이제 더 이상 존재하지 않는다. 사랑과 수용을 원하는 목소리는 점점 강해지고 비판자의 목소리는 낮아지며 자신에 대한 수용과 연민을 표현하기 시작한다. 동시에 내담자는 초기의 회기들에서보다 기분이 더 좋아지고 우울감을 덜 느낀다.

치료의 다른 주제는 아버지와의 관계 문제로 아버지는 내담자에게 아픔, 분노, 무가치감, 사랑받지 못한다는 느낌을 유발한다. 3회기의 핵심 대화에서 내담자는 아버지를 언급한다.

> **내담자**: 아빠가 절 사랑하지 않는 것이 아파요. 아빠도 알 거라고 생각해요. 하지만 아빠에게 화가 나요. 전 사랑이 필요한데 아빠는 곁에 없었고 어떤 사랑도 주지 않았어요.

이후 내담자는 아버지에게 그녀의 두려움에 대해 말한다.

> **내담자**: 전 외로웠고 아빠를 몰랐어요. 제가 아는 아빠는 항상 제게 고함치고 때리는 사람이었어요. 그게 전부예요. 아빠가 내게 사랑한다거나 보살펴 주고 싶다거나 제가 학교에서나 어떤 것을 잘하였다고 생각한다고 말했던 기억이 없어요. 내가 아빠에 대해 아는 것이라곤 내가 두려워했던 사람이라는 거예요.
>
> **치료자**: 아빠에게 맞는 것이 두려웠다고 말하세요.
>
> **내담자**: 그래요. 당신은 나에게 굴욕감을 주었어요. 당신은 늘 나를 때렸기에 당신에게 정말 화가 났어요. 당신은 아주 비열했어요. 히틀러가 비열하였다고 들었기에 난 당신을 히틀러라고 불렀어요.

이 회기 후반부에 내담자는 자신이 사랑받지 못한다는 고통스러운 느낌을 어떻게 차단했는지 설명하였다.

내담자: 제가 사용하는 유일한 방법은 농담하는 거예요. 사랑받지 못한다는 느낌이 크게 올라올 때 농담하는 것이 도움이 돼요. 너무 우울해지면 뭘 제대로 할 수가 없어요. 그래서 웃어넘기는 것을 배웠고 비꼬는 농담과 싫증 난 눈빛을 보이게 된 것 같아요.

치료자: 웃음 저변에 많은 상처와 증오가 있기 때문인 것 같군요.

내담자는 미해결과제 대화에서 분노를 계속 표현하였다.

내담자: 난 당신을 증오해요. 당신을 증오해요. 내 마음속에 증오가 자리하고 있어요. 오랫동안 당신을 증오해 왔어요. 가족 행사에서 당신을 볼 때면 화가 나고 그곳에 있는 것이 불편해요. 당신은 아무 일이 없었다는 듯이 행동해요.

회기 후반부에 내담자는 자신에게 사랑받는다는 느낌을 갖게 하지 못하는 아버지의 무능력에 대한 고통과 상처를 표현하였다.

내담자: 난 당신이 부모로서 가끔 내게 전화해 어떻게 지내는지 그냥 물어볼 수도 있다는 생각을 계속해요. 당신이 날 사랑하지 않는 것이 아파요.

회기 끝에 내담자는 자신이 원했던 것은 수용받는 것임을 인식하게 된다.

내담자: 어릴 때 가끔 포옹도 받고 넌 괜찮다는 말을 듣는 것이 필요했어요.

그게 정상이라고 생각해요.

자긍심과 분노에 접촉하고 상실을 애도함으로써 내면의 깊은 수치심이 해소되었다(Greenberg, 2015). 내담자는 아버지가 그녀를 사랑하지 않는 것은 그녀가 사랑할 가치가 없는 존재이기 때문이라는 믿음을 탈바꿈하기 시작하였다. 내담자는 빈 의자 대화에서 아버지에게 말하였다.

> 내담자: 난 당신에게 화가 나요. 왜냐하면 당신이 자신이 좋은 아빠였다고 생각하고 있기 때문이에요. 우리를 한 번도 때린 적이 없다고 말했는데 그건 세상에서 가장 큰 거짓말이에요. 당신은 미친 듯이 우릴 계속 때렸고, 어떤 사랑과 애정을 보여 준 적이 없고, 우리가 집안일을 할 때를 제외하고는 우리의 존재를 절대 인정하지 않았어요.

분노와 슬픔을 처리하고 수치심을 탈바꿈함으로써 내담자는 아버지에게 연민을 좀 더 느끼고 이해하는 입장이 되었다. 10회기에 아버지와의 빈 의자 대화에서 내담자는 다음과 같이 말하였다.

> 내담자: 당신이 살면서 많은 고통을 겪어 왔다는 것을 이해해요. 그 고통 때문에, 당신이 보아 온 것들 때문에, 당신은 물러서는 삶을 살아왔어요. 당신은 사랑이 주어져야 하는 방식으로 사랑을 주는 것과 누군가와 너무 가까워지는 것을 두려워했을지도 몰라요. 왜냐하면 그렇게 하였다가 그들을 잃을 수도 있기 때문이죠. 크면서는 이해할 수 없었는데

이제는 그걸 이해할 수 있어요.

내담자는 아버지가 그녀를 실망시키고 상처를 주었던 방식들을 책임지도록 하면서도, 아버지에 대한 연민으로 아버지의 내적 갈등을 새롭게 이해할 수 있게 되었다.

내담자: 나치 수용소 생존자로서의 경험이 당신에게 큰 영향을 미쳤다는 것을 알아요. 10대 청소년 시기에 청소년이기보다 전쟁 포로가 되었죠. 그 경험이 당신에게 지속적인 영향을 미친 것이 분명해요. 살아가면서 계속요. 결혼 초기에는 좋았을 것 같아요. 한때 당신과 엄마는 정말 서로 사랑했어요. 하지만 엄마가 술을 마시게 되고, 당신이 자신의 삶에 분노하게 되고, 또 아들을 잃게 되면서 당신의 삶의 방식은 차갑게 식고, 느끼지 못하게 되고, 지지적이지 않게 되고, 원하지 않았던 방식으로 흘러갔어요. 난 당신이 어떻게 해야 할지 몰랐다고 생각해요. 난 당신을 정말 이해할 수 있고 당신의 고통을 느낄 수 있어요. 당신은 당신이 아는 한에서 당신이 할 수 있는 최선을 다했다는 것을 이해해요.

이 회기 끝에 내담자는 더 이상 가슴에 분노가 남아 있지 않으며 안도감을 느낀다고 하였다. 아버지가 더 이상 줄 것이 없다는 점을 수용할 수 있다고 하였다. 이러한 안도감과 수용감은 고통스러운 감정들을 극복하였다는 자긍심과 기쁨으로 이어졌다. 자신은 사랑받을 가치가 없다는 수치심에 기반한 핵심 부적응 신념은 아버지는 자신의 삶에서 자신만의 고통을 겪었고 그 고통이 그녀와 자매들에게 사랑스러운 방식으로 행동하지 못하게 했음을 정서적으로 수용하고 그 의미를 이해하는 쪽으로 변화되었다. 사랑받고 싶은 욕구는 더 이상 절망감을 촉발하지 않았다. 내면의 강한 정서에 목소리를 제공함으로써 자신은 사랑할 가치가 있는 존재임을 인정하게 되었고 아버지가 그녀의 삶에 제공해야 하는 것을 그녀 스스로 다루어 나갈 수 있게 되었다. 자신의 욕구와 소통하고, 부적절한 느낌으로부터 자신을 보호하며, 자매들과 더 친밀하게 되는 능력 또한 발달하였다.

EFT 작업 시 부딪히는 장애물 또는 문제

　정서적으로 매우 억제 또는 통제되었거나 자의식이 강한 사람들은 자신의 정서에 접촉해서 역할 놀이나 실연에 몰입하는 것을 어려워한다. 또한 문제에 대해 실제적이고 빠른 해결이나 조언을 원하는 사람들은 탐색적인 치료 작업이 잘 맞지 않는 경우를 본다. 이런 경우 치료 목표와 과제에 대한 동의가 쉽게 이루어지지 않아 작업동맹의 형성에 문제가 될 수 있다. EFT의 관계 원리는 내담자가 있는 곳에서 내담자를 만나는 것이지 내담자에게 어떤 것을 하도록 강요하는 것이 아니다. 따라서 매우 이성적인 사람을 만날 때는 정서를 안내하기 전에 이성적인 수준에서 만나야 한다. 빠른 증상 완화를 요구하고 원하는 내담자들에게는 좀 더 행동적인 방법을 제공하고 첫 단계의 개입 방안으로는 증상 대처 전략을 제공할 필요가 있다. 하지만 EFT의 목적은 이면의 고통스러운 정서에 초점을 맞춤으로써 더 깊은 수준의 변화에 도달하는 것이다.

덧붙여, 매우 취약한 내담자들, 예를 들어 정서 행동 조절에 어려움이 많고 자해 행동을 하는 내담자들이나 감각 또는 복합 트라우마의 이력을 가진 내담자들은 고통에 직면할 때 취약함, 수치심, 자기 증오에 과도하게 압도될 수도 있다. 이런 내담자들은 고통스러운 정서에 들어가기 전에 먼저 안전감과 정서조절 능력을 발달시킬 필요가 있다. 이러한 내담자들에게 EFT는 가장 적절한 초기 단계의 개입이 아닐 수 있다.

성과 문화가 EFT에 미치는 영향

정서 작업을 할 때 성(gender)이나 문화적 요소를 고려할 필요가 있는데, 얼마나 신속하게 정서 작업에 들어갈 것인지는 성차와 문화적 특성에 따라 조절될 필요가 있다. 적지 않은 수의 연구가 정서는 보편적인 현상이지만 정서를 경험하고 표현하는 방식은 문화와 성에 따라 다양함을 보여 주고 있다(Fischer, Rodriguez Mosquera, Van Vianen, & Manstead, 2004). 예를 들어, 보통 남성은 여성보다 좀 더 공격적이며(Buss, 2003) 여성은 좀 더 공감적이라고 알려져 있다. 여성들은 남성들보다 더 강한 긍정적 및 부정적 감정들을 보고하고 즐거움과 사랑을 더 강하고 빈번하게 경험한다고 보고되고 있다. 하지만 여성들은 당황스러움, 죄책감, 수치심, 슬픔, 분노, 두려움, 괴로움 또한 더 많이 경험한다고 한다. 남성들은 여성들보다 자부심을 더 자주 강하게 경험하는 것 같다(Brody, Lovas, & Hay, 1995; Feingold, 1994).

　문화는 성차에 영향을 미치며 문화와 성차는 정서가 표현되는 방식에 영향을 미친다. 정서를 표현하는 방식의 차이는 각 문화에 따라 남녀가 지닌 상이한 사회적 역할, 사회적 지위나 힘, 그 사회가 지닌 문화적 가치에 의해 일부 설명될 수 있다(Brody et al., 1995). 사회 질서와 조화의 유지를 강조하는 문화는 자율과 평등을 강조하는 문화보다 성별과 무관하게 정서를 더 억압하는 것으로 밝혀졌다(Matsumoto, Yoo, & Nakagawa, 2008). 미국인과 비교해 볼 때 일본인은 비관여적 정서(예: 자부심, 분노)보다 관여적 정서(예: 우호감, 죄책감)를 더 강하게 경험하는 경향이 있다(Kitayama, Mesquita, & Karasawa, 2006). 한편, 일본 문화의 표현 규율이 강한 정서(예: 분노, 경멸, 혐오)의 표현을 허락하는 정도는 미국 문화의 표현 규율보다 훨씬 낮은 것 같다(Safdar et al., 2009). 정서적 경험에 대한 성별 및 문화적 차이에 대한 지식은 다양한 내담자와의 정서 작업에 도움이 된다. 하지만 공감적 접근의 사용은 어떤 문화적 차이나 성차와 관계없이 도움이 되는 것이 틀림없다.

장애별 EFT 이론

이 장에서는 EFT의 제반 이론이 특정 유형의 장애들, 즉 정동장애(우울, 불안)와 섭식장애에 적용된다. 그리고 장애별로 부적응적 정서 도식, 정서 자각의 결여, 정동조절 문제의 핵심 역할을 살펴보고자 한다. 불안과 우울이 동시 발생하는 경향이 있음을 고려할 때, 이 두 장애의 많은 작동과정은 중복되는 측면이 있다. 섭식장애와 많은 다른 중독장애는 종종 불안과 우울을 내포한다. 많은 장애가 정서 회피, 정동조절 문제, 부적응적 핵심 정서 도식이라는 이면의 동일한 내적 과정들에 기반한다.

우울과 불안

변증법적 구성주의의 관점에서 볼 때, 우울과 불안은 자기 조직화 과정에서 발생하는 정서장애로 볼 수 있다. 우울과 불안은 분명히 정서에 기반한다. 자신, 세계, 미래에 대한 부정적 시각과 이로 인한 행동의 철회는 종종 두려움, 수치심, 외로움, 버림받음, 분노와 같은 고통스러운 핵심 부적응 정서들을 회피한 결과일 뿐만 아니라, 이 고통스러운 정서들을 촉발한 사건들에 역기능적으로 대처한 결과이다.

우울한 사람들은 자기 자신을 강하고, 생동감 있고, 즐거운 사람으로 경험하기보다 취약하고, 상처 입었고, 비난받아 마땅한 것으

로 경험하며 상당한 자기 존중감의 상실이 동반된 위축감과 실망
감을 보인다. 자신을 절망적이고 무능하며 무가치한 존재로 지각
하는데, 이는 치명적인 상실감, 실패감, 또는 굴욕감이 동반된 정서
도식 기억의 활성화 때문이다(Greenberg & Watson, 2006). 한편, 불
안은 어떤 위협에 대해 통제력을 발휘할 능력에 자신이 없을 때 발
생한다. 불안에 쫓기는 사람들은 안전하고, 안정되고, 자신감을 느
끼기보다 자기 자신을 두려워하고, 약하고, 혼자 대처할 수 없는 존
재로 경험한다. 또한 상당한 예측 불안, 회피, 의존성을 갖고 상황
에 반응한다. 자신을 의지할 곳 없고, 무능하고, 의존적이며, 불안
정하다고 인식하는데 그 이유는 버림받음, 방임, 대인관계에서의
위안의 결여와 같은 치명적인 경험들과 관련된 정서 도식 기억들
이 활성화되기 때문이다.

상실이나 실패로 인한 우울 또는 위협이나 통제 상실로 인한 불
안과 관련된 스트레스 사건들은 자신은 매우 부적절하거나, 대처
능력이 없거나, 불안정하거나, 비난받아 마땅하다는 핵심 부적응
정서 도식을 촉발한다. 이 사건들은 또한 절망감이나 무력감과 같
은 이차적 반응이 포함된 정서 기억들과도 관련된다. 스트레스 사
건들이 유발하는 이러한 부적응적 정서 도식과 자기 구조는 정동
장애들의 이면에 있는 핵심 문제들로 보인다. 두려움, 슬픔, 수치
심은 자신에 대한 중요한 부적응 정서 도식의 한 측면으로 정동장
애의 핵심이다. 치료의 목적은 자기 기능의 자발성을 회복시키는
것으로 이는 기존의 성격 자원에 접촉해 이를 지지하고 이 자원이
다시 우울하거나 불안한 자기 구조를 변형하도록 도움으로써 가능

하다.

처치의 개관

상처받은 자신에 대한 강한 경멸감과 수치심은 자기 비판적 우울의 핵심 요소이며, 상실과 버림받음에 대처할 수 없다는 강한 불안정감은 의존적 우울의 핵심 요소이다(Blatt & Maroudas, 1992). 한편, 파국적 미래의 예상이 포함된 불안, 방어적 두려움, 기본적 불안정감은 불안장애의 핵심적인 정서 요소이다. 상실에 대한 슬픔과 침해에 대한 분노를 적절히 처리하는 것은 우울과 불안 치료의 핵심적인 적응적 요소이다. EFT는 내담자가 자신의 정서적 경험을 처리하도록 돕는 데 초점을 맞춤으로써 내담자가 어떤 상황들에서 일차적인 적응적 정서 반응들, 예를 들면 침해에 대한 분노, 상실에 대한 슬픔에 접촉할 수 있도록 한다.

정동장애에 대한 EFT 처치의 중심에는, ① 핵심적인 정서 경험과 기억에 접촉해 이를 알아차리고 이름을 붙이고 숙고하는 것과 ② 대안적인 정서 반응을 발달시켜 역기능적인 정서 반응을 탈바꿈하도록 돕는(정서를 사용해 정서를 변화시키는) 것이 있다. EFT는 정동장애를 지닌 사람들에게 적합한데, 특히 장애와 자기 분열의 정도가 너무 높지 않고 안전한 치료적 환경에서 고통스러운 정서를 접촉하고 체험하는 것을 인내할 수 있는 사람들에게 적합하다. 본서에서 기술되는 EFT 접근은 정신과 병원에 입원하지 않고도 기능할 수 있을 정도의 기능 수준에 있는 내담자들에게 적합하다.

불안 사례

불안장애, 특히 범불안장애를 가진 내담자들과 작업할 때 효과적인 것으로 보이는 일련의 단계를 기술하면 다음과 같다(Watson & Greenberg, 2017). 첫째, 안전한 치료적 관계의 형성을 통해 더 강한 자기감을 발달시키고 자신을 긍정적으로 돌보는 방식을 내면화하기, 둘째, 자기 지각과 느낌을 포함하여 내적 자원을 신뢰하는 힘에 대한 확신을 더욱 발달시킴으로써 취약한 자기를 강화하기, 셋째, 파국적인 상황에 대한 걱정과 불안을 유발하는 요인과 불안을 느끼는 체험적 자기 간의 두 의자 대화를 통해 불안이 유발되는 과정에 대해 작업하기, 넷째, 자신을 부정적으로 대하는 방식을 다룸과 함께 더욱 적응적인 반응 방식과 욕구만족에 대한 접근을 막는 자기 방해 구조를 다루기, 다섯째, 미해결과제와 함께 취약한 자기 구조를 촉발하는 고통스러운 정서들의 이면에 있는 애착과 정체감을 다룸으로써 보호적인 분노에 접촉하기, 여섯째, 취약한 자기에 대한 수용과 자기 자비, 자기 진정 능력을 발달시킴으로써 자신과 환경을 통제하는 능력에 대한 더욱 큰 자신감과 자기감을 공고히 하기이다.

불안장애를 처치하는 EFT의 기본 과정은 먼저 불안을 유발하는 내적 분열을 다루는 것인데, 이것은 불안 증상들을 경험하는 것에 가깝다. 파국적인 자기가 한쪽 의자를 차지하고 정서적 불안 반응이 다른 쪽 의자를 차지한다. 하지만 지속적인 변화를 촉진하기 위해서는 핵심적인 부적응적 두려움에 기반하는 불안정 도식에 접촉하는 것이 필수적인데, 이 불안정 도식은 종종 버림받음에 대한 두려움과 부적절함에 대한 수치심에 기초한다. 이 핵심 부적응 도식은 종종 미해결과제 작업을 할 때 접촉된다. 하지만 자신에게 미충족된 욕구들을 충족시킬 자격이 있다는 느낌은 스스로를 침묵시키거나 정서를 억압하는 방식에 의해 종종 차단된다. 이렇게 차단된것은 방해과정을 무력화하는 데 도움이 되는 자기 작업을 실행함으로써 해소된다. 사람들은 이러한 작업을 통해 자기 주장적 분노와 자기 진정하기에 접촉하게 되며, 이러한 접촉은 이면의 부적응적 두려움을 탈바꿈하는 데 도움을 준다. 범불안장애에 대한 EFT처치의 예는 다음과 같다.

내담자는 23세 아프리카계 미국인 여대생으로 부모님과 함께 살고 있으며 대학에서 경영학을 전공하였다. 내담자는 여름 방학 때잠시 쉬었지만 총 24회기의 치료를 받았다. 그녀는 학업과 대인관계에 대한 '초조감과 걱정' 및 그로 인한 신체 증상으로 지역사회클리닉을 방문하였다. 내담자는 첫 회기에서 "잘하려다 보니 너무불안해요."라고 말하였다. 그녀는 자신은 '통제광'으로 '일에 대한생각을 지나치게 많이 한다'고 하였다. 자신의 불안은 '무엇이 일어날지 알지 못하기 때문'이라고 하였다. "저는 늘 '혹시나 만약에'라고 말해요. '늘 모든 일에 완전 실패하는 결과가 나오면 어쩌지.'라고 생각해요. 예를 들어, '만약 눈이 와서 움직이지 못하고 묶여 버리면 어쩌지.'처럼 말이에요." 결과적으로 그녀는 계획하고 계획표를 만드는 데 엄청난 시간을 보내 왔다. 이러한 문제를 평생 갖고살아왔으며 갈수록 심해진다고 하였다. 학업 성적은 괜찮았지만, 생산적인 학습과 시간 관리를 잘 하지 못한다고 걱정했는데 미루는 것이 문제라고 하였다. 덧붙여, 그녀의 불안은 대인관계에도 방해가 되었는데, 관계에서 지나치게 조심스러워하였다. 예를 들어, 그녀는 종종 자신이 나쁜 것을 말하거나 나쁜 일을 함으로써 친구를 잃을까 봐 걱정해 왔는데, "만약 내가 그 여자애를 무시하면, 친구관계를 완전히 잃을 수 있어."처럼 말이다. 불안은 건강에도 영향을 미쳤는데, 가끔 눈 경련이 일어나거나 위통이나 설사와 같은 위장장애도 빈번히 경험하였다. 초등학교 때는 학습장애(난독증) 진단을 받았다고 하였다. 첫 회기에서 내담자는 아주 불안하고 긴장돼 보였지만, 이야기를 잘했고 열성적이고 협조적이었다. 많은 것을 심리적으로 생각하는 경향이 뚜렷하였다. 치료 회기에서 가끔 어떤 정서들(예: 슬픔, 울음)에 대해서는 편안해하지 않았지만, 정서와 경험한 것들을 자유롭게 잘 기술할 수 있었다. 그녀의 증상은 범불안장애의 진단 기준을 충족하였다.

　불안을 치료함에 있어 EFT의 목적은 먼저 안전한 신뢰관계를 형성한 다음, 이면의 부적응적 정서 도식들을 재구조화하는 것이다(Greenberg & Paivio, 1997). 내담자의 불안을 다룰 때 회기에서 해야 할 첫 번째 작업은 내담자가 일차적 불안을 경험하는지 아니면 이차적 불안을 경험하는지를 식별하는 것이다. 일차적인 부적응 불안은 취약하고 불안전한 자기, 즉 근본적인 불안전감을 핵심으로 하는데 이러한 불안전감으로 인해 두려움, 무능감, 보호받지 못함을 느끼게 된다. 한편, 이차적 불안은 압도하는 어떤 내적 경험과 관련된 불안전감을 내포한다. 예를 들면, 자신이 느끼는 분노나 슬픔에 대한 불안, 파국적인 결과에 대한 예상, 또는 예상되는 실패에 대한 두려움이 그것이다. 이차적 불안은 미래에 대한 기대나 위험에 대한 상상과 '만약 이러면'과 같은 내적 진술을 특징으로 하는데, 거절당하거나 실패하거나 무능할까 봐 걱정하는 것과 같은 무기력한 반응이 동반된다(Greenberg & Paivio, 1997). 내담자는 일정 수준의 이차적 불안을 분명히 경험하고 있었다. 그녀는 위험 가능성과 미래에 대한 불안을 많이 경험하였고, 관계에서 실패하거나 거부당할 것을 불안해하였으며, 이러한 걱정들에 대처할 수 없다는 무력감을 느꼈다. 그녀의 핵심 정서 도식은 거절에 대한 두려움을 중심으로 조직되어 있는 것처럼 보였는데 좀 더 지켜봐야 할 필요가 있었다.

치료적 개입으로는 먼저 신체의 느낌을 알아차리는 데 초점을 두면서 이차적 불안을 유발하기 위해 내담자가 자신에게 하고 있는 것(예: 자신을 겁먹게 하는)에 대한 자각을 '고조시키는' 것이 포함된다. 자기 자신이 어떻게 불안한 경험을 만들어 내는지에 대한 알아차림을 통해 주체성을 강조하고 불안을 양산하는 파국적인 기대를 명료화하는 것이다. 구체적으로, 내담자는 두 의자 대화를 통해 자각을 증진하였는데, 한 의자에 앉아서는 '걱정하는 비판자'가 걱정하는 것들을 표현하게 한 후, '자기 의자'에 앉아서는 걱정하는 비판자의 말에 대한 자신의 반응을 확인하였다. (이 작업은 자기 비판 분열과 비슷한데, 차이점은 한쪽이 다른 쪽을 비난하거나 비판하기보다 겁을 주는 것이다.) 이 작업의 장기적인 목표는 내담자가 핵심 부적응 정서 도식들에 접촉하도록 돕는 것이다. 사실 불안은 부적응 정서 도식에 대한 이차적 반응이다.

치료 초기에 내담자는 이면의 감정이 무엇인지 전혀 알지 못하였다. 하지만 두 회기에 걸친 두 의자 대화 작업 후, 그녀의 불안은 실패의 우울한 감정과 연결되어 있음이 분명해졌다. 걱정하는 비판자가 더 좋은 학업 성적을 보이지 않으면 실패할 것이라고 했을 때 절망감이 올라왔다. 예를 들어, 2회기에서 걱정하는 비판자가 말하였다. 해야 할 것이 많은데 그녀가 그것을 감당할 수 없을 것이라고. 이 말에 내담자는 그 일들을 끝낼 수 있다는 희망이 없고 끝도 보이지 않는다며 불안해하였다. 6회기에서 불안을 유발하는 목소리는 그녀가 실패하면 사람들은 그것을 알게 될 것이고 그녀를 거부할 것이라고 말하였다. 내담자는 가혹한 비판적 목소리에 접촉했는데 이 목소리는 그녀를 침묵시키면서 그녀가 충분하지 않다고 말하고 있었다. 내담자는 절망감을 느꼈는데 자신이 할 수 있는 것이 아무것도 없다는 느낌이었다. 수치심이 핵심적인 고통의 한 부분으로 드러나고 있었다.

내담자는 학습장애 진단을 받기 전인 초등학생 때, 여러 차례의 실패와 무력감을 경험하였다. 아버지는 지지적인 방식으로 반응하지 않았고, 학습장애가 미치는 영향을 종종 부정하거나 축소하였다. 아버지는 그녀의 실패를 '더 열심히 노력하지 않았기' 때문으로 보았으며, 내담자가 학교 과제에서 낮은 점수를 받아 오면 종종 최선을 다했는지 물었다. 이에 대해 내담자는 자신이 정말 최선을 다했지만 계속 실패하는 것에 대해 무기력감을 느꼈다. 이러한 자세한 상황들이 드러나자 걱정 비판자의 목소리가 두 의자 대화에서 좀 미묘해졌다. 예를 들어, 내담자는 3회기에서 말하길 학교 성적

이 좋은 한 자신의 학습장애는 문제가 되지 않는다고 하였다. 하지만 학업 성적이 좋지 않으면 누구에게도 말할 수 없을 것 같았다. 왜냐하면 낮은 성적이 '영원히' 계속될지 모른다고 느껴졌기 때문이다. 결과적으로 상황을 변화시키기 위해 자신이 할 수 있는 것이 없기에 내담자는 절망감을 느꼈다.

7회기에서 내담자는 미루는 습관에 대해 갈등 분열 작업을 하였다. 구체적으로, 그녀의 한 부분은 공부를 해야 하고 시간을 좀 더 생산적으로 사용'해야 한다'고 느끼는 ("좀 더 생산적일 수 있어." "연습해야 해.") 반면, 다른 한 부분은 학업으로부터 긴장을 풀고 휴식을 원하였다("내일 할 거야." "매 학기 정말 열심히 했기에 좀 쉬어야 해."). 비판적인 목소리는 그녀가 시간을 낭비하고 있다며 좀 더 효과적으로 시간을 사용해야 하고 더 노력해야 한다고 말하였다. 비판적 목소리를 자세히 살펴보면 다음과 같다. "넌 어떤 특별한 것도 하지 않고 있어. 그냥 군중 속에 섞여 있어." 이 비판의 목소리에 반응할 시점에 내담자는 두 의자 대화를 멈추고 치료자에게 주목의 중심이 되는 것이 불편하다고 하였다. 내담자는 자신은 타인의 눈에 띄는 것을 아주 싫어하는데, 이것이 미루기 문제의 한 가지 이유일 뿐만 아니라 체중 감소의 어려움에도 영향을 미치는 것 같다고 하였다. 내담자는 자신이 사람들의 주목을 집중적으로 받을 경우, 사람들이 "자신의 흠이 무엇인지를 끄집어낼 수 있다."고 하였다. 치료자가 내담자에게 스포트라이트 조명 아래에 있는 자기 자신을 겁먹게 만들어 보도록 했을 때, 불안을 유발하는 자기가 말하였다. "사람들이 너를 유심히 쳐다보고 너의 흠과 결점들을 끄집어내려 할 거야. 그리고 잘못을 발견하면 널 비웃을 거야." 내담자는 자기 의자에 앉아 주목의 중심이 되는 것이 얼마나 무서운지 설명했는데, 주목을 받으면 취약한 감정이 촉발된다고 하였다. "그것은 마치 내가 1,000개의 조각으로 산산이 부서지는 것과 같이 나를 취약하게 만들어요." 치료자는 공감적으로 반응한 후에 내담자에게 불안을 유발하는 의자에 있는 '다른 사람들이 되어' 보게 하였다. 내담자가 자기 의자로 돌아왔을 때, 치료자는 내담자에게 "사람들이 당신을 꼬집어 비웃으며 당신의 외모를 좋아하지 않는다고 말하는 상황이 실제로 일어나면 어떤 느낌일 것 같나요?"라고 물었다. 내담자는 슬픔과 절망감을 보이면서 "난 당신이 나를 좋아하길 원해요. 하지만 그럴 희망이 없어요."라고 말하였다.

무엇이 문제인지에 대한 내담자의 이야기를 듣고 치료자는 그녀를 분열 작업으로 다시 안내하였는데, 이 작업에서 비판적 자기가 수치심을 촉발하였다. 두 의자 대화에서 비판자는 구체적이지는 않았지만, 그녀의 성격에 어떤 문제가 있다고 말하였다. 친구들과의 관계에서 너무 많은 규칙을 설정함으로써 친구들을 어떻게 멀어지게 만들었는지 설명하였는데, 이 규칙들의 보호적 기능이 명료화되었다. "친구가 아닌 사람들과 친구처럼 지냈는데 크게 상처를 받았어요."라는 말은 그녀가 이전의 친구 관계에서 미해결과제가 있음을 암시하였다. 하지만 내담자는 더 자세히 언급하려 하지 않았다. 내담자는 회기 평가서에서 이 회기를 '최고의' '매우 도움이 된'이라고 평가하면서 '상당한 진전'이 있었다고 보고하였다. 회기에서 어떤 변화가 있었느냐는 질문에 내담자는 "나의 미루는 습관과 불안 문제는 모두 실패에 대한 두려움과 몸무게 문제와 관련되어 있다는 것을 알아차리게 되었다."라고 적었다.

치료 중반에 가진 아버지와의 몇 차례 빈 의자 대화(미해결과제)는 내담자가 아버지에 대한 미해결된 감정을 처리하는 데 도움을 주었고 또 핵심 감정들인 부적절함과 버려짐에 대한 두려움에 접촉하는 것에도 도움을 주었다. 이 핵심 감정들은 가장 고통스러운 핵심 도식으로 드러났다. 내담자는 빈 의자 대화 중 한 번은 '아버지 의자'에 앉아서 말하였다. "넌 충분히 열심히 하지 않고 있어. 8시간을 공부하는 것이 중요한 게 아니야. 왜냐하면 결과가 좋지 않기 때문이야." 학업 성적에 대한 아버지의 불인정에 대한 반응으로 내담자는 "애써 봤자 무슨 소용 있겠어요. 희망이 없어요."라고 하였다. 비판의 또 다른 중요한 요소는 그녀의 체중과 관련되어 있었다. 내담자는 자라면서 살짝 과체중이었고 아버지는 그녀의 건강이 걱정되었다. 내담자가 운동을 해서 건강해지도록 '동기'를 부여하고자 아버지는 종종 그녀가 하는 운동에 대해 언급하였다. 예를 들면, 아버지는 내담자가 얼마나 많이 먹고 있는지 언급한다거나 "운동 기구 위에 20분밖에 있지 않았다."라고 하였다.

미해결과제 대화에서 나타난 아버지의 비난에 반응하면서 내담자는 아버지에게 강한 분노와 슬픔을 표현하였다. "내가 한 어떤 것도 충분하지 않을 것 같다는 느낌이에요."(슬픔) "변명하지 말아요. 아빠 날 정서적으로 지지하지 않고 있어요."(분노) 이 대화는 다음 회기에서도 계속되었는데 내담자는 미충족 욕구를 표현하기 시작하였고(예: "아빠가 나의 노력을 지지하고 내가 설정한 기준을 존중해 주기 바라요.”), 자기 주장도 하면서 아버지가 아버지 자신의 행동에 대해 책임지도록 하기 시작하였다. 내담자는 처음에는 자신이 욕구를 충족시킬 만한 자격이 없다는 느낌 때문에 힘들어하였다. 하지만 자기 방해에 대한 두 의자 실연이 자기 방해를 극복하는 데 도움을 주었다. 내담자는 이 회기에 대한 자기 평가 보고서에 “더 이상 슬프지도 절망하지도 않는 대신 짜증이 나고 화가 나는 것을 알아차리게 되었다. 그리고 내 문제를 내려놓는 데 더 가까이 다가가고 있다는 것도 알게 되었다.”라고 적었다. 치료 종결 시점에 내담자는 아버지의 수용과 인정에 대한 미충족된 욕구를 내려놓을 수 있게 되었다. 또 아버지의 행동에 대한 기대를 수정할 수 있게 됨으로써 훨씬 더 평화롭고 ‘자유롭게’ 되었다. 9회기에서 내담자는 강한 행복감을 보고하면서 자신이 좀 더 느긋해지고 덜 걱정하게 되었으며 아버지로 인해 기분이 상하지 않는다고 기술하였다. 또한 내담자는 운동하고 공부하는 것에 대한 내적 동기를 알아차리게 되었다. 이러한 변화는 다음 달에도 계속되었기에 치료를 종결하는 작업이 시작되었다. 치료자와 내담자는 내담자가 변화해 온 과정을 명확히 이해하고 상징화할 수 있도록 변화과정에 대해 논의함과 아울러 만약 증상이 재발할 때 어떻게 대처할 것인지도 의논하였다. 11회기가 치료 첫 단계의 마지막 회기였다.

여름 방학 후에 내담자는 둘째 단계의 치료를 위해 돌아왔다. 내담자는 방학 동안 불필요하게 걱정하지 않았고 계속 자신감을 느꼈으며 아버지와의 관계도 잘 진행되고 있다고 보고하였다. 하지만 자신의 신체 이미지에 대해서는 불만족이 증가했다고 하였다.

내담자는 체중과 관계없이 몸매에 대해 자신감을 느끼고 싶어 하였다. 내담자는 이 문제를 사춘기와 연결하였는데, 사춘기에 체중이 증가했고 아버지로부터 "남자애들은 뚱뚱한 여자애들을 좋아하지 않는다."라는 말을 들었다고 하였다. 내담자는 아버지의 이런 말이 비합리적이라는 것을 알았지만 그 말이 "여전히 머릿속에 박혀 있다."고 하였다. 핵심 부적응적 수치심이 내담자의 불안의 저변에 있는 정서 도식으로 파악되었는데 첫 단계 치료에서 어느 정도는 이루어졌지만 확실하게 탈바꿈되지는 않았다. 수치심이 신체 이미지에 대한 걱정의 저변에 있는 정서임이 확실했기에 이 수치심 도식이 두 번째 치료 단계의 초점이 되었다. 수치스러운 감정은 존중이 결여된 아버지의 지적들에서 시작되었다가 그 이후 내면화되었다. 비판자의 말들 중에는 "남자애들은 뚱뚱한 여자애들을 좋아하지 않아." "넌 친구들을 잃고 외톨이가 될 거야."가 포함되어 있었다. 덧붙여, 초등학교 친구들과의 미해결과제도 수치심에 영향을 미쳤는데, 친구들은 내담자가 자신들의 친구가 되기에 '충분하지 않다'고 느끼게 하였다. 내담자가 친구들의 역할을 실연했을 때, 친구들은 "넌 절대 우리와 같은 수준이 될 수 없어. 왜냐하면 넌 결점이 많고 절대 그것을 고칠 수 없어."와 같은 말을 하였다. 이 영향들로 인해 내담자는 외톨이가 되는 것에 대한 두려움이라는 이차적 반응을 갖게 되었다. 둘째 단계의 치료적 초점은 수치스러운 감정의 해소였는데 이는 적응적인 자부심에 접촉함으로써 이루어졌다. 핵심적인 수치심을 탈바꿈하는 데 도움을 준 것은 내적 분열을 다루는 두 의자 작업이 아니라 자신을 진정시키는 두 의자 대화와 연습이었다.

의자 대화들 중 한 번은 내담자가 겁먹은 자신에게 자연스럽게 말하길, 자신은 있는 그대로 충분히 좋은 사람이기 때문에 혼자가 되는 것을 피하려고 자신이 아닌 다른 어떤 것이 될 필요가 없다고 하였다. 치료자는 곧바로 내담자에게 자신에 대해 좋아하는 것을 겁먹은 자기에게 말하게 하였다. 그녀는 겁먹은 자기에게 자신이 관대하고, 친절하며, 사려가 깊다고 말하였다. 그녀는 자신은 있는 그대로 충분히 좋은 사람이며 그 이상이 될 필요가 없다고 하였다. 그녀는 부분적이긴 했지만 '이것을 깊이 받아들일' 수 있었다. 다른 회기에서 두려운 감정이 활성화되었을 때, 내담자는 자기 의자에 앉아 마치 '마비된 것'처럼 보였다. 내담자는 다소 '얼어붙은' 느낌이 든다는 것을 수긍하였다. 치료자는 내담자에게 자신의 이러한 부분을 상징화하고 표현하도록 도왔다. 내담자는 자기 내면의 깊은 한 부분이 얼어붙어 있고 노출되거나 취약해질까 봐 두려워하고 있다고 하였다. 자신의 이 부분을 드러내는 것이 수치스럽고 무서웠는데, 왜냐하면 외부에 알려지면 상처받을 수 있기 때문이라고 하였다. 치료자는 의자 작업을 통해 내담자가 얼어붙고 수치스러운 자신의 한 부분을 진정시켜 보게 하였다. 내담자는 자신이 '대단하고' 좋은 사람이며, 사려 깊고, 지적이며, 충직하다고 확실히 말하였는데, 수치스러운 자기는 이 메시지를 깊이 받아들임으로써 '어느 정도' 벗어날 수 있었다.

20번째 회기에 내담자는 내면의 수치스러운 부분은 여전히 있지만 과거만큼 문제가 되지 않는다고 하였다. 또한 자신에 대해 훨씬 좋게 느끼게 되었다고 하였다. 다음 회기에서 내담자는 자신이 원하는 것을 알아차리게 되었고 자신의 욕구를 주장할 수 있게 되었다고 말하였다. 어떻게 그렇게 될 수 있었는지 질문을 받았을 때, 내담자는 자기 자신을 더 신뢰하게 되었고 자신은 원하는 것들을 가질 자격이 있다는(예: 존중받고 대우받는) 느낌을 갖기 시작했다고 하였다. 또한 자신이 "더 이상 무기력하지 않다."고 하였다. 내담자는 고마움을 표현하면서 의자 작업은 그녀가 '살면서 해 본 가장 도움이 되는 것'이었다고 말하였다.

섭식장애

정서, 특히 괴로운 정서는 섭식장애에 중요한 역할을 한다. 정서적 문제들이 이 장애의 저변에 있다는 점과 정서가 섭식장애 증상의 촉발에 관여한다는 것은 오랫동안 알려져 왔다(Bruch, 1973; C. Johnson & Larson, 1982; Wilson & Vitousek, 1999). EFT 치료자는 신체 이미지에 대한 경멸이나 신체, 외모, 체중, 체형에 대한 자기 혐오는 부정적 정동이 신체로 치환된 것으로 본다. 많은 경험적 연구가 폭식증과 정서 조율의 관계를 밝혀 왔다(Bydlowski et al., 2005; Kearney-Cooke & Striegel-Moore, 1997; Treasure, Schmidt, & Troop, 2000).

일반적으로 폭식증을 앓는 사람들은 충동적이고 파괴적인 행동을 보이는 사람들과 비슷하게 강한 정서 반응을 조절하는 능력에 문제가 있다. 아주 예민하고 과도하게 반응하는 정서 반응 체계는 강한 정서에 의해 촉발된 신체적 각성에 대처할 자신의 능력에 대해 믿음이 거의 없다. 그 결과로 폭식증을 앓는 여성은 감정에 압도될 것을 예상하며 불안해하고 두려워하게 되는 것이다. 정서적 반응이 발생하기 시작하면 바로 그것을 멈추게 해야 한다는 시급함을 느끼고 폭식과 구토라는 과잉 학습된 충동적이고 부적응적인 정서조절 행동에 의존한다. 시간이 흐르면서 폭식과 구토 행동 패턴은 낮은 자존감과 자신감, 죄책감과 수치심을 느끼게 한다. 이런 과정이 건강한 방법으로 자신의 정서들에 대처할 수 있다는 믿음을 더욱 약화시킴으로써 폭식과 구토의 패턴을 형성시킨다.

정동조절 문제의 관리를 위해 폭식이나 거식과 같은 섭식장애 행동을 하는 것은 정서를 과소 또는 과다 조절하는 결과를 초래한다. 예를 들어, 거식증 내담자가 보이는 전형적인 임상적 증상들에는 정서를 지나치게 억제하고, 무시하며, 과도하게 조절하는 것들이 포함된다. 폭식증을 앓는 사람들은 혼란스럽고 조절되지 않은 정서적 행동을 보이는데 폭식과 구토 행동에 덧붙여 물건 훔치기, 자해하기, 약물 남용과 같은 충동적인 행동도 보인다.

섭식장애가 보이는 정동조절 기능의 문제는 이 장애를 겪는 사람들이 정서에 대해 갖는 독특하면서도 만연한 태도와 관련되어 있다(Dolhanty & Greenberg, 2007, 2009). 감정은 참을 수 없고, 위험하며, 두려운 것이기에 '제거'하거나 회피해야 한다는 태도이다. 섭식장애는 이러한 태도를 성취시키는 매우 효과적인 수단이다. 굶주림은 무감각하게 만들고, 폭식은 진정하게 하며, 구토는 안도감을 준다. 이러한 장애 행동들로부터 회복하려 할 때, 이전에 회피했던 참을 수 없는 감정들이 다시 올라옴을 경험하게 되고, 이 감정들을 피하려는 욕구가 다시 올라오면서 장애 행동이 재발하는 것이다(Federicci, 2005).

섭식장애가 정동조절 문제를 회피하거나, 무감각하게 하거나, 진정시키는 기능을 한다는 점을 고려할 때, EFT는 내담자가 느껴진 정서에 명확히 주의를 기울이고 정서적 경험을 허용하며 정서를 수용, 조절, 진정, 탈바꿈시키는 데 능숙하도록 돕는다(Dolhanty & Greenberg, 2007, 2009). 괴로움을 조절할 특별한 대안도 없이 고착된 섭식 행동 패턴을 변화시키기 위해 계속 열심히 노력하는 것만이 내담자들이 의지할 유일한 자원인 것은 아니다. 오히려 정서 도식과 자기 조직화를 식별하고 바꾸는 작업을 통해 섭식장애 증상을 변화시키고 호전시킬 가능성에 대한 새로운 희망을 경험하게 하는 것이 필요하다.

섭식장애 치료에 있어 EFT의 아주 중요한 목표는 일차 정서를 모호하게 하거나 막는 이차 정서(예: 절망감, 체념)를 넘어 부적응적 일차 정서(예: 두려움, 버림받음에 대한 슬픔, 수치심)에 접촉하는 것이다. 부적응적 정서를 탈바꿈시키고 적응적 정서 경험에 접촉하는 것은 역기능적인 행동 패턴을 변화시키고 섭식장애를 대처 수단으로 삼는 것을 불필요하게 만든다. 이것은 자신을 나약하게 만드는 수치심, 분개, 자기 혐오, 수동적이고 절망적인 체념과 같은 고통스럽고 다루기 힘든 부적응 정서들을 다룸으로써 성취 가능하다.

EFT의 정서 친화적 입장은 섭식장애로 고통받는 사람들에게 특히 도움이 된다. EFT는 내담자들이 지닌 정서에 대한 두려움과 함께 두려워하는 힘든 정서들을 직접적으로 다룬다. EFT는 현재 경

험하는 정서에 부드럽게 계속 초점을 맞춤으로써 정서를 회피하려
는 경향성과 정서는 원래 나쁜 것이라는 믿음에 도전한다. 정서를
감소시키거나 정서에 대한 주의를 분산시키려는 노력은 오히려 정
서에 대한 두려움을 악화시킨다. 반면, 묻어 놓은 건강한 정서에 접
촉할 때까지 정서를 체험하고 처리하는 것은 교정적 경험을 유발
하는데, 이러한 경험은 내담자들에게 섭식장애의 증상 없이 정서
를 경험하고 인내할 수 있게 한다.

　정서의 자각과 체험에 계속 초점을 두는 것에 덧붙여, 자기 비난
분열 작업은 의미 있는 치료과정으로 전환하는 것을 방해하는 신
체 이미지 폄하라는 악순환을 즉각적이고 효과적으로 다루는 데
도움이 된다. 두 의자 대화는 폭식증 내담자에게 매우 효과적일 뿐
만 아니라 거식증 내담자에게는 특히 더 도움이 된다. 왜냐하면 많
은 거식증 내담자는 '거식증 목소리'라 불리는 내면의 비판자가 있
기 때문이다. 이 내면의 목소리는 규칙을 정해 순응하기를 강요하
며 명령을 위반할 경우 호되게 질책한다. 날씬한 몸매의 추구만이
기분을 좋게 하는 유일한 방법으로 보인다. 이 악순환에 빠진 내담
자는 엄청나게 자기 비판적이며 살이 찌는 것과 충분한 체중 감량
이라는 목표를 달성할 수 없는 자신을 폄하한다.

　두 의자 대화는 환기의 과정을 촉발함으로써 자기 비판이 정서
에 미치는 영향이 회기에서 생생하게 살아나게 한다. 거식증의 목
소리를 의자 작업에 포함시키는 것은 내면의 비판적 목소리를 정
서적으로 생생하고도 새롭게 들을 수 있게 한다. 분열 작업은 고통
스러운 정서와 건강한 자기 주장을 빠르게 접촉하게 하는 데 탁월

한 효과가 있다. 환기된 정서의 처리는 혹독한 비판의 목소리를 누그러뜨리고 신체에 대한 내면의 자기 혐오적 목소리를 부드럽게 하는 데 강력한 영향력을 발휘한다. 내적 비판자와의 두 의자 대화 표식에서 미해결과제를 다루는 빈 의자 표식으로 나아가는 것은 자연스럽게 발생한다. 내담자들은 종종 부모, 특히 엄마에 대한 얘기를 극히 꺼리며 섭식장애에 대한 책임은 자신에게 있기에 타인을 비난하지 않아야 한다고 느낀다.

거식증을 앓는 한 젊은 여성 내담자는 부모로부터 많은 사랑과 소중한 돌봄을 받았지만 버림받음에 대한 두려움이라는 핵심 부적응 정서를 지니고 있었는데, 자신이 왜 심각한 거식증을 앓는지 그 이유를 모르겠다고 하였다. 두 의자 작업은 그녀가 엄마에게 화가 나지만 엄마를 잃게 될까 봐 두려워서 화를 표현하는 것을 무서워하고 있음을 보여 주었다. 이 여성은 "치료자의 말에 귀 기울이지 마라. 왜냐하면 내가 회복되면 엄마가 떠날 거야."라는 자기 방해 목소리에 익숙해 있었다. 그녀의 거식증은 12세 때 시작된 것으로 밝혀졌다. 우연히 부모의 논쟁에서 어떤 이야기를 들었는데 그 이야기를 듣고 엄마가 죽거나 떠날 것이라고 믿게 되었다. 뚜렷이 기억나는 것은 그런 일이 절대 일어나지 않도록 그녀가 무엇을 하기 시작하였다는 것이다. 빈 의자 작업에서 그녀는 부모에게 분노를 표출했는데, 부모의 논쟁이 온 가족과 자신의 안녕감에 영향을 미쳤기 때문이었다. 그녀는 부모와의 관계와 무관하게 한 젊은 성인으로 기능하는 자신의 능력을 발견하는 작업을 시작하였다.

결론

심리치료 과정 연구에 기초해 개발된 EFT는 다양한 증거기반 처치 기술을 제공하는데, 상이한 정서처리 방식들, 다양한 정서, 문제 표식들을 식별하는 지각 기술에서부터 어떤 순간에 적합한 다양한 개입 기술에 이르기까지 그 범위의 폭이 넓다. 또한 정서 변화의 원리, 변화의 단계, 사례공식화의 원리도 자세히 설명한다. 이러한 과정들이 다양한 장애 사례와 함께 이 장에서 논의되었다.

제5장

평가

● ● ●

    EFT의 효과와 그 치료적 요소들에 대한 연구가 광범위하게 실시 되어 왔다. EFT의 치료과정에 관한 연구는 다른 어떤 치료적 접근 들보다 많이 실시되었다(Elliott, Greenberg, & Lietaer, 2004). 이 장에 서는 EFT의 연구 기반과 평가가 논의된다.

증거기반 처치

    EFT는 다수의 무작위 임상 연구를 통해 개인과 부부 치료에 효과적인 것으로 밝혀졌다(Elliott, Greenberg, & Lietaer, 2004; S. M. Johnson, Hunsley, Greenberg, & Schindler, 1999). 3개의 연구 (Goldman, Greenberg, & Angus, 2006; Greenberg & Watson, 1998; Watson, Gordon, Stermac, Kalogerakos, & Steckley, 2003)에서 우울증

치료를 위해 매뉴얼화된 EFT가 우울증의 치료에 매우 효과적인 것으로 밝혀졌다. 이 매뉴얼화된 EFT는 과정체험치료라고 불렸는데 정서를 활성화하는 구체적인 방법들이 공감적 관계 맥락에서 사용되었다. EFT는 내담자 중심의 공감적 치료나 인지행동치료와 치료효과가 같거나 더 높은 것으로 밝혀졌다. 인지행동치료는 우울증 감소에 아주 효과적인 것으로 밝혀졌지만, 대인관계 문제의 감소에는 EFT가 더 효과적인 것으로 나타났다. EFT는 인간중심치료보다 증상의 변화에 더 많은 변화를 보였고, 재발 방지에도 아주 효과적인 것으로 나타났다(77%의 비재발 비율; Ellison, Greenberg, Goldman, & Angus, 2009).

York 2차 우울증 연구에서 Goldman과 동료들(2006)은 내담자 중심의 치료적 관계를 바탕으로 정서중심적 개입을 추가해 실시한 후에 치료를 종결하였을 때 최상의 효과가 나타난다는 증거를 발견하였다. 더욱 중요한 것은 EFT 처치 집단의 효과가 18개월 후의 추수 조사 때 더 뚜렷하게 나타났다는 사실이다(Ellison et al., 2009). 생존 곡선에 따르면 EFT 내담자의 70%가 추수검사에서도 살아남은(즉, 재발하지 않은) 데 비해 관계만을 다루는 처치를 받은 내담자의 경우에는 40%만 살아남았다.

Watson 등(2003)은 주요 우울증에 대해 EFT와 인지행동치료의 효과를 비교하는 무작위 임상실험을 실시하였다. 총 66명의 내담자가 16회기(주 1회)의 개인 심리치료에 참가하였는데 두 치료 집단 간에는 우울 증상 감소에서 유의한 차이가 나타나지 않았다. 두 치료 접근법 모두 내담자의 우울 수준, 자존감, 스트레스 증상, 역기능적 태도의 호전에 효과적이었다. 하지만 EFT 처치를 받은 내담자들이 인지행동치료 처치를 받은 내담자들보다 치료 종결 시점에서 자기 주장성이 유의하게 더 높았고 과도하게 순응하는 정도는 더 낮게 나타났다. 두 처치 집단의 내담자들 모두 치료 종결 시에 고통스러운 문제의 해결을 위해 정서에 대한 숙고를 유의하게 많이 하는 것으로 나타났다. 현재 일군의 연구자들이 범불안장애(Timulak, 2015; Watson & Greenberg, 2017)와 사회불안장애(Elliott, 2013; Elliott, Rodgers, & Stephen, 2014)에 대한 EFT의 효과성을 연구하고 있다. Elliott과 동료들(2014)은 인간중심치료, EFT, 인지행동치료의 효과를 비교하는 연구를 수행 중인데, 의미 있는 초기 연구결과를 보고하였다.

Shahar(2014)는 부동시 다중 기저 설계(nonconcurrent multiple-baseline design) 방법을 사용해 사회불안장애를 가진 성인들을 대상으로 EFT의 효과를 평가하였다. 총 28명의 내담자가 최대 28회기의 EFT 처치를 받았는데, EFT 처치는 공감적 관계, 자기 비난에 대한 두 의자 작업, 유의한 타자에 대한 미해결 감정을 다루는 빈 의자 작업, 초점 맞추기(focusing)로 구성되었다. 총 11명이 처치를 완료하였는데, 이들 중 7명은 처치 종결 때 사회불안장애의 진단 기준을 충족하지 않게 되었다. 사회불안 증상과 자기 비난은 기저선 기간에는 변하지 않았지만, 처치 기간에는 유의하게 감소하였고, 추수검사 때까지 변화가 유지되었다. 자기 확신은 추수검사 단계에서 유의하게 증진되었다. 이 연구는 사회불안장애에 대한 EFT의 처치 효과를 지지하는 첫 증거이다.

Watson과 Greenberg(2017)는 다수의 성공적 치료 사례를 바탕으로 범불안장애 치료 매뉴얼을 제시하였고, Timulak과 McElvaney(2016)는 범불안장애에 대한 EFT의 처지 개요를 제시하였다. 또한 Timulak, McElvaney, Martin과 Greenberg(2014)는 범불안장애에 대한 EFT의 효과에 대한 증거를 제시하였다.

섭식장애 처치를 위한 EFT와 가족을 위한 EFT에 관한 관심이 폭발적으로 증가해 왔다. Wnuk, Greenberg와 Dolhanty(2015)는 폭식장애, 폭식증, 비명시적 섭식장애를 보이는 여성 외래환자들을 대상으로 EFT 집단의 효과에 대한 예비 증거를 제시하였다. 16주 회기로 진행된 EFT 집단은 섭식장애 증상과 관련된 문제 정서들을 처치하는 데 초점을 두었다. 자기 보고 척도에 기초한 폭식 행동의 변화에 대한 사전-사후 검사 결과는 통계적으로 유의한 변화를 보였다. 집단 참여자들은 폭식 행동의 빈도가 감소하였고, 기분이 증진되었으며, 정서조절과 자기 효능감의 증진을 보고하였다.

Lafrance Robinson, Dolhanty와 Greenberg(2015)는 아동과 청소년의 섭식장애 처치를 위한 전도유망한 정서중심 가족치료(EFFT) 방안을 요약해 제시하였는데, 이 치료 방안의 효과성은 부모들을 대상으로 이틀 동안 실시된 초 진단적 EFFT 예비 연구(Lafrance Robinson, Dolhanty, Stillar, Henderson, & Mayman, 2016)에 의해 입증되었다. 덧붙여, 부모의 자기 효능감이 섭식장애 가족치료에 참여한 청소년들의 치료 결과를 예측하였다(Lafrance Robonson, Strahan, Girz, Wilson, & Boachie, 2013). 끝으로, 총 137명의 섭식장애를 앓는 청소년과 성인들의 보호자를 대상으로 한 정서중심 가족치료 연구(Stillar et al., 2016)는 두려움, 자기 비난, 자기 효능감 및 수용적이면서도 허용적인 행동 간의 관계를 조사하였다. 연구 결과는 두려움과 자기 비난은 사랑하는 사람의 회복을 지원하는 것에 대한 보호자들의 자기 효능감을 낮추었을 뿐만 아니라 사랑하는 사람의 회복을 방해하는 행동을 더 많이 하게 하는 것으로 나타났다. 이러한 결과는 장애 가족을 지원하는 보호자의 노력을 증진시키고 장애 가족의 섭식장애 증상을 호전시키기 위해서는, 보호자가 경험하는 강한 정서에 주의를 기울이고 보호자가 그 정서를 처리할 수 있도록 돕는 것이 중요함을 명확히 보여 주는 것이다.

정서적 상처

유의한 타자에 의해 야기된 정서적 상처를 위한 EFT는 학대적인 유의한 타자와의 빈 의자 대화에 대한 실제적 연구에 기초해 개발되었는데, 과거에 경험한 대인관계 문제의 해결이 목적이다(Greenberg & Foerster, 1996; Paivio & Greenberg, 1995; Paivio, Hall, Holowaty, Jellis, & Tran). 이 처치방법에서는 유의한 타자와의 실연적 대화를 통해 상처를 직면하는 것이 촉진된다. EFT는 과거의 정서적 상처를 극복하는 방안으로 내려놓기와 용서하기를 촉진하는데 이 방법이 심리교육보다 훨씬 우수한 것으로 두 연구에서 밝혀졌다(Greenberg, Warwar, & Malcolm, 2008; Paivio & Greenberg,

1995). 아동기 학대에서 살아남은 성인들을 위한 정서중심 트라우마 치료(EFTT; Paivio & Pascual-Leone, 2010)는 치료적 관계와 트라우마 기억의 정서적 처리가 서로 구별되면서도 중복되는 측면이 있다고 보는데, 이 치료법은 학대를 치료하는 데 효과적인 것으로 밝혀졌다(Paivio & Nieuwenhuis, 2001). 한 연구에 따르면 20주의 EFTT 처치를 받은 내담자들이 다양한 문제 영역에서 유의한 향상을 보였다고 한다. 또 다른 연구에 따르면 지연된 처치 집단에 배정된 내담자들의 경우 처치를 기다리는 동안에는 미미한 향상을 보였지만 EFTT 처치를 받은 후에는 상당한 증진을 보였는데, 이러한 변화의 정도는 지연된 처치 없이 바로 처치를 받은 치료 집단의 변화 정도와 비슷하였다. 그리고 처치의 효과는 평균 9개월 후에 실시된 추수검사 때까지 유지되었다(Paivio & Nieuwenhuis, 2001; Paivio et al., 2001).

커플치료

커플을 위한 EFT(Greenberg & Goldman, 2008; Greenberg & Johnson, 1988; Johnson, 2004)는 파트너들이 저변의 애착 및 정체감과 관련된 정서들에 접촉하고 표현하도록 돕는데, 결혼만족도 증진에 효과적인 것으로 밝혀졌다(S. M. Johnson & Greenberg, 1985b; S. M. Johnson et al., 1999). 경험적으로 입증된 EFT 커플치료는 관계상의 괴로움을 해결하는 데 가장 효과적인 접근들 중의 하나로 인정받고 있다(Alenxader, Holtzworth-Munroe, & Jameson, 1994; Baucom, Shoham, Mueser, Daiuto, & Stickle, 1998; S. M. Johnson et al., 1999). 여섯 연구의 메타분석에 따르면, EFT는 1.3의 효과 크기와 70~73%의 회복률을 보였다(S. M. Johnson et al., 1999).

S. M. Johnson 등(1999)의 메타분석에 포함되지 않은 최근의 한 연구(Greenberg, Warwar, & Malcolm, 2010)에 따르면, EFT 커플치료는 정서적 상처의 해결에 효과가 있는 것으로 밝혀졌다. 통제 집단으로 대기자 명단에 있었던 20쌍의 커플을 대상으로 최소한 지난 2년간 해결할 수 없었던 배신, 버려짐, 정체감에 대한 모욕으로 인한 분노와 상처의 해결을 돕기 위해 10~12회기의 치료가 제공되었다. 처치를 받은 커플들은 대기자 명단에 있었을 때보다 처치 결과를 재는 모든 척도에서 유의하게 호전되었다. 처치를 받은 커플들은 호소 문제와 증상을 측정하는 척도들에서는 물론 커플관계 만족도, 신뢰, 용서를 재는 척도들에서도 유의한 향상을 보였다. 이러한 변화는 신뢰 척도를 제외한 모든 척도에서 3개월 후의 추수 검사 때까지 유지되었다(신뢰는 상처받은 파트너들에게서는 낮아짐). 처치가 종결되었을 때, 처치를 받은 11쌍의 커플은 파트너를 완전히 용서하였고 6쌍의 커플은 용서하는 쪽으로 나아갔다. 단 3쌍의 커플만이 대기자 기간에도 좋아진 것으로 나타났다. 이러한 결과는 EFT 커플치료는 단기간의 처지에도 결혼생활의 괴로움을 덜고 용서하는 마음을 촉진하는 데 효과적임을 보여 준다. 하지만 지속적인 변화를 강화하기 위해서는 추가적인 치료 회기들이 필요한 것으로 보인다.

변화의 과정

EFT의 효과에 대한 임상적 실험에 덧붙여, 치료적 변화에서 정서의 독립적인 역할에 관한 실증 연구들은 치료 회기에서 정서를 활성화하는 것과 치료 결과 간에는 관계가 있음을 일관되게 보여주고 있다. 내담자가 정서 회피를 극복하고 치료자와 협력해 정서에 초점을 맞추고 탐색하는 것은 치료적 접근과 관계없이 치료적 변화에 중요한 것으로 밝혀져 왔다(Coombs, Coleman, & Jones, 2002; Jones & Pulos, 1993). 심리치료 과정-효과 연구들은 체험 척도(Experiencing Scales; Klein, Mathieu, Gendlin, & Kiesler, 1969)로 측정된 회기 내에서의 정서적 체험과 정신역동, 인지, 체험 치료들(Castonguay, Goldfreid, Wiser, Raue, & Hayes, 1996; Goldman, Greenberg, & Pos, 2005; Orlinsky & Howard, 1986; Silberschatz, Fretter, & Curtis, 1986)에서 보여진 치료적 성과 간에는 높은 관계가 있음을 보여 준다. 이러한 연구 결과는 심리치료에서 몸으로 느껴진 체험을 처리하고 깊이 탐색하는 것이 치료적 접근과 관계없이 변화를 촉발하는 핵심적인 요소일 수 있음을 잘 보여 준다.

행동치료의 관점에서 정서를 처리하는 방법은 고통스러운 자극에 대한 각성과 습관화 및 새로운 정보에 대한 노출이다. 달리 말하면, 오래된 고통을 이 순간에 체험적으로 누적되는 새로운 정보와 함께 경험하는 것이다. 하지만 체험적 관점에서 보면 정서적 경험에 접근해서 각성하고 수용하고 인내하는 것은 필수적이지만 변화를 위한 충분조건은 아니다. 최적의 정서처리 작업은 정서를 순차적으로 처리함과 더불어 인지와 정서를 통합하는 것이다 (Greenberg, 2015; Greenberg & Pascual-Leone, 1995). 정서적 경험을 접촉할 때 내담자는 일련의 순서에 따라 정서 작업을 해 나가야 하는데, 이차적 정서에서 부적응적 일차적 정서를 거쳐 적응적 일차적 정서로 나아가야 한다. 또한 내담자는 그 경험을 인지적으로 처리하고, 탐색하며, 숙고하고, 그 의미를 이해해야 한다. 욕구에 접촉하고 의미 만들기에 초점을 두는 것은 궁극적으로 내면의 적응적인 정서 자원에 접촉하도록 도와줄 뿐만 아니라 부적응적 상태를 탈바꿈하도록 돕는다.

EFT에서의 깊은 체험, 정서적 각성, 생산성

우울증 치료를 위한 EFT 과정-효과 연구는 정서에 주의를 기울이고 정서의 의미를 이해하는 것을 중요시한다. 치료 중기에서는 정서적 각성을 높이고 치료 후기에서는 각성된 정서를 숙고하고(Warwar & Greenberg, 2000) 정서적으로 깊이 처리하는(Pos, Greenberg, Goldman, & Korman, 2003) 것이 좋은 치료효과를 예측하였다. 높은 정서적 각성과 각성한 정서에 대한 깊은 숙고가 치료효과가 높은 사례와 낮은 사례를 구별하였는데, 이는 정서적 각성과 의미 구성의 통합이 중요함을 나타내는 것이다(Missirlian, Toukmanian, Warwar, & Greenberg, 2005; Warwar, 2005). 따라서 EFT는 사람들이 정서를 체험하고 수용함과 아울러 그 정서의 의미를 이해하도록 돕는 정서처리 과정을 강화하는 작업을 한다.

York 연구(Greenberg, Auszra, & Hermann, 2007)에 따르면, 치료 후반부에 핵심 주제들에 대해 깊이 체험하는 것은 고통 증상의 완화와 자기 존중감의 증진을 유의하게 예측하였는데, 이는 치료 초기에 체험한 작업동맹이 제공하는 변량보다 8~16% 이상을 설명하였다. 하지만 체험의 깊이는 대인관계 문제의 변화는 예측하지 않았다. 이러한 결과는 깊이 체험하는 것이 치료 초기의 체험에 대한 내담자의 개인적 역량과 긍정적인 치료 결과의 관계를 매개함을 나타내는 것이다. 이러한 결과는 치료 전반에 걸쳐 체험을 깊이 하는 것 자체가 하나의 변화과정으로 우울증의 완화에 필수적임을 보여 주는 것이다. 덧붙여, Adams과 Greenberg(1996)의 연구는 치료자의 깊은 체험이 내담자의 깊은 체험에 영향을 미치며, 이는 다시 치료 결과로 이어짐을 입증하였다. Pos 등(2003)에 의한 후속 연구는 치료 초기의 정서적 처리가 치료효과에 미치는 영향은 치료 후기의 정서적 처리의 정도에 의해 매개되는 것으로 나타났다. Pos, Greenberg와 Warwar(2009)가 경로 분석을 통해 발견한 것은 작업 단계에서의 정서적 처리는 우울과 관련된 제반 증상의 완화를 예측하는 가장 직접적인 변인일 뿐만 아니라 자아존중감도 직접 예측한다는 점이다. 또한 작업동맹은 정서적 처리과정에 유의하게 기여할 뿐만 아니라 간접적으로는 치료 결과에도 기여하는 것으로 나타났다. 놀라운 사실은 치료 초기의 작업동맹(1회기 직후에 측정된)도 모든 치료 결과를 직접 예측하였다는 점이다. 따라서 정서적 처리과정의 증진이 변화를 야기한다는 EFT의 변화 이론은 지지되었다. 하지만 치료 초기의 처리 작업이 치료의 성공을 제한할 수도 있는 것으로 보인다.

녹화 자료에 기초해 실시된 정서적 각성에 관한 연구에서 Warwar(2005)는 치료 초기, 중기, 말기 단계에서의 체험과 치료 중기에서의 정서적 각성을 조사하였다. 정서적 각성은 내담자 정서 각성 척도 III(Client Emotional Arousal Scale; Warwar & Greenberg, 1999a)로 측정되었다. 이 연구에서는 치료 중기에 높은 정서적 각성과 체험을 한 내담자가 치료 종결 시에 더 많은 변화를 보이는 것으로 밝혀졌다. 또한 치료 중기에서의 정서적 각성은 치료의 결과를 예측할 뿐 아니라 내담자가 내적 체험에 기반해 의미를 구성하고 문제를 해결하는 능력(체험 수준으로 측정함)도 예측하였다. 특히 치료 후기의 체험 수준은 치료 중기의 수준을 훨씬 넘어서는 결과를 보였다. 이러한 결과는 정서적 각성과 체험이 통합될 때의 치료효과가 각각의 개별적 효과보다 더 높음을 나타낸다.

Warwar와 Greenberg(1996b)는 내담자가 보고한 회기에서의 정서 경험이 긍정적인 치료적 변화와 관계가 없음을 발견하였다. 하지만 내담자가 회기에서 경험하였다고 보고한 정서와 실제로 표현된 정서(녹화 자료에서 측정된 정서적 각성에 기초한) 사이에는 차이가 있음이 관찰되었다. 예를 들어, 한 내담자는 회기에서 강한 정서적 고통을 경험하였다고 보고하였다. 하지만 관찰자가 녹화물에 근거해 평정한 정서적 각성 수준에 기초하면 이 내담자에 의해 표현된 정서적 각성 수준은 아주 낮았다.

Carryer와 Greenberg(2010)가 발견한 바에 따르면 고양된 정서적 각성의 빈도가 중간 수준일 때 작업동맹으로 예측된 치료의 효과 변량이 유의하게 증가하였다. 심리치료 과정에 대한 지금까지의 연구들은 치료 과정과 결과 사이의 직선적 관계에 초점을 맞추어 왔다. 하지만 이 연구 결과가 보여 주는 것은 중간 수준에서 높은 수준의 정서적 각성이 표현되는 빈도가 25%일 때 치료 결과가 가장 정확히 예측된다는 점이다. 각성된 정서의 표현 빈도가 낮을 때(정서적 몰입의 결여를 나타냄) 치료효과가 낮을 뿐만 아니라 크게 각성된 정서가 너무 많을 때에도 긍정적인 치료효과와 부적 관계가 있음을 보여 주었다. 이러한 결과는 내담자가 정서 표현을 강하고 깊게 하는 것이 좋은 치료 결과를 예측함을 나타낸다. 단, 그런 정서 표현을 너무 길게 또는 너무 자주 하지 않는다는 조건에 한해서이다. 덧붙여, 낮은 수준의 정서적 각성이 빈번할수록 낮은 치료효과를 보이는 것으로 나타났다. 따라서 정서적 각성의 표현이 높은 수준에서 이루어지지 않는 것, 즉 충분히 각성된 정서를 표현할 수 없거나 각성을 방해하는 것은 바람직하지 않아 보인다.

또 다른 연구는 생산적인 각성과 비생산적인 각성의 차이를 구분하였다. Greenberg, Auszra와 Herrmann(2007)은 치료 결과가 좋지 않은 4개의 사례와 결과가 좋은 4개의 사례를 깊이 조사하였다. 치료의 전 과정을 측정하였을 때, 높은 수준으로 표현된 정서적 각성의 빈도와 치료 결과 사이에 의미 있는 관계를 발견하지 못하였다. 하지만 높게 각성된 정서를 생산적으로 표현하는 것은 치료 결과를 훌륭하게 예측하였다. 이 연구에서 사용된 생산적인 정서적 각성을 측정하는 척도를 더욱 발전시킨 후에 York 우울증 연구를 위해 모집된 74명의 내담자를 대상으로 이 척도의 예언 타당도를 검증하였다(Greenberg et al., 2007). 정서적 생산성(emotional productivity)은 현재 활성화된 정서를 접촉해 자각하는 것으로 정의되는데, 여섯 가지 특징(상징화에 주의를 기울이기, 일치성, 수용, 주체성, 조절, 식별하기)을 지니고 있다. 정서적 생산성은 치료의 초기 단계에서 작업 단계, 종결 단계로 갈수록 증가하는 것으로 드러났다. 작업 단계에서의 정서적 생산성은 처치 결과의 66%를 예측하는 것으로 밝혀졌는데, 이러한 결과는 작업 단계에서의 정서적 생산성이 초기 단계에서의 정서적 생산성, 4회기에서의 작업동맹 그리고 작업 단계에서 표현된 높은 수준의 정서적 각성이 설명하는 변량을 능가함을 나타낸다. 이러한 결과는 생산적인 정서처리가 지금까지 연구된 모든 치료 결과 변인을 가장 잘 예측함을 보여 준다.

앞서 언급된 정서적 각성과 체험에 관한 연구 결과들에 덧붙여, Greenberg와 Pederson(2001)이 발견한 것은 정서에 초점을 둔 두 가지 핵심 치료 과제를 회기 내에서 해결하는 것은 종결 시점의 치료 결과, 18개월 후의 추수 결과 그리고 (가장 중요한 것으로) 추수 결과 기간 이후에도 재발하지 않을 가능성을 모두 예측하였다. 두 가지 핵심 과제인 내적 분열과 미해결과제의 해결에는 핵심 정서 도식 기억과 반응의 재구조화를 촉진하는 것이 포함된다. 이러한 결과는 깊은 수준의 정서적 처리와 정서 도식의 재구조화는 더 지속적인 변화로 이끈다는 가정을 지지하는 것이다.

정서중심 트라우마 치료 연구에서는 트라우마 치료 초기에 내담자의 정서를 잘 처리하는 것이 특히 중요한 것으로 밝혀졌는데,

그 이유는 초기의 적절한 정서처리는 치료의 진행과정을 안내할 뿐 아니라 트라우마 기억과 관련된 정서를 탐색하고 처리할 시간을 최대한 제공하기 때문이다(Paivio et al., 2001). 이러한 연구 결과가 임상적 실제에 암시하는 바는 치료 초기에 내담자가 고통스러운 기억을 정서적으로 접촉하도록 촉진하는 것이 중요하다는 점이다. 심상적 노출 중에 정서를 각성하는 것은 치료적 변화과정의 한 부분으로 여겨진다. 종합적으로 볼 때, 이러한 결과는 내담자가 트라우마로 인한 정서를 처리하는 데는 일련의 과정이 있음을 시사한다. 먼저, 트라우마 증상의 심각도는 정서적 각성과 처리의 촉진을 제한하는 요인이었다. 하지만 치료 초기에 상상을 통해 노출하는 작업을 경험한 후 치료과정에서 노출 작업을 반복하는 것은 치료의 결과에 긍정적인 영향을 누적해서 미치는 것으로 나타났다(Paivio et al., 2001).

또 다른 정서중심 트라우마 치료 연구에서 연구자들은 빈 의자 대화방법을 사용해 심상적 직면을 촉진하는 치료자의 능력이 내담자의 내적 처리를 더 잘 예측한다는 것을 발견하였다. 더 나아가 아동기 학대에서 살아남은 성인들은 치료자와의 작업동맹과는 무관하게 빈 의자 대화를 통해 대인관계 문제의 감소를 경험하였다(Paivio, Holowaty, & Hall, 2004). 이러한 중요한 결과들은 우울증 치료를 위한 EFT 연구에서 발견된 결과들과 일치하는데, 깊은 수준의 정서적 체험은 치료적 동맹 이상의 치료적 효과를 보인다는 것이다(Pos et al., 2003). 정서적 상처와 대인관계 문제 해소를 목적으로 한 2개의 통제된 집단 연구에서도 정서적 처리과정이 조사되었다. 상상을 통해 유의한 타자와 접촉하면서 경험하는 정서적 각성은 EFT를 심리교육적 처치와 차별화할 뿐 아니라 치료 결과와도 관련되었다(Greenberg & Malcolm, 2002; Greenberg et al., 2008; Paivio & Greenberg, 1995).

커플치료에 관한 연구도 정서 자각과 표현이 대인관계 만족도와 치료적 변화 증진에 중요한 역할을 한다는 것을 지지하였다. 치료에서 높은 수준의 정서 체험을 보인 커플들은 낮은 정서 체험을 보인 커플들보다 파트너에 대한 비난이 부드러워지면서 서로 더 우호적으로 상호작용하고 치료를 더 만족스럽게 종결하였다(Greenberg, Ford, Alden, & Johnson, 1993; S. M. Johnson & Greenberg, 1988; Makinen & Johnson, 2006). 저변의 정서를 표현하는 것은 가족 간의 갈등을 해결하는 데에도 영향을 미치는 것으로 밝혀졌다(Diomand & Liddle, 1996). 커플치료에서 저변의 취약한 정서를 드러내 보이는 것은 회기의 결과는 물론 치료의 최종 결과와도 관련되었다. 또 다른 연구(McKinnon & Greenberg, 2009)에서도 커플들은 저변의 취약한 정서가 통제된 회기들보다 정서가 드러난 회기들에 대해 회기 결과를 측정하는 척도에서 유의하게 더 높은 점수를 주었다. 덧붙여, 저변의 취약한 정서를 드러내 보인 파트너들이 그렇지 않은 파트너들보다 문제의 이해와 해결을 측정하는 척도들에서 유의하게 높은 점수를 보였다. 저변의 취약한 정서를 드러내는 것은 치료 종결 시점에서 관계 만족도의 유의한 증가와도 관계되었다.

서사적 이야기와 그와 관련된 내적 처리과정에 대한 일련의 초기 연구들은 EFT 내의 변화과정을 더욱 깊이 조명해 왔다. 우울증

치료를 위한 단기 EFT, 인간중심치료, 인지치료의 처치 단계에서
서사적 정서 표식(오래된 똑같은 이야기, 공허한 이야기, 스토리가 없
는 정서, 추상적인 이야기)과 변화 표식(경쟁의 줄거리를 가진 이야기,
이제 막 시작된 이야기, 예상치 않은 결과를 지닌 이야기, 발견 이야기)의
역할이 연구되었다. 분석 결과, 이제 막 시작된 이야기와 발견 이
야기는 치료 전체에 걸쳐 유의한 치료효과를 보였고, 추상적인 이
야기는 치료 단계에 따라 다른 효과를 보였으며, 경쟁의 줄거리를
가진 이야기는 치료 단계에 따라 다른 효과를 보였다. EFT의 경우,
고통에서 회복한 내담자들이 그렇지 않은 내담자들보다 치료 중기
에 경쟁의 줄거리를 가진 이야기를 유의하게 많이 하였다. 또한 문
제 표식과 변화 표식은 처치 단계별로 유의한 효과가 다르게 나타
났다. 이러한 결과는 우울증 치료를 위한 EFT에서는 서사적 이야
기 속에서 드러나는 정서의 처리가 치료 결과에 미치는 영향을 평
가하는 것이 중요함을 나타낸다. Goncalves와 동료들은 양가감정
의 해결과 획기적인 순간들이 EFT에서는 중요한 변화과정임을 밝
혀내었다(Goncalves, Mendes, Riberiro, Angus, & Greenberg, 2010;
Ribeiro et al., 2014).

과정-결과 연구에 대한 결론

증거가 보여 주는 것은 치료적으로 촉진된 정서적 자각과 각성
이 치료적 변화에 중요하다는 점이다. 단, 자각되고 각성된 정서가
지지적인 관계 맥락에서 표현됨과 동시에 정서적 체험이 의식 속

에서 인지적으로 처리될 때 그러하다. 이러한 치료적 과정은 어떤 계층과 종류의 사람과 문제에 더 잘 적용되는데, 정서는 때로는 적응적이기도 하고 때로는 부적응적이기도 하다. 따라서 심리치료 장면에서 정서는 때로는 접촉되어 안내자로 사용될 필요가 있고, 때로는 조절되고 수정되어야 한다. 심리치료에서 정서를 인지적으로 처리하는 것은 두 가지 역할을 하는 것으로 밝혀졌는데, 정서의 의미를 이해하도록 돕거나 정서를 조절하도록 돕는 것이다.

정서를 각성시키고 정서 표현을 활성화하는 효과적인 방법과 관련해 정해진 규칙은 없다. 정서의 각성과 표현은 심리치료나 일상생활에서 도움이 되지만 항상 유용한 것은 아니다(Greenberg, Korman, & Paivio, 2001). 정서의 각성과 표현이 유용한지의 여부는 내담자의 정서가 과잉 또는 과소 조절되고 있는지와 정서가 고통 자체에 대한 신호인지 아니면 고통을 겪고 있다는 신호인지에 따라 달라진다(Greenberg, 2015; Kenney-Moore & Watson, 1999). 각성의 역할과 각성이 치료적으로 유용할 수 있는 정도도 어떤 정서가, 누구에 의해, 어떤 문제에 대해, 누구에게, 어떤 조건에서, 어떻게 표현되는가에 따라 달라질 뿐만 아니라 그러한 정서의 표현 뒤에 어떤 다른 정서가 체험되고 어떤 의미가 만들어지는가에 따라 달라진다(Greenberg, 2015; Whelton, 2004). 치료 결과를 가장 잘 예측하는 것은 정서의 각성 그 자체가 아니라 각성된 정서를 처리하는 방식이다. 자신의 정서를 접촉해 자각하는(즉, 알아차리는) 내담자가 그렇지 않은 내담자보다 훨씬 편하게 살아간다. 정서의 처리는 각성에 의해 매개된다는 증거가 있다. 이것이 의미하는 바는 정서의 처리가 효과적이기 위해서는 고통스러운 정서적 경험이 활성화되고 깊이 체험되어야 한다는 것이다. 하지만 각성은 치료적 진전을 위해 필수적이기는 하지만 충분하지는 않은 것 같다.

정서의 변화과정에 대한 연구

고통을 해소하는 과정에서 정서가 처리되는 단계들에 대한 과제 분석은 교정적 경험 모델을 탄생시켰다. 이 모델에는 고통의 시작 지점에서 출발해 두려움, 수치심, 공격적 분노를 거쳐 부정적인 자기 평가와 욕구 명료화라는 핵심 단계로 나아가는 과정이 포함되어 있다. 고통을 해소하기 위해서는 주장적 분노, 자기 진정하기, 상처, 애도로 나아갈 필요가 있다(Pascual-Leone & Greenberg, 2007). 이 모델의 구성요소들을 파악하기 위해 정동적 의미 상태 분류(Classification of Affective Meaning States)라 불리는 척도가 개발되었다(A. Pascual-Leone & Greenberg, 2007). 고통은 높은 수준의 각성과 낮은 수준의 의미 이해로 이루어진 처리되지 않은 정서이다. 이 모델은 고통을 겪고 있는 내담자 34명으로 구성된 표집을 이용해 검증되었다. 검증한 결과, 정서적 처리 모델은 치료 회기의 결과를 예측하였을 뿐 아니라 이 모델에서 제시된 독특한 정서들이 예측된 순차적 패턴으로 나타났다.

이 모델의 중간 평가 단계 요소인 개인적인 평가와 재평가는 좋은 회기와 나쁜 회기 결과를 구별하는 데 핵심적인 역할을 하는 것으로 입증되었다. 자신에 대한 부정적인 평가를 담은 진술들과 두려움이나 수치심의 경험들이 고통스러운 사건들이 해결된 경우와 해결되지 않는 경우 모두에서 거의 같은 빈도로 나타났다. 하지만 가치 있고, 사랑받을 만하며, 안전하고, 살아 있다는 느낌을 갖고 싶은 욕구를 진심으로 표현하는 진술들은 회기 내의 결과를 예측하였다.

　이러한 결과는 이론적으로 구체화된 변화 단계에 대한 EFT 모델(Greenberg & Paivio, 1997)과 일치한다. 또한 이러한 결과는 애착, 타당화, 주체성, 생존에 대한 바람과 같은 '진심 어린 욕구(몸으로 깊이 느껴지는 체화된 욕구)'를 표현하는 것은 적응적인 깊은 정서적 체험에 핵심적인 역할을 한다는 EFT의 관점을 지지한다(Greenberg, 2015; Greenberg & Paivio, 1997; Greenberg, Rice, & Elliott, 1993). A. Pascual-Leone(2009)은 이 모델에 대해 심화 연구에서, 역동적인 정서적 전환들이 매 순간 어떻게 축적되어 회기 내에서 정서를 처리하는 데 도움을 주는지 조사하였다. 이 연구 결과에 따르면, 효과적인 정서처리는 문제 해결을 향한 꾸준한 진전과 관련되는데 "두 걸음 앞으로, 한 걸음 뒤로."라는 말로 그 특징을 표현할 수 있다. 문제가 해소된 경우에는 정서적 붕괴로 뒷걸음질 치는 기간이 점차 단축되는 한편, 문제가 해소되지 않은 경우는 그 반대였다.

구체적인 치료 과제에 관한 연구

앞서 개괄된 일반적인 치료과정에 덧붙여, EFT의 몇 가지 핵심 과제에 대한 연구가 실행되었는데, 각 과제는 특정 내담자의 준비 정도를 알리는 신호(표식), 치료자의 행동과 그에 따른 내담자의 미세한 내적 처리과정의 연계성, 성공적인 해결에 대한 정의를 특징으로 한다(Greenberg, Rice, & Elliott, 1993). 주요한 과제 처리방법들을 개관하면 다음과 같다.

갈등 분열에 대한 두 의자 대화

두 의자 대화에서 내담자가 변화하는 과정에 대한 집중적인 분석은 분열을 해소하는 핵심 요소들에 대한 모델의 개발로 이어졌다(Greenberg, 1979, 1980). Greenberg와 Webster(1982)는 두 의자 대화에서 신랄한 비판자의 목소리를 부드럽게 하는 것이 갈등의 완화와 해소를 예측한다는 것을 보여 주었다. Mackay(1996)는 Greenberg(1983)의 성공적인 두 의자 대화의 3단계 모델인 반대(갈등), 합병(누그러짐과 상호이해), 통합(융합 또는 상호 만족을 위한 타협과 협상) 과정을 경험적 자료를 통해 지지하였다. Sicoli와 Hallberg(1998)는 게슈탈트 두 의자 기법을 사용해 초심 내담자의 변화과정을 조사하였는데, 비판자의 목소리가 누그러지지 않는 회기와 비교할 때 목소리가 누그러지는 회기들에서 '바람과 욕구'가 유의하게 더 많이 나타나는 것으로 밝혀졌다. Whelton과 Greenberg(2005)는 비판자의 반응에서 나타나는 높은 경멸과 낮은 탄력성이 우울증에 걸리는 성향과 관계된다는 것을 발견하였다.

미해결과제에 대한 빈 의자 대화

2개의 예비 연구에 따르면, 빈 의자 대화는 치료 회기의 과정과 결과를 재는 중요한 척도인 공감보다 미해결과제의 해소에 더 효과적인 것으로 나타났다(Greenberg & Foerster, 1996). 미해결과제에 대한 빈 의자 대화의 효과에 관한 실험에서 Paivio와 Greenberg(1995)가 발견한 바에 따르면, 빈 의자 대화를 사용한 치료적 개입은 심리교육 집단에서 사용된 개입들보다 문제 증상과 대인관계에서의 고통을 완화하고, 주 호소 문제로 보고된 불편함을 감소시키며, 미해결과제를 해소하는 데 유의한 효과가 있었다. Beutler 등(1991)의 연구에 따르면 빈 의자 대화 형식을 통한 표현은 통제된 분노를 지닌 사람들이 보이는 고통과 우울을 완화하는 데 효과적일 수 있음을 보여 주었다.

빈 의자 대화에서 내담자가 변화하는 과정에 대한 집중적인 분석을 통해 미해결과제를 해결하는 핵심 요소들에 대한 모델이 개발되었다(Greenberg, 1991; Greenberg & Foerster, 1996). 이 모델은 미해결된 과제를 해결로 이끄는 다수의 구성요소를 명확히 밝혀내었다(Greenberg, Rice, & Elliott, 1993). 해결과정에서 내담자는 비난, 불평, 상처를 표현함으로써 미해결된 정서를 각성하고 표출하게 됨과 아울러 이전에 충족되지 않은 대인관계 욕구를 활성화하는 방향으로 움직여 간다. 성공적인 대화에서는 타인에 대한 관점이 변화함과 아울러 타인도 새로운 방식으로 반응한다. 마침내 해결이 이루어지는데 이러한 해결은 내담자가 자신의 가치를 더욱 확신하고 심상의 타인을 이해하거나 경우에 따라서는 용서함으로써 또는 타인이 책임을 지게 함으로써 가능하다.

Greenberg와 Foerster(1996)는 빈 의자 모델에서 과제가 해결될 때와 해결되지 않을 때를 구별하는 네 가지 구성요소로 깊은 감정의 표현, 욕구의 표현, 타인에 대한 표상의 변화, 자기 인정 및 타인 이해를 제시하였다. McMain(1996)은 자기 표상의 변화가 성공적인 처치 결과를 예측한다고 보고하였다. 구체적으로, 자율성의 증가, 자기 유대감, 유의한 타자와의 관계에서 자신에 대한 긍정적인 반응이 각각 치료 종결 직후와 4개월 후에 실시된 추수검사에서의 처치 결과를 예측하였다. 또한 자신의 욕구를 주장하는 것이 타인에 대한 새로운 관점의 획득보다 치료효과를 더 잘 예측하였는데, 그 이유 중의 하나는 학대의 경우에 미해결과제의 해소는 타인에 대한 관점의 변화 없이도 일어날 수 있기 때문이다(McMain, 1996; McMain, Goldman, & Greenberg, 1996). 같은 표집을 대상으로 한 연구에서 Paivio와 Bahr(1998)는 치료 시작 시점에서의 대인관계 문제가 작업동맹을 예측한다는 것을 발견하였다.

Greenberg와 Malcolm(2002)은 유의한 타자와의 미해결과제를 해결한 내담자들의 경우, 증상의 정도, 대인관계 문제, 자신과의 관계, 미해결과제의 정도, 호소 문제의 변화에서 아주 의미 있는 향상을 보였다. 이러한 결과는 미해결과제를 해소하는 구성요소들이 임상적으로 중요한 치료과정을 담고 있으며, 이것은 치료 결과와도 관련됨을 나타내는 것이다. 덧붙여, 미해결문제가 해소된 집단에 속한 상당수의 내담자들이 강한 감정을 표현하는 것으로 나타났다. 또한 문제가 해결된 집단에 있는 거의 대부분의 내담자가 대인관계 욕구의 활성화를 경험하였고 타인에 대한 관점에 변화가 일어난 반면, 미해결 집단에 속한 내담자들은 아무도 타인에 대한 관점의 변화가 일어나지 않았다. 이러한 결과는 빈 의자 작업에서 정서적 각성의 중요성을 입증함과 아울러 이전에 미충족된 대인관계 욕구를 확인해서 표현하고 타인에 대한 관점의 변화를 경험한 내담자들이 이런 과정들을 경험하지 않은 내담자들보다 더 많이 변화했음을 나타내는 것이다.

끝으로, 아동기 학대에 관한 연구에서 Paivio와 동료들(2001)은 빈 의자 대화에서 상상을 통한 직면 작업을 깊이 경험한 내담자들과 얕게 경험한 내담자들 간에는 치료효과에서 유의한 차이가 있음을 발견하였다. 깊이 경험한 내담자들은 학대하고 방임한 타인과의 미해결문제를 아주 잘 해결하였고 학대와 관련된 호소 문제들에 대한 불편감도 감소하였다. 이상의 선행연구들은 빈 의자 작업에서 정서와 미충족된 욕구의 표현에 몰입하는 정도가 유의한 타자와의 미해결문제의 성공적인 해결을 예측한다는 상당한 증거를 제시하는 것이다.

문제되는 반응들을 환기시켜 펼치기

Watson과 Rennie(1994)는 녹음·녹화 자료를 사용해 문제가 되는 반응들을 탐색하는 동안 내담자가 보고하는 주관적인 경험들을 점검하였다. 그리고 내담자들이 두 가지 중요한 행동, 즉 경험한 것을 상징적으로 표상하기와 성찰적인 자기 점검 사이를 오가는 것을 발견하였다. 덧붙여, Watson(1996)은 미해결된 회기들과는 대조적으로 해결된 회기들에서는 높은 수준의 참조 활동이 일어나는 특징을 발견하였는데, 즉 내담자들은 문제가 되는 상황들을 기술한 후 곧바로 정서적인 자동 반응들을 식별하였다. 또한 문제가 해결된 회기들의 경우에 내담자들은 문제되는 상황을 시각적으로 생생히 기술한 직후에 기분의 변화도 보고하였다. 이들 두 연구는 회기에서의 생생한 기술이 정서적 각성을 증진시키며 자기 숙고가 변화과정에 중요한 역할을 한다는 것을 보여 준다. 이러한 결과는 내담자가 상황을 생생히 환기하고 이어서 자신의 주관적 경험을 식별하는 것은 생산적인 치료과정에 필수적이면서도 서로 다른 측면을 나타내는 것으로 문제가 되는 반응의 해결에 중요한 단계들이다(Greenberg, Rice, & Elliott, 1993; Rice & Saperia, 1984).

불분명하거나 고통스러운 느껴진 감각(felt sense)에 초점 맞추기

일본, 북미, 유럽의 연구자들이 초점 맞추기의 효과를 증진시키는 요인들을 조사해 왔다. 예를 들면, Hendricks(2009)는 '공간 정리하기'와 '적절한 거리 두기', 자신의 경험을 들어주는 사람 갖기와 같은 활동들이 내담자가 초점 맞추는 데 도움이 되었다고 보고하였다. Iberg(1996)는 치료자가 초점 맞추기와 유사한 방식의 질문을 한 회기들이 내담자들에게 큰 영향을 미쳤다고 보고하였다. Leijssen(1996)은 긍정적인 결과를 보인 내담자 중심 치료 회기들의 75%가 초점 맞추기 단계를 포함한 데 비해, 부정적인 결과를 보인 회기들의 33%만이 초점 맞추기를 포함하였다고 보고하였다. Leijssen은 또 치료효과가 부진해 보이는 장기 상담 내담자들에게 초점 맞추기를 가르침으로써 체험 수준을 증진할 수 있는지 조사했는데, 연구에 참여한 4명의 내담자 중 2명은 체험 수준이 깊어졌다. 반면, 초점 맞추기 훈련 후에 이전의 체험 수준으로 되돌아간 2명은 그들의 치료자에게 불만족을 표현하고 초점 맞추기 훈련자와 계속 작업하기를 원한다는 것을 발견하였다. 낮은 체험 수준을 가진 내담자들은 초점 맞추기 기술을 쉽게 배울 수 없었다. 따라서 초점 맞추기가 일어나고 유지되기 위해서는 초점 맞추기 과정에 대한 지속적인 안내가 필요하다(Lejjssen, Lietaer, Stevens, & Wels, 2000).

서사적 이야기의 과정

Angus와 동료들(Angus, Levitt, & Hardtke, 1999; Lewin, 2000)은 EFT에서 서사적 이야기가 발생하는 순서에 대해 연구하였는데, 긍정적인 치료 결과와 관련된 흥미로운 패턴을 발견하였다. Angus 등(1999)은 지각과정 인간중심치료(Toukmanian, 1992), EFT, 정신역동치료를 비교하였는데 서사적 이야기의 빈도와 발생 순서(외적, 내적, 성찰적)가 서로 매우 다르다는 것을 발견하였다. 구체적으로, 정신역동치료의 회기들에서는 이야기의 순서가 성찰적(40%)이고 외적(54%)인 패턴이 주를 이루었는데, 과거와 현재의 삽화적 기억들(외적)에 대한 내담자의 기술에 치료자와 내담자가 함께 그 의미를 구성하는 과정(성찰적)에 참여하였다. 반면, EFT에서는 이야기의 순서가 내적(29%)이고 성찰적(46%)인 패턴을 보였는데, 내담자와 치료자가 함께 정서적 경험(내적)을 구별하고 치료 시간에 체험한 것들에 대해 새로운 이해를 만들어 내는(성찰적) 과정에 참여하였다. 다른 두 접근과 비교할 때 EFT는 이야기의 순서가 내적인 비율이 인간중심보다는 3배, 정신역동보다는 5배 높았다. EFT의 주된 목표는 내담자가 서로 구별되면서도 기능적인 정서 도식들을 발달시키도록 돕는 것인데, 앞의 분석들에서 드러난 증거에 따르면 이 목표는 다음 두 가지 작업에 번갈아 가며 초점 맞추기를 함으로써 성취된다. 즉, 내담자의 체험적 상태를 탐색하기(내적 이야기 방식)에 초점을 맞춘 다음에 의미를 만드는 숙고의 과정(성찰적 이야기 방식)에 초점을 맞추는 것으로, 숙고의 과정을 통해 새로운 느낌, 신념, 태도가 이해되는 것이다.

　인간중심치료에서는 주제와 관계없이 이야기의 순서가 계속 성찰적(54%) 패턴을 띠는데, 내담자와 치료자는 삶에 벌어진 사건들에 대한 성찰적 분석에 더 몰입하고(외적, 36%), 정서적 경험에는 덜 몰입하는(내적, 19%) 방식으로 작업하였다. 성찰적인 이야기 순서를 다른 유형의 이야기 순서와 연결짓는 것이 내담자가 자신의 핵심 문제를 탐색하도록 촉진하는 것으로 보이는데, 이러한 과정을 통해 자동적인 처리 패턴들이 명료화되고 도전받는 것이다.

　한 심층 연구에 따르면, 좋은 치료 결과를 만들어 내는 치료자는 부족한 치료 결과를 보이는 치료자보다 약 2배 정도 더 많이 내담자가 정서에 먼저 초점을 맞추고 성찰적인 이야기 방식으로 전환하게 하는 것으로 나타났다(Lewin, 2000). 덧붙여, 좋은 결과를 보이는 우울증 내담자들은 부족한 결과를 보이는 내담자들보다 정서에 초점을 둔 다음 성찰적인 대화로의 방향 전환을 더 많이 시도하였다. 단기 체험치료에서 좋은 결과를 보인 우울증 내담자들은 좋지 않은 결과를 보인 내담자들보다 성찰한 다음 정서에 초점을 맞추는 대화에 훨씬 더 많은 시간을 보내는 것으로 밝혀졌다. 이러한 결과들은 우울증 치료에서는 정서처리와 성찰의 과정이 중요함을 경험적으로 지지하는 것이다.

　Honos-Webb, Sitles, Greenberg와 Goldman(1998)은 2명의 EFT 내담자(1명은 좋은 치료 결과를 보이고 다른 1명은 상대적으로 부족한 결과를 보인)에게 '문제되는 경험의 동화 척도(Assimilation of Problematic Experiencing Scale: APES)'를 사용하였다. 이 척도는 특

정한 문제 경험에 대해 충분히 이해한 정도(0 수준=피하는, 7수준=통달한)를 측정한다. 치료 결과가 성공적인 내담자의 축어록을 질적으로 분석한 결과, 치료 결과가 좋은 사례의 경우에는 전반적으로 적어도 세 가지 형태의 문제되는 경험에 대한 충분한 이해가 발생하는 것으로 나타났다. 반면, 상대적으로 덜 성공적인 치료에서 드러난 세 가지 주제를 분석한 결과, 문제되는 경험에 대한 충분한 이해가 차단된 것으로 나타났다. 성공적인 사례를 대상으로 충분한 이해의 정도를 질적으로 추가 분석하였다. 연구자들은 43개의 관련 문장에서 2개의 주제를 발췌한 후에 각 문장을 APES (Honos-Webb, Surko, Sitles, & Greenberg, 1999)로 평정하였다. 성공적인 치료의 경우에는 예상한 바와 같이 APES 평정 점수가 회기가 지나면서 증가하는 경향을 보였다. 이 연구의 결과를 보면, 지배적인 '슈퍼우먼'의 목소리는 욕구와 나약함의 목소리를 동화하는 것으로 나타난 반면, 지배적인 '좋은 여자아이' 목소리는 반항과 자기 주장의 목소리를 동화하는 것으로 나타났다. 이러한 결과는 자기의 내면에는 복잡하고 유연한 목소리 집단들이 있음을 나타낸다. 이러한 결과는 자기가 드러나는 과정은 '일군의 목소리'가 형성되는 과정임을 지지하는 것으로 해석될 수 있다. 이것은 치료의 목표를 자기 내의 다른 측면이나 목소리의 다양성을 인정하고 인내심을 촉진하는 것으로 재구성할 필요가 있음을 나타내는 것이다.

관계 요인들

심리치료연구 문헌들에 따르면, 공감 및 작업동맹과 치료 결과의 관계는 증거에 기반한 가장 두드러진 발견이다(Bohart, Elliott, Greenberg, & Watson, 2002; Horvath & Greenberg, 1994). Bohart 등(2002)은 치료자의 공감과 내담자의 치료 결과와의 관계에 대한 메타분석을 실시하였다. 이 메타분석에 포함된 연구 중 6개는 체험치료연구였는데 체험치료에서 공감과 치료 결과의 평균 상관은 .25로 나타났다. 이러한 수치는 전체 표집의 결과와 같았다. Watson과 Geller(2005)는 우울증 치료에서의 치료적 관계 조건과 작업동맹의 역할에 대해 연구하였는데, EFT와 인지행동치료 모두에서 내담자가 평가한 관계 조건과 작업동맹은 좋은 치료 결과와 관련되었다. 이러한 관계 조건과 작업동맹의 역할은 내담자가 치료 전에 보인 우울증 점수나 치료 초기에 보인 증상의 호전과는 관계가 없었다. 작업동맹은 내담자 중심 치료에서 제시하는 치료적 관계 조건과 치료 결과의 관계를 매개하였다. 이러한 결과는 치료자가 사용하는 치료기법과 관계없이 공감적 · 수용적 · 일치적이며 내담자를 칭찬하는 치료자가 내담자와 함께 치료 목표와 과제를 잘 설정하며 긍정적인 치료적 유대를 잘 형성한다는 관점을 지지하는 것이다. 이것은 더 공감적이고, 비판단적이며, 일치적인 치료자가 내담자를 위한 치료 목표에 적합한 치료 과제를 더 잘 수행할 수 있고, 그럼으로써 좋은 치료 결과를 산출할 가능성이 높음을 나타내는 것이다.

Weerasekera, Linder, Greenberg와 Watson(2001)은 우울증 치료를 위한 EFT와 인간중심치료에서 작업동맹의 발달과정을 조사하였다. 그 결과, 작업동맹과 치료 결과의 관계는 작업동맹의 차원(목표, 과제, 유대), 치료 결과의 측정 도구(증상 호전 대 자존감과 관계 문제), 작업동맹이 측정되는 시점에 따라 다른 것으로 나타났다. 또한 초기의 작업동맹 점수는 초기의 증상 호전과 관계없이 치료 결과를 예측하는 것으로 나타났다. 치료적 유대와 목적에서는 치료적 접근들 간에 차이가 없었지만, EFT 집단이 치료 중반에 더 높은 작업동맹을 보였다.

결론

EFT의 우울증 치료효과는 광범위하게 연구되어 증거기반 처치로 인정받고 있다. 또한 EFT는 내담자가 트라우마와 학대의 고통을 다루도록 돕는 데 효과적인 치료로 알려져 왔다. 커플을 위한 EFT도 커플의 괴로움을 처치하는 데 효과적인 것으로 보고되어 왔다. 체험치료의 두 가지 핵심 과제는 치료적 관계의 제공과 체험의 심화이다. 체험을 심화하는 것과 관련되지만 똑같지는 않은 보편화된 치료 과제로 그간 실증적 지지를 받아 온 것은 정서에 대한 접촉과 정서적 각성의 증진이다. 증거가 지지하는 바는 공감과 같은 관계적 요소, 작업동맹의 형성, 깊은 체험, 정서의 처리가 체험치료에서는 중요한 치료적 과정 요소라는 점이다. 또한 높은 정서적 각성과 각성된 경험에 대한 숙고를 포함하는 깊은 정서적 처리, 즉 정서와 이성의 통합과 우뇌와 좌뇌의 통합은 둘 중 하나만을 사용하는 것보다 더 효과적인 예측 요인임이 밝혀졌다. 이상의 포괄적인 치료과정에 덧붙여, 구체적인 치료과정들(예: 이전의 혹독한 비판이 누그러짐, 타인에 대한 새로운 관점의 형성, 내려놓기, 용서하기)이 특정 정서 문제들을 해결하는 데 효과적인 것으로 밝혀져 왔다.

제6장
EFT의 발달 전망

• • •

정서중심치료(EFT)의 미래는 폭넓게 계속 확장되고 있다. 변화과정에 관한 연구가 더욱 증가함에 따라 EFT는 다른 집단과 다양한 문화에 적용되고 있다. 이 장에서는 EFT가 나아갈 방향들을 제시하면서 더 탐색하고 수련해야 할 영역과 예방적 접근으로서의 EFT의 역할도 다루고자 한다.

향후의 연구 영역

EFT의 강점은 변화에 대한 이론에 있다. 기능에 대한 이론이나 진단에 초점을 두기보다 사람들이 어떻게 변화하는지를 이해하는 데 초점을 두어 왔다. 변증법적 구성주의와 기능에 대한 과정 지향적인 거시적 이론이 개발되었다. 하지만 EFT의 가장 중요한 기여는 치료 회기들에서 변화가 어떻게 일어나는지에 대한 중간 수준과 미세 수준의 과정 이론을 발달시킨 것이다(Greenberg, Rice, & Elliott, 1993). 어떤 특정 표식에 대해 특정 개입을 적용할 때 변화가 일어나는 과정들이 개발되었는데, 이것은 향후의 발달 방향에 기본 틀을 제시하고 있다. 변화과정에 관한 심화 연구의 기회들이 많은데 과제분석 방법과 질적·양적 방법들이 개발되어 심화 연구가 가능하게 한다(Greenberg, 2007; A. Pascual-Leone, Greenberg, & Pascual-Leone, 2009).

다수의 새로운 과제가 확인되면서 추가 연구들을 촉발하였다. 예를 들어, 개인치료 영역에서는 트라우마와 서사적 재진술, 불안전감과 자기 진정하기, 심한 고통과 의미 만들기, 혼란과 공간 정리하기에 관한 연구가 수행되었고(Elliott, Greenberg, & Lietaer, 2004; Greenberg & Watson, 2006), 커플치료에서는 애착 상처, 정체성 상처, 지배성의 상호작용(Greenberg & Goldman, 2008)에 관한 연구가 수행되었다. 이 책의 이전 판에서는 이 과제들에 대한 논의가 빠졌었다. 안타깝게도 이 과제들에 관한 연구는 여전히 부족한데, 지속적인 연구가 필요하다. 현재 진행 중인 한 가지 과제는 불안한 불안전감의 해소에 관한 것이다(Sharbanee, Greenberg, & Watson, 2015). 관찰한 바에 따르면 사람들은 자기-타인 간의 어려움을 해결하기 전에 부정적인 자기 돌봄 및 자기 가치와 관련된 내적 갈등을 먼저 해결할 필요가 있어 보인다. 내담자들은 부정적인 자기 돌봄을 극복하기 위해 일정 정도의 자긍심과 자기 가치감을 경험할 필요가 있다. 자긍심과 자기 가치감을 경험함으로써 자신을 가치 있는 존재로 느끼게 되고 자신의 대인관계 욕구 충족의 권리를 주장할 수 있게 되는 것이다.

치료 회기 내에서 변화가 일어나는 과정에 대한 치료자의 암묵적 지식을 명확히 설명하는 새로운 연구가 필요하다. 아직 깊이 있게 연구되지는 않았지만 나름 확인된 3개의 표식이 있는데 투사, 소유되지 않은 자기 경험, 자기 폐쇄나 자기 내면으로 철회하기 도식이 그것이다. 투사 도식의 경우, 어떤 사람은 타인의 상황에 대해 지나치게 강한 느낌을 갖는다. 예를 들면, 거지의 곤궁함을 보고 강한 절망감을 느끼거나(자비와 상반된), 정서적으로 안정된 아이를 보고 자신이 아동기에 경험한 외로움에 대해 강한 슬픔을 느끼는 경우이다. 이런 경우에 타인을 통해 자신의 절망감과 외로움을 바라보면서 관련 욕구들을 재소유할 필요가 있다. 자신의 성적 흥분이나 공격성을 타인에게 투사하고 타인을 비난하는 고전적 투사의 예에서와 같이 자신의 느낌을 타인에게 투사하고 그것에 대해 아파하는 것이다. 타인에게서 보이는 감정을 재소유하는 작업은 거지나 아이가 되어 보고 그들의 입장에서 말하는 연습을 통해 아주 잘 촉진될 수 있다. 소유하지 않는 것은 투사와 관련되지만, 소유되지 않은 느낌은 단지 느껴지는 것이 허락되지 않은 것이다. 예를 들어, 어떤 내담자가 자신의 취약성을 소유하지 않거나 또는 자신은 어떤 것을 영원히 성취할 수 없다고 느끼면서 자신감을 소유하지 않는 경우들이다. 폐쇄 표식의 경우, 자기 보호를 위해 어떤 '벽' 뒤나 '동굴' 속으로 철회하고 열쇠로 문을 닫아 걸어서 나올 수 없는 상태이다. 이러한 상태는 자기 방해과정의 변형으로 보고 작업하면 도움이 된다. 하지만 이 경우는 정서를 억압하는 것이 아니라 벽을 쌓아서 자기를 보호하려는 것이다. 이러한 유형의 과정들은 심화된 과제분석을 통해 이해할 수 있다. 최근 서사적 이야기와 정서에 관한 작업을 통해 이야기—정서라는 새로운 표식들(예: 오래된 똑같은 이야기, 공허한 이야기, 이야기되지 않고 끝난 이야기)과 이 표식들 각각에 가장 적합한 형태의 공감적 이야기 개입 방안들이 밝혀졌다(Angus & Greenberg, 2011). 이 표식들이 변화에 미치는 역할에 관해 연구들이 많이 진행되고 있다.

EFT의 독특한 과정—진단적 접근(Greenberg, Rice, & Elliott, 1993)은 '작은 매뉴얼'을 도출시켰는데 이 매뉴얼은 EFT의 정수인 체험하기와 한 개인의 독특성에 초점을 맞추면서, 특정 문제(예: 중독 욕구, 실행 방해)에 대한 처치 방안들을 기술하고 있다. 치료과정에 관한 연구와 광범위한 질적 연구는 지금까지 구체적인 사건과 체험에 관한 연구에 기여해 왔듯이 앞으로도 계속 EFT와 관련된 체험 과정 연구에 기여할 것이다. EFT를 다양한 집단과 문화에 적용하는 연구 또한 필요하다. 불안장애에 관한 EFT의 효과 연구도 더 계속될 필요가 있고, 성격장애와 함께 다른 유형의 문제들에 대한 연구도 필요하다. EFT가 DSM 축 1로 분류되는 장애들과 대인관계 문제, 아동기 복합 트라우마에 효과적이라는 증거들은 많지만, PTSD의 치료에 관한 연구는 아주 부족하다. 대인관계와 무관한 PTSD, 특히 참전 군인들을 대상으로 한 연구가 필요하다.

EFT는 부적응적 정서 도식과 정서조절 문제를 많은 장애의 공통 기제로 보는 한편, 치료적 관계를 모든 치료의 공통 치료 요인으로 본다. 사람은 증상이 아닌 다양한 문제와 자원을 가진 독특하고도 총체적인 존재로 치료받을 필요가 있다. 이것이 시사하는 바는 진단적 분류가 처치를 위해 늘 적절한 것은 아니라는 것이다. 왜냐하면 많은 심리적 고통의 이면에는 동일한 원인이 있으면서도 각 개인에게 적합한 독특한 처치 방안이 있기 때문이다. 한편, 불안이나 섭식장애와 같은 공통된 증상을 지닌 사람들이 어떤 공통된 특성들을 갖고 있다고 이들을 진단적으로 분류하는 것은 이들이 지닌 어떤 가변성에 대한 이해를 감소시키는 것이다. 따라서 다양한 증후군에 적합한 핵심적인 공통 처지 방안을 연마하면서도 장애별로 독특한 처치 방안을 구체화할 필요가 있다. 어떤 표집을 횡단적 차원에서 조사하면서도 맥락적 요인들도 살펴보는 향후의 연구가 EFT를 더 많은 집단에 일반화할 가능성을 높일 것이다.

　덧붙여, EFT의 정서 변화 이론에 관한 연구가 더 많이 필요하다. 가장 시급한 것은 정서로 정서를 변화시키는 것의 효과성에 관한 연구와 이차적 정서에서 일차적 부적응 정서를 거친 후 욕구의 활성화를 통해 일차적 적응적 정서로 움직여 가는 것의 효과성에 관한 연구이다. 분노나 상실의 슬픔에 힘을 실어 줌으로써 두려움이나 수치심과 같은 부적응 정서를 변화시키거나, 이면의 버림받은 슬픔에 접촉함으로써 타인에 대한 미해결된 분노를 변화시키는 것의 효과성을 검증하는 연구는 장기적으로 정서의 탈바꿈 원리에 관한 과학적 근거를 확립하는 길이다. 이와 함께, 교정적 정서 경험에 관한 기초 연구는 중요한 변화과정에 대한 더욱 세련된 이해와 치료적 개입을 가능하게 할 것이다.

체험하기, 정서적 각성과 표현, 치료적 현존과 공감과 같은 핵심 치료과정에 관한 추가 연구가 필요하다. 정서적 각성과 관련된 증거를 보면, 단지 정서 표현 그 자체가 치료적이라기보다 정서 표현이 성찰적 처리과정과 함께 생산적인 정서 각성의 빈도(25%) 및 정도와 어떻게 연결되는가가 중요하다. 덧붙여, 깊은 체험을 할 수 있는 내담자의 기본 능력과 치료적 변화에 영향을 미치는 작업동맹의 형성 간에는 복잡한 상호작용이 있는 것 같다(Pos, Greenberg, & Warwar, 2009). 과정과 결과 간의 관련성이 더욱 명료화되어야 하고, 치료적 관계와 정서적 처리가 치료 결과에 미치는 상대적 기여도 또한 더 연구되어야 한다. 치료자 수련과 관련해 치료자의 개인적인 자기 작업과 치료기법의 수련이 치료 결과에 미치는 상대적 이점에 관한 연구 또한 도움이 될 것이다.

수련

중요한 다음 단계는 EFT 수련을 대학원 프로그램과 인턴십에 도입하는 것이다. 관계와 정서에 초점을 둔 치료적 접근과 조절 기술을 배우는 것은 모든 수련자에게 도움이 될 수 있다. EFT 접근에 대한 수련은 우울, 트라우마, 대인관계 문제, 커플 문제의 치료에 도움이 되며 실제로 그 효과성을 입증해 왔다. EFT 접근은 다른 문제들에도 적용될 필요가 있는데, 섭식장애와 불안장애에도 효과적이라는 증거가 축적되고 있다. 증거기반 처치를 가르치는 대학원 프로그램들은 인지행동만을 강조해 왔다. EFT 치료는 대학원 수련 프로그램의 하나로 제공되어야 하는데, 기존의 증상 대처 기술의 획득에 초점을 둔 접근들에 추가되어야 할 중요한 치료적 접근으로 추천하기에 충분한 과학적 증거를 갖추고 있다. 사실, 학생을 심리학자로 교육하는 과정에서 정서에 대한 작업과 정서 조율에 대한 수련을 강조하지 않는다면 교육과정이 불충분하게 된다.

EFT 커플치료에 대한 수련은 결혼과 가족 프로그램 및 인턴십 장면에까지 확산되었지만, 개인치료에 대한 수련과 교육은 아직 충분히 확산되지 않았다. 이 책의 첫판이 출간된 이후 EFT 수련 프로그램이 급격히 확산되어 왔지만, 주로 유럽과 아시아를 중심으로되었고 또 대학 프로그램 밖에서 주로 이루어져 왔다. 북미에서는 대학에서 수련이 이루어지고 있지만, EFT가 증거기반 접근임에도 불구하고 대학원 교육과정에는 아직 천천히 통합되고 있다. 대학과 같은 학술 수련 기관은 연구 지향적이고 인지행동적 관점에 의해 주도되고 있다. 그 이유는 인지행동적 접근이 매뉴얼화하기가 더 쉽고 증상 완화에 초점을 맞춤으로써 종종 빠른 처치효과를 보이기 때문이다. 그러함에도 불구하고 분명한 것은 어떤 한 치료적 접근이 다른 접근들보다 월등하다는 실제적인 증거가 없다는 점이다 (Cuijpers et al., 2012; Stiles, Barkham, Mellor-Clark, & Connell, 2008a). 주된 이유는 특정 접근이 다른 접근보다 우월하다고 평가할 수 있는 양질의 평가 자료가 충분하지 않기 때문이다(Clark, Fairburn, & Wessely, 2008; Sitles, Barkham, Mellor-Clark, & Connell, 2008b).

개인치료를 받거나 자기 개발 작업을 하는 것도 정서를 다루는

기술은 물론, 대인관계에서의 공감, 작업동맹 형성, 전반적인 대인
관계 기술을 배우는 데 크게 도움이 된다. 다양한 형태의 활동을 통
해 개인적 성장을 경험하는 것도 도움이 되고 중요하다. 따라서 치
료자의 개인적인 발달과 체험적인 수련도 공식적인 수련에 통합될
필요가 있다.

예방적 접근

『정서중심치료: 내담자가 자신의 감정을 다루도록 코치하기
(Emotion-Focused Therapy: Coaching Clients to Work Through Their
Feelings)』(Greenberg, 2015)에서 나는 치료자는 정서적 코치라는 견
해를 밝혔는데, 이는 심리치료란 사실 사람들이 정서적 능력감을
증진하도록 돕는 과정임을 암시하는 것이다. 가장 긴요한 것은 사
람들의 정서적 문해력 증진을 훈련하는 예방 프로그램들의 개발
이다. 이 프로그램들에는 정서를 어떻게 사용하고, 관리하고, 변화
시킬지를 훈련하는 체험에 기반한 심리교육 프로그램들이 포함된
다. 정서 문해력 증진을 돕는 정서 코칭 프로그램들도 많이 필요한
데, 정서에 대해 새로운 방식으로 생각하고 정서와 관련된 제반 기
술을 발달시키는 훈련이 필요하다. 예를 들면, 정서를 명료화하고,
자신의 감정과 타인의 감정을 구분하며, 정서를 정보로 활용하고,
느낌을 구체화하는 방법들에 대한 훈련이다. 양질의 정서 코칭 프
로그램은 단순히 가르치는 것이 아니라 적절한 관계 환경을 창출

하고 내담자의 행동에 코치가 계속 민감하게 반응하는 것을 필요로 한다. 조력이라는 예술이 지닌 핵심 요소는 적절한 시간에 적합한 반응이나 안내를 제공하는 것이다.

하나의 정서 문해력 프로그램이 개발되고 검증되었는데, 다음과 같은 정서에 초점을 둔 대처 원리들에 기반하고 있다. 첫째, 이차적 정서, 일차적 적응적·부적응적 정서 상태들에 대해 자각하기, 둘째, 정서조절과 자기 진정 기술을 발달시키고 고통스러운 정서가 주는 불편함에 거리를 두면서 인내하는 것 배우기, 셋째, 적응적 정서와 욕구에 접촉함으로써 부적응적 정서 상태를 탈바꿈시키기, 넷째, 정서적 체험을 숙고하고 의미 만들기이다.

정서에 대한 훈련, 특히 정서 자각, 조절, 탈바꿈에 대한 훈련이 필요한 결정적 시기는 정서가 종종 문제가 되는 청소년기와 성인 초기이다. 직장 생활에서의 정서도 주목할 필요가 있다. 정서 자각 훈련은 가정에서 어린아이들과 함께 시작해야 하지만, 정서를 처리하는 과정에 대한 광범위한 훈련이 청소년기와 성인 초기에 학교와 직장에서 시작될 수 있을 것이다. 아동기에 정서적 유능감을 발달시키기 위해서는 부모와 교사가 정서 친화적이어야 한다. 따라서 어떤 면에서는 청소년기와 젊은 성인기가 예방적인 조치를 할 수 있는 최적의 시기이다. 왜냐하면 이들이 미래의 부모, 교사, 관리자로서 다음 세대를 위한 훌륭한 정서 코치가 될 것이기 때문이다. 하지만 현재의 부모, 교사, 경영자들을 위한 정서 훈련 또한 중요한데, 젊은 세대와 업무 환경에 영향을 미치는 사람들은 바로 이들이기 때문이다.

자녀 양육을 위한 정서 코칭은 정말 중요하다. 왜냐하면 정서 관리에 대한 부모의 철학이 자녀의 정서 지능에 분명히 영향을 미치기 때문이다(Gottman, Katz, & Hooven, 1996). 부모가 자기 자신과 타인의 정서가 억압, 통제, 회피될 필요가 있다고 느끼는 만큼 부모는 자녀들의 정서에 주의를 기울이기를 멈추기 때문이다. 보통 부모들은 자녀들이 정서 통제를 연습해서 더 이상 갓난아이가 아닌 것이 주는 이점들을 배울 필요가 있다고 믿는다. 이러한 관점은 성인기를 정서에 고삐를 채우는 시기로 보는데, 최악의 경우 매를 아끼지 않아서라도 정서를 통제하도록 해야 하며, 최선을 다해 정서에 대한 이성적 통제를 증진시켜야 한다는 것이다. 부모들은 보통 자녀들이 울보나 겁쟁이가 되기를 원치 않는다. 강한 것이 더 칭찬 받을 바람직한 특성이며 아동기나 성인기에 정서적이 되지 않는 것이 더 인기를 얻게 되는 방법이라는 것이다. 하지만 장기적으로 보면 강함과 정서 지능은 정서를 통제하는 것이 아니라 이성과 정서를 통합하는 것에서 나온다. 좋은 정서 코치이면서 자비로운 마음으로 자녀가 보이는 정서를 자녀와 친밀해질 기회로 삼는 부모들이 정서적으로 연약하거나 울보가 아닌 자녀를 양육하는 것으로 밝혀졌다(Gottman et al., 1996).

자녀들이 보이는 정서를 자녀와 친밀할 수 있는 기회로 보고 자녀의 정서적 경험을 인정하는 부모가 최고의 정서 코치인 것으로 밝혀졌다(Gottman et al., 1996). 따라서 자녀가 태어날 때부터 자녀의 정서를 알아차리는 것은 자녀 양육에서 가장 중요한 과제 중의 하나이다. 유아는 매우 취약하고 쉽게 흥분한다. 자신의 정서 반응을 통제할 수 없는 유아는 좌절감, 지루함, 피로를 갑자기 경험하는 경향이 있다. 유아는 성인에게 의존해 자신의 정서 신호를 읽는다. 부모를 위한 정서 코칭은 부모가 자녀를 위한 정서 코치가 되도록 돕는 것을 포함한다. 교사와 관리자를 위한 정서 코칭에는 자신의 정서를 자각하고 조절할 뿐 아니라 타인의 정서를 다루는 방법을 코치하는 것이 포함된다.

때로 성인이나 관리자 역할을 하는 사람들과 작업할 때는 그들이 혼자서 자신이 책임지고 있는 사람들을 돕고 그 사람들의 정서를 관리할 수 있는 방법을 코치하는 것이 포함된다. 어떤 상황에서 책임자들은 함께 일하는 사람들이 상호작용 과정에서 정서를 보일 때 그들의 정서에 반응하는 방법을 배우면 유용할 것이다. 예를 들어, 유아기 자녀와의 관계에 문제가 있는 부모에게는 갓난아이를 어떻게 안는지, 어떤 목소리로 반응할지, 어떻게 주의를 기울이고 눈 맞춤을 주고받을 것인지를 코치할 수 있다. 교사들에게는 아동들이 보이는 파괴적인 정서를 어떻게 다룰 것인지를, 관리자에게는 직장에서의 갈등을 어떻게 다룰지를 코치할 수 있다.

따라서 EFT를 더욱 폭넓게 적용하는 데 필요한 핵심 요소는 아동, 청소년, 젊은 성인, 부모, 교사, 관리자를 위한 예방 프로그램의 개발이다. 이러한 예방 프로그램을 통해 자신의 정서에 대해 배울 수 있을 뿐 아니라 자신의 정서에 주의를 기울이고, 자신과 타인에게 더욱 자비롭게 되며, 정서를 조절·숙고·탈바꿈하는 것을 배우고 실습할 수 있게 되는 것이다. 나는 이런 종류의 노력이 증진될 수 있도록 돕고 싶다.

종합

나는 **정서중심치료**라는 용어가 통합적인 의미에서 미래에도 계속 사용될 것으로 믿는다. 사실 정신역동적, 인지행동적, 체계적, 또는 인본주의적 치료 모두가 정서에 초점을 둔다(Foa & Jaycox, 1999; Fosha, 2000; Greenberg, 2015; McCullough et al., 2003). 다수의 주요 치료학파들이 인지 심리학이나 인지 신경과학의 관점으로부터 정서와 정동 신경과학의 관점으로 본질적인 변화를 이루어 가는 과정에 있으며(Davidson, 2002a; Frijda, 1986; Schore, 2003), 또 심리치료에서 정서의 역할에 대해 더욱 집중하고 있다. 어떤 접근이 정서에 초점을 두는지를 식별하고 구분하게 하는 기준은 그 접근이 인간의 기능에서 정동의 중요성을 강조함과 더불어 치료 회기에서 정서의 경험을 강조하는가이다.

비판

EFT에 대한 세 가지 주된 비판이 있는데 이 비판들에 대해 점검하고 논의하고자 한다. 첫 번째 비판은 정서 작업을 하는 것은 위험하다는 관점으로, 정서 작업을 하다 보면 정서가 혼란스럽게 되거나 압도할 수 있기에 정서를 활성화하는 것은 위험하다는 것이다. 정서가 겁을 먹게 만들고 파괴적일 수도 있는 것은 사실이지만,

EFT는 보통 적응적인 정서적 자원의 경험을 촉진하기에 파괴적인 것과는 거리가 멀다. 하지만 회피된 정서를 마주하는 것은 가끔 고통스러울 수 있기에 사람들은 이러한 정서를 무서워하고 두려워한다. 따라서 EFT는 고통스러운 정서에 접촉하기 전에 내적 및 외적 지지 자원이 충분한지 민감하게 살핀다. 정서가 접촉되기 전에 관계를 형성할 필요가 있으며, 치료에서 정서가 활성화되기 전에 내적 진정과 조절 기술이 먼저 작동될 필요가 있다.

두 번째 비판은 사람들은 합리적이기에 어떤 사람들, 특히 남자는 정서에 초점을 둔 접근에 반응하지 않을 것이고, 정서적인 것을 비합리적이거나 나약한 것으로 볼 것이기에 치료자의 동맹 형성에 어려움을 겪을 것이라는 비판이다. 비슷한 맥락에서 어떤 사람들은 EFT는 어떤 문화에는 적합하지 않을지도 모른다고 한다. 예를 들어, 어떤 형태의 수치심에 기반한 동아시아 문화에서는 사회적 상황에서 정서 표현을 통제하는 규율이 있고, 어떤 위계적 조직화를 강조하는 문화에서는 정서중심적 방법과 평등한 관계를 달가위하지 않을지도 모른다는 것이다. 정서와 정서의 표현에 대한 강한 문화적 또는 하위문화적 시각이 있는 것은 사실이지만, 사회화와 관계없이 모든 사람은 정서를 지니고 있기에 정서를 다룰 수 있어야 한다는 것 또한 사실이다. 따라서 어떤 문화적 배경을 지닌 사람들이 정서를 표현하는 것에 대해 편안함을 느끼도록 돕기 위해서는 더 강한 치료적 동맹이 필요할지도 모른다. 하지만 정서가 기능하는 원리는 결국 모든 인간에게 똑같이 적용된다.

세 번째 비판은 EFT 공감 반응의 중요한 부분을 담당하는 공감

적 탐색과 추측이 너무 앞서 이끌거나, 침범하거나, 내담자의 경험
을 왜곡할 가능성은 없는지, 또 그 결과로 내담자가 자신이 느끼는
바에 대해 치료자에게 순응하게 되는 것은 아닌가라는 비판이다.
이 비판의 핵심은 치료자가 자신의 관점을 내담자에게 강요하게
될 수 있다는 것이다. 이 비판에 대한 반박은 EFT 치료자는 이끌기
보다 따라가기를 우선시하며 내담자와 함께 탐색하고 협력하는 것
에 아주 민감하다는 것이다. 그리고 내담자들은 인지행동 치료자
들의 개입 방식에 대해 동의하지 않는 것보다 EFT 치료자들의 깊
은 숙고에 더 동의하지 않는 것으로 알려졌다(Watson & McMullen,
2005).

결론

EFT는 사람들이 정서에 접근하고, 주의를 기울이고, 조절하고,
이용하고, 탈바꿈하도록 초대한다. 또 EFT는 인간관계가 제공하는
치료적 힘을 인정하기에 치료자는 내담자에게 진정한 관계를 제공
한다. EFT는 효과적인 치료적 접근으로 인정받는 계기를 만들어
왔다. 따라서 이러한 계기를 지속시키는 것이 중요한데, 이것은 바
통을 이어받아 달리는 차세대에 달려 있다. 나는 이 책이 당신에게
이 책무를 맡을 용기를 주기를 희망한다.

◆

주요 용어 사전

버림받은	심리적 또는 신체적으로 (또는 모두) 내버려진
접촉하는	정서 도식을 활성화하는
적응적인	기능적이고 생존을 돕는
동맹	치료 목적과 과제에 대한 협력
애착	안전한 느낌을 유발하는 정서적 유대
회피	경험에 거리를 두는
자각	경험을 상징화하는 과정
유대	내담자와 치료자 간의 안전한 정서적 연결
추측	느껴지는 것을 추측하는
구성주의	환경의 제약으로부터 의미를 창조하는 과정
교정적 경험	오래된 경험을 변화시키는 새로운 경험을 하기
거부된	의식에서 인정되지 않은
변증법적	상반된 다양한 측면의 반대
차별화된	다른 현상에 다른 접근을 사용하는
지시적	치료자가 이끌고 안내하는

역동적	시간에 따라 변화하는
조절이 결여된	정서가 너무 강해 그 상황을 적응적으로 다루지 못하는
정서	안녕과 관련된 상황들에 대한 자동적인 평가
정서적 각성	표현된 정서가 활성화된 정도
정서적 처리	각성된 정서에 의미를 부여하기
정서 조절	정서적 경험의 조직화
정서 도식	요소들은 구조화/조직화하는 내적 정서
공감	상상을 통해 타인의 세계에 들어가기
빈 의자 대화	한 사람이 상상의 다른 사람에게 말하게 하는 방법
환기하는	체험을 활성화하는
체험하기	신체의 흐름에 주의를 기울이고 자각한 결과
탐색적인	암시적인 것을 찾기
표현	이야기되는 것에 대한 신체적 개입
촉진하다	내담자의 자기 조직화 과정의 촉진을 돕는 행동을 하다.
초점 두기	신체적으로 느껴지는 어떤 감각에 주의를 기울이기
목표	암시적 또는 명시적 치료 목적
정체성	서사적 이야기로 형성된 일관된 체험적 감각
도구적 정서	목적 성취를 위해 의식적 또는 무의식적으로 경험되고 작동되는 정서
개입	치료자의 행동
부적응적	더 이상 기능하지 않는
표식	내담자가 작업 중인 어떤 과제나 관심을 나타내는 지표 또는 현재의 어떤 체험적 상태

서사적 (이야기)	경험을 어떤 일관된 조직으로 구성하는 것으로 주체, 행위, 의도, 줄거리가 시간 순서로 구성된 것
비언어적	표정, 동작, 또는 목소리로 표현되는
일차적 정서	처음 자동으로 일어나는 정서 반응(자각된 또는 자각되지 않은)
문제되는 반응	어떤 상황에 대한 자신의 반응에 혼란스러워하는 회기 내에서의 상태
생산적인	치료적으로 유용한
숙고	의미의 추상화 과정을 통해 의미를 창출하기
이차적 정서	근원적인 내적 자극에 대한 반작용; 종종 일차적 정서에 대한 반작용
자기	환경과 만나며 형성되고 변화하는 체험적 조직
자기 방해	자기 내의 주체가 자기 내의 다른 부분에 행동을 취하게 하는(종종 정서를 억압하는) 방법
자기 조직화	변화하는 자기에 대한 체험
자기 진정하기	자신에 대해 부드러워지고 돌보는 것
분열	갈등 중인 자기의 두 가지 부분
상징화하기	경험을 어떤 형태로, 종종 언어로 나타내기
체계적으로 환기해 펼치기	탐색 촉진을 위해 체험한 것을 명확히 환기하기
과제	내담자가 작업하고 있거나 해결하려는 정서적/인지적 문제
탈바꿈	정서에 기반한 자기 조직을 변화시키는 것
두 의자 대화	자기 내의 두 부분이 서로 상반된 입장에서 만나게 하는 방법

하지 않기	한 정서를 다른 정서와 융합해서 탈바꿈시키기
미해결과제	의미 있는 타자에 대한 해결되지 않은 나쁜 감정
타당화하기	타자의 경험을 확인하기
목소리 질	다소 치료적으로 생산적인 다양한 형태의 목소리
목소리	상이한 자기 조직들의 소리 표현

◆

추천 도서 목록

주요 문헌

Angus, L. E., & Greenberg, L. (2011). *Working with narrative in emotion-focused therapy: Changing stories, healing lives.* Washington, DC: American Psychological Association.

Elliott, R., Watson, J. C., Goldman, R. N., & Greenberg, L. S. (2004). *Learning emotion-focused therapy: The process-experiential approach to change.* Washington, DC: American Psychological Association.

Geller, S. M., & Greenberg, L. S. (2012). *Therapeutic presence: A mindful approach to effective therapy.* Washington, DC: American Psychological Association.

Goldman, R. N., & Greenberg, L. S. (2014). *Case formulation in emotion-focused therapy.* Washington, DC: American Psychological Association.

Greenberg, L. S. (2015). *Emotion-focused therapy: Coaching clients to work through their feelings.* Washington, DC: American Psychological Association.

Greenberg, L. S., & Goldman, R. N. (2008). *Emotion-focused couples therapy: The dynamics of emotion, love, and power.* Washington, DC: American Psychological Association.

Greenberg, L. S., & Johnson, S. M. (1988). *Emotionally focused therapy for couples.* New York, NY: Guilford Press.

Greenberg, L. S., & Paivio, S. C. (1997). *Working with emotions in psychotherapy.* New York, NY: Guilford Press.

Greenberg, L. S., Rice, L. N., & Elliott, R. (1993). *Facilitating emotional change.* New York, NY: Guilford Press.

Greenberg, L. S., & Tomescu, L. R. (2017). *Supervision essentials for emotionfocused therapy.* Washington, DC: American Psychological Association.

Greenberg, L. S., & Watson, J. C. (2006). *Emotion-focused therapy for depression.* Washington, DC: American Psychological Association. http://dx.doi.org/10.1037/11286-000

Greenberg, L. S., Watson, J. C., & Lietaer, G. O. (Eds.). (1998). *Handbook of experiential therapy.* New York, NY: Guilford Press.

Johnson, S. M. (2005). *The practice of emotionally focused marital therapy: Creating connection* (2nd ed.). Florence, KY: Brunner-Routledge.

Paivio, S. C., & Pascual-Leone, A. (2010). *Emotion-focused therapy for complex trauma: An integrative approach.* Washington, DC: American Psychological Association.

Watson, J. C., Goldman, R. N., & Greenberg, L. S. (2007). *Case studies in emotionfocused treatment of depression.* Washington, DC: American Psychological Association.

비디오

American Psychological Association (Producer). (2005). *Emotion-focused therapy for depression.* (Psychotherapy series 2: Specific treatments for specific populations) [DVD]. Available from http://www.apa.org/pubs/videos/4310798.aspx

American Psychological Association (Producer). (2007). *Emotion-focused therapy over time* (Psychotherapy in six sessions video series) [DVD]. Available from http://www.apa.org/pubs/videos/4310761.aspx

American Psychological Association (Producer). (2007). *Emotionally focused therapy with couples* (Relationships video series) [DVD]. Available from http://www.apa.org/pubs/videos/4310755.aspx

American Psychological Association (Producer). (2007). *Process experiential psychotherapy: An emotion-focused approach* (Psychotherapy series I: Systems of psychotherapy) [DVD]. Available from http://www.apa.org/pubs/videos/4310772.aspx

American Psychological Association (Producer). (2012). *Three approaches to psychotherapy with a female client: The next generation* [DVD]. Available from http://www.apa.org/pubs/videos/4310889.aspx

American Psychological Association (Producer). (2012). *Three approaches to psychotherapy with a male client: The next generation* [DVD]. Available from http://www.apa.org/pubs/videos/4310890.aspx

American Psychological Association (Producer). (2016). *Emotion-focused therapy supervision* (Psychotherapy supervision video series) [DVD]. Available from http://www.apa.org/pubs/videos/4310952.aspx

Psychological & Education Films (Producer). (1989). *A demonstration with Dr. Leslie Greenberg (Integrative Psychotherapy—A Six-Part Series, Part 5)* [DVD]. Corona Del Mar, CA: Psychological & Education Films.

웹사이트

Emotion-Focused Therapy Clinic: http://www.emotionfocusedclinic.org

정서중심치료 연구

Auszra, L., Greenberg, L., & Herrmann, I. (2013). Client emotional productivityoptimal client in-session emotional processing in experiential therapy. *Psychotherapy Research*, *23*, 732-746. http://dx.doi.org/10.1080/10503307.2013.816882

Carryer, J. R., & Greenberg, L. S. (2010). Optimal levels of emotional arousal in experiential therapy of depression. *Journal of Consulting and Clinical Psychology*, *78*, 190-199. http://dx.doi.org/10.1037/a0018401

Elliott, R., Greenberg, L., & Lietaer, G. (2004). Research on experiential psychotherapy. In M. Lambert (Ed.), *Bergin & Garfield's handbook of psychotherapy & behavior change* (5th ed., pp. 493-539). New York, NY: Wiley.

Ellison, J. A., Greenberg, L. S., Goldman R. N., & Angus, L. (2009). Maintenance of gains following experiential therapies for depression. *Journal of Consulting and Clinical Psychology*, *77*, 103-112. http://dx.doi.org/10.1037/a0014653

Goldman, R. N., Greenberg, L. S., & Angus, L. (2006). The effects of adding emotion-focused interventions to the client-centered relationship conditions in the treatment of depression. *Psychotherapy Research*,

16, 537-549. http://dx.doi.org/10.1080/10503300600589456

Greenberg, L., Warwar, S., & Malcolm, W. (2010). Emotion-focused couples therapy and the facilitation of forgiveness. *Journal of Marital and Family Therapy*, *36*, 28-42. http://dx.doi.org/10.1111/j.1752-0606.2009.00185.x

Greenberg, L. S., Warwar, S. H., & Malcolm, W. M. (2008). Differential effects of emotion-focused therapy and psychoeducation in facilitating forgiveness and letting go of emotional injuries. *Journal of Counseling Psychology*, *55*, 185-196. http://dx.doi.org/10.1037/0022-0167.55.2.185

Greenberg, L. S., & Watson, J. C. (1998). Experiential therapy of depression: Differential effects of client-centered relationship conditions and active experiential interventions. *Psychotherapy Research*, *8*, 210-224. http://dx.doi.org/10.1080/10503309812331332317

Herrmann, I. R., Greenberg, L. S., & Auszra, L. (2016). Emotion categories and patterns of change in experiential therapy for depression. *Psychotherapy Research*, *26*, 178-195. http://dx.doi.org/10.1080/10503307.2014.958597

Johnson, S. M., Hunsley, J., Greenberg, L., & Schindler, D. (1999). Emotionally focused couples therapy: Status and challenges. *Clinical Psychology: Science and Practice*, *6*, 67-79. http://dx.doi.org/10.1093/clipsy.6.1.67

McKinnon, J. M., & Greenberg, L. S. (in press). Vulnerable emotional expression in emotion-focused therapy for couples: Relating process to outcome. *Journal of Marital and Family Therapy*.

Paivio, S. C., & Greenberg, L. S. (1995). Resolving "unfinished business": Efficacy of experiential therapy using empty-chair dialogue. *Journal* of Consulting and Clinical Psychology, 63, 419–425.

Paivio, S. C., & Nieuwenhuis, J. A. (2001). Efficacy of emotion focused therapy for adult survivors of child abuse: A preliminary study. Journal of Traumatic Stress, 14, 115–133. http://dx.doi.org/10.1023/A:1007891716593

Pascual-Leone, A., & Greenberg, L. (2007). Emotional processing in experiential therapy: Why "the only way out is through." Journal of Consulting and Clinical Psychology, 75, 875–887.

Pos, A. E., Greenberg, L. S., & Warwar, S. H. (2009). Testing a model of change in the experiential treatment of depression. Journal of Consulting and Clinical Psychology, 77, 1055–1066. http://dx.doi.org/10.1037/a0017059

Watson, J. C., Gordon, L. B., Stermac, L., Kalogerakos, F., & Steckley, P. (2003). Comparing the effectiveness of process–experiential with cognitive-behavioral psychotherapy in the treatment of depression. Journal of Consulting and Clinical Psychology, 71, 773–781. http://dx.doi.org/10.1037/0022-006X.71.4.773

Woldarsky Meneses, C., & Greenberg, L. S. (2014). Interpersonal forgiveness in emotion-focused couples' therapy: Relating process to outcome. Journal of Marital and Family Therapy, 40, 49–67. http://dx.doi.org/10.1111/j.1752-0606.2012.00330.x

Adams, K. E., & Greenberg, L. S. (1996, June). *Therapists' influence on depressed clients' therapeutic experiencing and outcome.* Paper presented at the 43rd Annual Convention for the Society for Psychotherapy Research, St. Amelia Island, FL.

Alexander, J. F., Holtzworth-Munroe, A., & Jameson, P. B. (1994). The process and outcome of marital and family therapy: Research review and evaluation. In A. E. Bergin & S. L. Garfield (Eds.), *Handbook of psychotherapy and behavior change* (4th ed., pp. 595-630). Oxford, England: Wiley.

Angus, L., Levitt, H., & Hardtke, K. (1999). The Narrative Processes Coding System: Research applications and implications for psychotherapy practice. *Journal of Clinical Psychology, 55,* 1255-1270. http://dx.doi.org/10.1002/(SICI)1097-4679(199910)55:10%3C1255::AID-JCLP7%3E3.0.CO;2-F

Angus, L. E., & Greenberg, L. S. (2011). *Working with narrative in emotion-focused therapy: Changing stories, healing lives.* Washington, DC: American Psychological Association.

Angus, L. E., & McLeod, J. (Eds.). (2004). *The handbook of narrative and psychotherapy.* Thousand Oaks, CA: Sage.

Auszra, L., Greenberg, L., & Herrmann, I. (2013). Client emotional productivity–Optimal client in–session emotional processing in experiential therapy. *Psychotherapy Research, 23,* 732–746.

Baucom, D. H., Shoham, V., Mueser, K. T., Daiuto, A. D., & Stickle, T. R. (1998). Empirically supported couple and family interventions for marital distress and adult mental health problems. *Journal of Consulting and Clinical Psychology, 66,* 53–88. http://dx.doi.org/10.1037/0022-006X.66.1.53

Beck, A. T. (1976). *Cognitive therapy and the emotional disorders.* Oxford, England: International Universities Press.

Beutler, L. E., Engle, D., Mohr, D., Daldrup, R. J., Bergan, J., Meredith, K., & Merry, W. (1991). Predictors of differential response to cognitive, experiential, and self–directed psychotherapeutic procedures. *Journal of Consulting and Clinical Psychology, 59,* 333–340. http://dx.doi.org/10.1037/0022-006X.59.2.333

Blatt, S. J., & Maroudas, C. (1992). Convergences among psychoanalytic and cognitive behavior. *Psychoanalytic Psychology, 9,* 157–190. http://dx.doi.org/10.1037/h0079351

Bohart, A. C., Elliott, R., Greenberg, L. S., & Watson, J. C. (2002). Empathy. In J. Norcross (Ed.), *Psychotherapy relationships that work* (pp. 89–108). New York, NY: Oxford University Press.

Bohart, A. C., & Greenberg, L. S. (1997). *Empathy reconsidered: New directions in psychotherapy.* Washington, DC: American Psychological Association.

Bordin, E. S. (1979). The generalizability of the psychoanalytic concept of the working alliance. *Psychotherapy, 16,* 252–260.

Bowlby, J. (1969). *Attachment.* New York, NY: Basic Books.

Brody, L., Lovas, G., & Hay, D. (1995). Gender differences in anger and fear as a function of situational context. *Sex Roles, 32,* 47-78. http://dx.doi.org/10.1007/BF01544757

Bruch, H. (1973). *Eating disorders: Obesity, anorexia nervosa, and the person within.* New York, NY: Basic Books.

Buber, M. (1958). *I and Thou* (2nd ed.). New York, NY: Scribner's.

Buber, M. (1965). *The knowledge of man.* New York, NY: Harper Torchbooks.

Buss, D. M. (2003). *The evolution of desire: Strategies of human mating.* New York, NY: Basic Books.

Bydlowski, S. B., Corcos, M., Jeammet, P., Paterniti, S., Berthoz, S., Laurier, C., ... Consoli, S. M. (2005). Emotion-processing deficits in eating disorders. *The International Journal of Eating Disorders, 37,* 321-329. http://dx.doi.org/10.1002/eat.20132

Campbell, P. (2004). Differential response, diagnosis, and the philosophy of the implicit. *Person-Centered and Experiential Psychotherapist, 3,* 244-255. http://dx.doi.org/10.1080/14779757.2004.9688355

Campos, J. J., Frankel, C. B., & Camras, L. (2004). On the nature of emotion regulation. *Child Development, 75,* 377-394.

Carryer, J. R., & Greenberg, L. S. (2010). Optimal levels of emotional arousal in experiential therapy of depression. *Journal of Consulting and Clinical Psychology, 78,* 190-199. http://dx.doi.org/10.1037/a0018401

Castonguay, L. G., Goldfried, M. R., Wiser, S., Raue, P. J., & Hayes, A. M. (1996). Predicting the effect of cognitive therapy for depression: A study of unique and common factors. *Journal of Consulting and Clinical Psychology, 64,* 497-504. http://dx.doi.org/10.1037/0022-006X.64.3.497

Clark, D. M., Fairburn, C. G., & Wessely, S. (2008). Psychological treatment outcomes in routine NHS services: A commentary on Stiles et al. (2007). *Psychological Medicine*, *38*, 629–634. http://dx.doi.org/10.1017/S0033291707001869

Coombs, M. M., Coleman, D., & Jones, E. E. (2002). Working with feelings: The importance of emotion in both cognitive-behavioral and interpersonal therapy in the NIMH Treatment of Depression Collaborative Research Program. *Psychotherapy*, *39*, 233–244. http://dx.doi.org/10.1037/0033-3204.39.3.233

Cuijpers, P., Driessen, E., Hollon, S. D., van Oppen, P., Barth, J., & Andersson, G. (2012). Review: The efficacy of non-directive supportive therapy for adult depression: A meta-analysis. *Clinical Psychology*, *32*, 280–291. http://dx.doi.org/10.1016/j.cpr.2012.01.003

Damasio, A. (1999). *The feeling of what happens*. New York, NY: Harcourt-Brace.

Davidson, R. (2000a). Affective style, mood and anxiety disorders: An affective neuroscience approach. In R. Davidson (Ed.), *Anxiety, depression and emotion* (pp. 88–108). Oxford, England: Oxford University Press.

Davidson, R. J. (2000b). Affective style, psychopathology and resilience: Brain mechanisms and plasticity. *American Psychologist*, *55*, 1196–1214. http://dx.doi.org/10.1037/0003-066X.55.11.1196

Diamond, G., & Liddle, H. A. (1996). Resolving a therapeutic impasse between parents and adolescents in multidimensional family therapy. *Journal of Consulting and Clinical Psychology*, *64*, 481–488. http://dx.doi.org/10.1037/0022-006X.64.3.481

Dolhanty, J., & Greenberg, L. S. (2007). Emotion-focused therapy in the treatment of eating disorders. *European Psychotherapy*, *7*, 97–116.

Dolhanty, J., & Greenberg, L. S. (2009). Emotion-focused therapy in a case of anorexia nervosa. *Clinical Psychology and Psychotherapy*, *16*, 336-382. http://dx.doi.org/10.1002/cpp.624

Elliott, R. (2013). Person-centered/experiential psychotherapy for anxiety difficulties: Theory, research and practice. *Person-Centered and Experiential Psychotherapies*, *12*, 16-32. http://dx.doi.org/10.1 080/14779757.2013.767750

Elliott, R., Greenberg, L., & Lietaer, G. (2004). Research on experiential psychotherapy. In M. Lambert (Ed.), *Bergin & Garfield's handbook of psychotherapy & behavior change* (5th ed., pp. 493-539). New York, NY: Wiley.

Elliott, R., Rodgers, B., & Stephen, S. (June, 2014). *The outcomes of person-centred and emotion-focused therapy for social anxiety: An update.* Paper presented at the Conference of the Society for Psychotherapy Research, Copenhagen, Denmark.

Elliott, R., Watson, J. C., Goldman, R. N., & Greenberg, L. S. (2004). *Learning emotion-focused therapy: The process-experiential approach to change.* Washington, DC: American Psychological Association.

Ellison, J. A., Greenberg, L. S., Goldman, R. N., & Angus, L. (2009). Maintenance of gains following experiential therapies for depression. *Journal of Consulting and Clinical Psychology*, *77*, 103-112. http://dx.doi.org/10.1037/a0014653

Federicci, A. (2005). *Relapse and recovery in anorexia nervosa: The patient's perspective* [microform]. Toronto, Ontario, Canada: University of Toronto.

Feingold, A. (1994). Gender differences in personality: A meta-analysis. *Psychological Bulletin*, *116*, 429-456. http://dx.doi.org/10.1037/0033-2909.116.3.429

Fischer, A. H., Rodriguez Mosquera, P. M., Van Vianen, A. E. M.,

& Manstead, A. S. R. (2004). Gender and culture differences in emotion. *Emotion*, *4*, 87–94. http://dx.doi.org/10.1037/1528-3542.4.1.87

Foa, E. B., & Jaycox, L. H. (1999). Cognitive-behavioral theory and treatment of posttraumatic stress disorder. In D. Spiegel (Ed.), *Efficacy and cost-effectiveness of psychotherapy* (pp. 23–61). Washington, DC: American Psychiatric Association.

Fosha, D. (2000). *The transforming power of affect: A model of accelerated change*. New York, NY: Basic Books.

Frankl, V. (1959). *Man's search for meaning*. Boston, MA: Beacon.

Fredrickson, B. L. (2001). The role of positive emotions in positive psychology: The broaden-and-build theory of positive emotions. *American Psychologist*, *56*, 218–226.

Frijda, N. H. (1986). Emotions. In K. Pawlik & M. R. Rosenzweig (Eds.), *The international handbook of psychology* (pp. 207–222). New York, NY: Cambridge University Press. http://dx.doi.org/10.4135/9781848608399.n12

Geller, S. M., & Greenberg, L. S. (2002). Therapeutic presence: Therapists' experience of presence in the psychotherapy encounter in psychotherapy. *Person-Centered & Experiential Psychotherapies*, *1*, 71–86. http://dx.doi.org/10.1080/14779757.2002.9688279

Geller, S. M., & Greenberg, L. S. (2012). *Therapeutic presence: A mindful approach to effective therapy*. Washington, DC: American Psychological Association.

Gendlin, E. T. (1962). *Experiencing and the creation of meaning*. New York, NY: Free Press of Glencoe.

Gendlin, E. T. (1996). *Focusing-oriented psychotherapy: A manual of the experiential method*. New York, NY: Guilford Press.

Gendlin, E. T., Jenney, R. H., & Shlien, J. M. (1960). Counselor ratings of process and outcome in client-centered therapy. *Journal of Clinical Psychology, 16*, 210-213. http://dx.doi.org/10.1002/1097-4679(196004)16:2%3C210::AIDJCLP2270160228%3E3.0.CO;2-J

Goldman, R. N., & Greenberg, L. S. (2014). *Case formulation in emotion-focused therapy.* Washington, DC: American Psychological Association.

Goldman, R. N., Greenberg, L. S., & Angus, L. (2006). The effects of adding emotion-focused interventions to the client-centered relationship conditions in the treatment of depression. *Psychotherapy Research, 16*, 537-549. http://dx.doi.org/10.1080/ 10503300600589456

Goldman, R. N., Greenberg, L. S., & Pos, A. E. (2005). Depth of emotional experience and outcome. *Psychotherapy Research, 15*, 248-260. http://dx.doi.org/10.1080/10503300512331385188

Goncalves, M. M., Mendes, I., Ribeiro, A., Angus, L., & Greenberg, L. (2010). Innovative moments and change in emotion-focused therapy: The case of Lisa. *Journal of Constructivist Psychology, 23*, 267-294. http://dx.doi.org/10.1080/10720537.2010.489758

Gottman, J. M., Katz, L. F., & Hooven, C. (1996). Parental meta-emotion philosophy and the emotional life of families: Theoretical models and preliminary data. *Journal of Family Psychology, 10*, 243-268.

Greenberg, L. S. (1979). Resolving splits: Use of the two chair technique. *Psychotherapy, 16*, 316-324. http://dx.doi.org/10.1037/h0085895

Greenberg, L. S. (1980). The intensive analysis of recurring events from the practice of Gestalt therapy. *Psychotherapy: Theory, Research & Practice, 17*, 143-152. http://dx.doi.org/10.1037/h0085904

Greenberg, L. S. (1983). Toward a task analysis of conflict resolution in Gestalt therapy. *Psychotherapy, 20*, 190-201. http://dx.doi.org/10.1037/h0088490

Greenberg, L. S. (1986). Change process research [Special issue]. *Journal of Consulting and Clinical Psychology, 54,* 4-9. http://dx.doi. org/10.1037/0022-006X.54.1.4

Greenberg, L. S. (1991). Research on the process of change. *Psychotherapy Research, 1,* 3-16. http://dx.doi.org/10.1080/10503 309112331334011

Greenberg, L. S. (2007). A guide to conducting a task analysis of psychotherapeutic change. *Psychotherapy Research, 17,* 15-30. http://dx.doi.org/10.1080/10503300600720390

Greenberg, L. S. (2015). *Emotion-focused therapy: Coaching clients to work through their feelings.* Washington, DC: American Psychological Association.

Greenberg, L. S., & Angus, L. E. (2004). The contributions of emotion processes to narrative change in psychotherapy: A dialectical constructivist approach. In L. Angus & J. McLeod (Eds.), *Handbook of narrative psychotherapy: Practice, theory, and research* (pp. 331-349). Thousand Oaks, CA: Sage. http://dx.doi. org/10.4135/9781412973496.d25

Greenberg, L. S., Auszra, L., & Herrmann, I. R. (2007). The relationship among emotional productivity, emotional arousal, and outcome in experiential therapy of depression. *Psychotherapy Research, 17,* 482-493. http://dx.doi.org/10.1080/10503300600977800

Greenberg, L. S., & Bolger, E. (2001). An emotion-focused approach to the overregulation of emotion and emotional pain. *Journal of Clinical Psychology, 57,* 197-211.

Greenberg, L. S., & Clarke, C. M. (1979). Differential effects of the two-chair experiment and empathic reflections at a conflict marker. *Journal of Counseling Psychology, 26,* 1-8. http://dx.doi. org/10.1037/0022-0167.26.1.1

Greenberg, L. S., & Elliott, R. (1997). Varieties of empathic responding.

In A. C. Bohart & L. S. Greenberg (Eds.), *Empathy reconsidered: New directions in psychotherapy* (pp. 167–186). Washington, DC: American Psychological Association.

Greenberg, L. S., & Foerster, F. S. (1996). Task analysis exemplified: The process of resolving unfinished business. *Journal of Consulting and Clinical Psychology, 64*, 439–446. http://dx.doi.org/10.1037/0022-006X.64.3.439

Greenberg, L. S., Ford, C. L., Alden, L. S., & Johnson, S. M. (1993). In-session change in emotionally focused therapy. *Journal of Consulting and Clinical Psychology, 61*, 78–84. http://dx.doi.org/10.1037/0022-006X.61.1.78

Greenberg, L. S., & Goldman, R. N. (2008). *Emotion-focused couples therapy: The dynamics of emotion, love, and power.* Washington, DC: American Psychological Association.

Greenberg, L. S., & Johnson, S. M. (1986). Affect in marital therapy. *Journal of Marital and Family Therapy, 12*, 1–10. http://dx.doi.org/10.1111/j.1752-0606.1986.tb00630.x

Greenberg, L. S., & Johnson, S. M. (1988). *Emotionally focused therapy for couples.* New York, NY: Guilford Press.

Greenberg, L. S., Korman, L., & Paivio, S. (2001). Emotion in humanistic therapy. In D. Cain & J. Seeman (Eds.), *Humanistic psychotherapies: Handbook of research and practice* (pp. 499–530). Washington, DC: American Psychological Association.

Greenberg, L. S., & Malcolm, W. (2002). Resolving unfinished business: Relating process to outcome. *Journal of Consulting and Clinical Psychology, 70*, 406–416.

Greenberg, L. S., & Paivio, S. C. (1997). *Working with emotions in psychotherapy.* New York, NY: Guilford Press.

Greenberg, L. S., & Pascual-Leone, J. (1995). A dialectical constructivist approach to experiential change. In R. A. Neimeyer & M. J. Mahoney (Eds.), *Constructivism in psychotherapy* (pp. 169-191). Washington, DC: American Psychological Association. http://dx.doi.org/10.1037/10170-008

Greenberg, L. S., & Pascual-Leone, J. (1997). Emotion in the creation of personal meaning. In M. J. Power & C. R. Brewin (Eds.), *The transformation of meaning in psychological therapies: Integrating theory and practice* (pp. 157-173). Hoboken, NJ: John Wiley & Sons.

Greenberg, L. S., & Pascual-Leone, J. (2001). A dialectical constructivist view of the creation of personal meaning. *Journal of Constructivist Psychology, 14*, 165-186. http://dx.doi.org/10.1080/10720530125970

Greenberg, L. S., & Pedersen, R. (2001, November). *Relating the degree of resolution of in-session self-criticism and dependence to outcome and follow-up in the treatment of depression.* Paper presented at the conference of the North American Chapter of the Society for Psychotherapy Research, Puerto Vallarta, Mexico.

Greenberg, L. S., & Pinsof, W. M. (1986). *Psychotherapeutic process: A research handbook.* New York, NY: Guilford Press.

Greenberg, L. S., Rice, L. N., & Elliott, R. (1993). *Facilitating emotional change.* New York, NY: Guilford Press.

Greenberg, L. S., & Safran, J. D. (1984). Hot cognition-Emotion coming in from the cold: A reply to Rachman and Mahoney. *Cognitive Therapy and Research, 18*, 591-598.

Greenberg, L. S., & Safran, J. D. (1987). *Emotion in psychotherapy.* New York, NY: Guilford Press.

Greenberg, L. S., & Tomescu, L. R. (2017). *Supervision essentials for emotionfocused therapy.* Washington, DC: American Psychological

Association.

Greenberg, L. S., & Van Balen, R. (1998). The theory of experience-centered therapies. In L. S. Greenberg, J. C. Watson, & G. Lietaer (Eds.), *Handbook of experiential psychotherapy* (pp. 28-57). New York, NY: Guilford Press.

Greenberg, L. S., Warwar, S. H., & Malcolm, W. M. (2008). Differential effects of emotion-focused therapy and psychoeducation in facilitating forgiveness and letting go of emotional injuries. *Journal of Counseling Psychology, 55,* 185-196. http://dx.doi.org/10.1037/0022-0167.55.2.185

Greenberg, L., Warwar, S., & Malcolm, W. (2010). Emotion-focused couples therapy and the facilitation of forgiveness. *Journal of Marital and Family Therapy, 36,* 28-42. http://dx.doi.org/10.1111/j.1752-0606.2009.00185.x

Greenberg, L. S., & Watson, J. C. (1998). Experiential therapy of depression: Differential effects of client-centered relationship conditions and process experiential interventions. *Psychotherapy Research, 8,* 210-224. http://dx.doi.org/10.1080/10503309812331332317

Greenberg, L. S., & Watson, J. C. (2006). *Emotion-focused therapy for depression.* Washington, DC: American Psychological Association. http://dx.doi.org/10.1037/11286-000

Greenberg, L. S., Watson, J. C., & Goldman, R. (1998). Process-experiential therapy for depression. In L. S. Greenberg, J. C. Watson, & R. Goldman (Eds.), *Handbook of experiential psychotherapy* (pp. 227-248). New York, NY: Guilford Press.

Greenberg, L. S., Watson, J. C., & Lietaer, G. O. (Eds.). (1998). *Handbook of experiential therapy.* New York, NY: Guilford Press.

Greenberg, L. S., & Webster, M. C. (1982). Resolving decisional conflict by Gestalt two-chair dialogue: Relating process to outcome. *Journal of Counseling Psychology*, *29*, 468-477. http://dx.doi.org/10.1037/0022-0167.29.5.468

Gross, J. J. (2015). Emotion regulation: Current status and future prospects. *Psychological Inquiry*, *26*, 1-26.

Guidano, V. F. (1995). Self-observation in constructivist psychotherapy. In R. A. Neimeyer & M. J. Mahoney (Eds.), *Constructivism in psychotherapy* (pp. 155-168). Washington, DC: American Psychological Association. http://dx.doi.org/10.1037/10170-007

Hendricks, M. (2009). Experiencing level: An instance of developing a variable from a first person process so that it can be reliably measured and taught. *Journal of Consciousness Studies*, *16*, 129-155.

Herrmann, I. R., Greenberg, L. S., & Auszra, L. (2016). Emotion categories and patterns of change in experiential therapy for depression. *Psychotherapy Research*, *26*, 178-195.

Honos-Webb, L., Stiles, W. B., Greenberg, L. S., & Goldman, R. (1998). Assimilation analysis of process-experiential psychotherapy: A comparison of two cases. *Psychotherapy Research*, *8*, 264-286. http://dx.doi.org/10.1080/10503309812331332387

Honos-Webb, L., Surko, M., Stiles, W. B., & Greenberg, L. S. (1999). Assimilation of voices in psychotherapy: The case of Jan. *Journal of Counseling Psychology*, *46*, 448-460. http://dx.doi.org/10.1037/0022-0167.46.4.448

Horvath, A. O., & Greenberg, L. S. (1989). Development and validation of the Working Alliance Inventory. *Journal of Counseling Psychology*, *36*, 223-233. http://dx.doi.org/10.1037/0022-0167.36.2.223

Horvath, A. O., & Greenberg, L. S. (Eds.). (1994). *The working alliance: Theory, research and practice*. New York, NY: Wiley.

Hupbach, A., Hardt, O., Gomez, R., & Nadel, L. (2008). The dynamics of memory: Context-dependent updating. *Learning & Memory*, *15*, 574-579.

Iberg, J. R. (1996). Finding the body's next step: Ingredients and hindrances. *The Folio: A Journal for Focusing and Experiential Psychotherapy*, *17*, 23-32.

Izard, C. E. (1977). *Human emotions*. New York, NY: Plenum Press. http://dx.doi.org/10.1007/978-1-4899-2209-0

Izard, C. E. (2009). Emotion theory and research: Highlights, unanswered questions, and emerging issues. *Annual Review of Psychology*, *60*, 1-25.

James, W. (1890). *The principles of psychology*. Oxford, England: Holt. http://dx.doi.org/10.1037/11059-000

Johnson, C., & Larson, R. (1982). Bulimia: An analysis of moods and behavior. *Psychosomatic Medicine*, *44*, 341-351.

Johnson, S. M. (2004). Attachment theory: A guide for healing couple relationships. In W. S. Rholes & J. A. Simpson (Eds.), *Adult attachment: Theory, research and clinical implications* (pp. 367-387). New York, NY: Guilford Press.

Johnson, S. M., & Greenberg, L. S. (1985a). Differential effects of experiential and problem-solving interventions in resolving marital conflict. *Journal of Consulting and Clinical Psychology*, *53*, 175-184.

Johnson, S. M., & Greenberg, L. S. (1985b). Emotionally focused couples therapy: An outcome study. *Journal of Marital and Family Therapy*, *11*, 313-317.

Johnson, S. M., & Greenberg, L. S. (1988). Relating process to outcome in marital therapy. *Journal of Marital and Family Therapy*, *14*, 175-183. http://dx.doi.org/10.1111/j.1752-0606.1988.tb00733.x

Johnson, S. M., Hunsley, J., Greenberg, L., & Schindler, D. (1999). Emotionally focused couples therapy: Status and challenges. *Clinical Psychology: Science and Practice, 6*, 67-79. http://dx.doi.org/10.1093/clipsy.6.1.67

Jones, E. E., & Pulos, S. M. (1993). Comparing the process of psychodynamic and cognitive-behavioral therapist. *Journal of Consulting and Clinical Psychology, 61*, 306-316.

Kearney-Cooke, A., & Striegel-Moore, R. (1997). The etiology and treatment of body image disturbance. In D. M. Garner & P. E. Garfinkel (Eds.), *Handbook of treatment for eating disorders* (2nd ed., pp. 295-306). New York, NY: Guilford Press.

Kennedy-Moore, E., & Watson, J. C. (1999). *Expressing emotion: Myths, realities, and therapeutic strategies.* New York, NY: Guilford Press.

Kiesler, D. J., Mathieu, P. L., & Klein, M. H. (1967). Measurement of conditions and process variables. In C. Rogers, E. T. Gendlin, D. Kiesler, & C. B. Truax (Eds.), *The therapeutic relationship and its impact: A study of psychotherapy with schizophrenics* (pp. 135-185). Madison: University of Wisconsin.

Kircanski, K., Lieberman, M. D., & Craske, M. G. (2012). Feelings into words: Contributions of language to exposure therapy. *Psychological Science, 23*, 1086-1091.

Kitayama, S., Mesquita, B., & Karasawa, M. (2006). Cultural affordances and emotional experience: Socially engaging and disengaging emotions in Japan and the United States. *Journal of Personality and Social Psychology, 91*, 890-903.

Klein, M. H., Mathieu, P. L., Gendlin, E. T., & Kiesler, D. J. (1969). *The Experiencing Scale: A research and training manual* (Vol. 1). Madison: Wisconsin Psychiatric Institute.

Lafrance Robinson, A., Dolhanty, J., & Greenberg, L. (2015). Emotion-focused family therapy for eating disorders in children and adolescents. *Clinical Psychology and Psychotherapy*, *22*, 75-82. http://dx.doi.org/10.1002/cpp.1861

Lafrance Robinson, A., Dolhanty, J., Stillar, A., Henderson, K., & Mayman, S. (2016). Emotion-focused family therapy for eating disorders across the lifespan: A pilot study of a 2-day transdiagnostic intervention for parents. *Clinical Psychology & Psychotherapy*, *23*, 14-23. http://dx.doi.org/10.1002/cpp.1933

Lafrance Robinson, A., Strahan, E., Girz, L., Wilson, A., & Boachie, A. (2013). "I know I can help you": Parental self-efficacy predicts adolescent outcomes in family-based therapy for eating disorders. *European Eating Disorder Review*, *21*, 108-114. http://dx.doi.org/10.1002/erv.2180

LeDoux, J. (1996). *The emotional brain: The mysterious underpinnings of emotional life*. New York, NY: Simon and Schuster.

Leijssen, M. (1996). Characteristics of a healing inner relationship. In R. Hutterer, G. Pawlowsky, P. F. Scmid, & R. Stipsits (Eds.), *Client-centered and experiential psychotherapy towards the nineties* (pp. 225-250). Leuven, Belgium: Leuven University Press.

Leijssen, M., Lietaer, G., Stevens, I., & Wels, G. (2000). Focusing training for stagnating clients: An analysis of four cases. In J. Marques-Teixeira & S. Antunes (Eds.), *Client-centered and experiential psychotherapy* (pp. 207-224). Linda a Velha, Portugal: Vale & Vale.

Lewin, J. (2000). *Both sides of the coin: Comparative analyses of narrative process patterns in poor and good outcome dyads engaged in brief experiential psychotherapy for depression* (Unpublished master's thesis). York University, Toronto, Ontario, Canada.

Lieberman, M. D., Eisenberger, N. I., Crockett, M. J., Tom, S. M., Pfeifer, J. H., & Way, B. M. (2007). Putting feelings into words:

Affect labeling disrupts amygdala activity in response to affective stimuli. *Psychological Science, 18*, 421-428.

Linehan, M. M. (1993). *Cognitive-behavioral treatment of borderline personality disorder.* New York, NY: Guilford Press.

Mackay, B. A. N. (1996). The Gestalt two-chair technique: How it relates to theory. Dissertation Abstracts International: Section B. *The Sciences and Engineering, 57*, 2158.

Makinen, J. A., & Johnson, S. M. (2006). Resolving attachment injuries in couples using emotionally focused therapy: Steps toward forgiveness and reconciliation. *Journal of Consulting and Clinical Psychology, 74*, 1055-1064. http://dx.doi.org/10.1037/0022-006X.74.6.1055

Markowitsch, H. J. (1998). Differential contribution of right and left amygdala to affective information processing. *Behavioral Neurology, 11*, 233-244.

Matsumoto, D., Yoo, S. H., & Nakagawa, S. (2008). Culture, emotion regulation and adjustment. *Journal of Personality and Social Psychology, 94*, 925-937. http://dx.doi.org/10.1037/0022-3514.94.6.925

May, R. (1977). *The meaning of anxiety.* New York, NY: Norton.

May, R., & Yalom, I. D. (1989). Existential psychotherapy. In R. J. Corsini & J. Raymond (Eds.), *Current psychotherapies* (4th ed., pp. 363-402). Itasca, IL: Peacock.

McCullough, L., Kuhn, N., Andrews, S., Kaplan, A., Wolf, J., & Hurley, C. L. (2003). *Treating affect phobia: A manual for short-term dynamic psychotherapy.* New York, NY: Guilford Press.

McGaugh, J. L. (2000). Memory-A century of consolidation. *Science, 287*, 248-251.

McKinnon, J. M., & Greenberg, L. S. (2009). Revealing underlying vulnerable emotion in couple therapy: Impact on session and final outcome. *Journal of Marital and Family Therapy*, 35, 303-319. http://dx.doi.org/10.1111/1467-6427.12015

McKinnon, J. M., & Greenberg, L. S. (in press). Vulnerable emotional expression in emotion-focused therapy for couples: Relating process to outcome. *Journal of Marital and Family Therapy*.

McMain, S. F. (1996). Relating changes in self-other schemas to psychotherapy outcome. *Dissertation Abstracts International: Section B: The Sciences and Engineering*, 56, 5775.

McMain, S. F., Goldman, R., & Greenberg, L. (1996). Resolving unfinished business: A program of study. In W. Dryden (Ed.), *Research in counseling and psychotherapy: Practical applications* (pp. 211-232). Thousand Oaks, CA: Sage.

Missirlian, T. M., Toukmanian, S. G., Warwar, S. H., & Greenberg, L. S. (2005). Emotional arousal, client perceptual processing, and the working alliance in experiential psychotherapy for depression. *Journal of Consulting and Clinical Psychology*, 73, 861-871. http://dx.doi.org/10.1037/0022-006X.73.5.861

Nadel, L., & Bohbot, V. (2001). Consolidation of memory. *Hippocampus*, 11, 56-60. http://dx.doi.org/10.1002/1098-1063(2001)11:1%3C56::AIDHIPO1020%3E3.0.CO;2-O

Nadel, L., & Moscovitch, M. (1997). Memory consolidation, retrograde amnesia, and the hippocampal complex. *Current Opinion in Neurobiology*, 7, 217-227.

Nader, K., Schafe, G. E., & LeDoux, J. E. (2000). Fear memories require protein synthesis in the amygdala for reconsolidation after retrieval. *Nature*, 406, 722-726.

Neimeyer, R. A., & Mahoney, M. J. (1995). *Constructivism in psychotherapy*. Washington, DC: American Psychological

Association. http://dx.doi.org/10.1037/10170-000

Oatley, K. (1992). *Best laid schemes*. Cambridge, England: Cambridge University Press.

Orlinsky, D. E., & Howard, K. I. (1986). Process and outcome in psychotherapy. In S. Garfield & A. Bergin (Eds.), *Handbook of psychotherapy and behavior change* (pp. 311-381). New York, NY: Wiley.

Paivio, S., & Bahr, L. (1998). Interpersonal problems, working alliance, and outcome in short-term experiential therapy. *Psychotherapy Research*, *8*, 392-407. http://dx.doi.org/10.1080/105033098123313 32487

Paivio, S. C., & Greenberg, L. S. (1995). Resolving "unfinished business": Efficacy of experiential therapy using empty-chair dialogue. *Journal of Consulting and Clinical Psychology*, *63*, 419-425.

Paivio, S. C., Hall, I. E., Holowaty, K. A. M., Jellis, J. B., & Tran, N. (2001). Imaginal confrontation for resolving child abuse issues. *Psychotherapy Research*, *11*, 433-453.

Paivio, S. C., Holowaty, K. A. M., & Hall, I. E. (2004). The influence of therapist adherence and competence on client reprocessing of child abuse memories. *Psychotherapy*, *41*, 56-68. http://dx.doi.org/10.1037/0033-3204.41.1.56

Paivio, S. C., & Nieuwenhuis, J. A. (2001). Efficacy of emotion focused therapy for adult survivors of child abuse: A preliminary study. *Journal of Traumatic Stress*, *14*, 115-133. http://dx.doi.org/10.1023/A:1007891716593

Paivio, S. C., & Pascual-Leone, A. (2010). *Emotion-focused therapy for complex trauma: An integrative approach*. Washington, DC: American Psychological Association.

Pascual-Leone, A. (2009). Dynamic emotional processing in experiential therapy: Two steps forward, one step back. *Journal of Consulting and Clinical Psychology*, 77, 113-126. http://dx.doi.org/10.1037/a0014488

Pascual-Leone, A., & Greenberg, L. (2007). Emotional processing in experiential therapy: Why "the only way out is through." *Journal of Consulting and Clinical Psychology*, 75, 875-887.

Pascual-Leone, A., Greenberg, L. S., & Pascual-Leone, J. (2009). Developments in task analysis: New methods to study change. *Psychotherapy Research*, 19, 527-542. http://dx.doi.org/10.1080/10503300902897797

Pascual-Leone, J. (1987). Organismic processes for neo-Piagetian theories: A dialectical causal account of cognitive development. *International Journal of Psychology*, 22, 531-570. http://dx.doi.org/10.1080/00207598708246795

Pascual-Leone, J. (1988). Organismic processes for neo-Piagetian theories: A dialectical causal account of cognitive development. In A. Demetriou (Ed.), *The neo-Piagetian theories of cognitive development: Toward an integration* (pp. 25-64). Oxford, England: North-Holland.

Pascual-Leone, J. (1991). Emotions, development, and psychotherapy: A dialectical constructivist perspective. In J. Safran & L. S. Greenberg (Eds.), *Emotion, psychotherapy, and change* (pp. 302-335). New York, NY: Guilford Press.

Pascual-Leone, J., & Johnson, J. (1999). A dialectical constructivist view of representation: Role of mental attention, executives, and symbols. In I. E. Sigel (Ed.), *Development of mental representations: Theories and applications* (pp. 168-200). Mahwah, NJ: Erlbaum.

Pennebaker, J. W. (1995). *Emotion, disclosure and health*. Washington,

DC: American Psychological Association. http://dx.doi.org/ 10.1037/10182-000

Perls, F. S. (1947). *Ego, hunger, and aggression*. London, England: Allen & Unwin.

Perls, F. S. (1969). *Gestalt therapy verbatim*. Moab, UT: Real People Press.

Perls, F. S., Hefferline, R. F., & Goodman, P. (1951). *Gestalt therapy: Excitement and growth in the human personality*. New York, NY: Dell.

Piaget, J., & Inhelder, B. (1973). *Memory and intelligence*. New York, NY: Basic Books.

Pos, A. E., Greenberg, L. S., Goldman, R. N., & Korman, L. M. (2003). Emotional processing during experiential treatment of depression. *Journal of Consulting and Clinical Psychology*, *71*, 1007-1016. http://dx.doi.org/10.1037/0022-006X.71.6.1007

Pos, A. E., Greenberg, L. S., & Warwar, S. H. (2009). Testing a model of change in the experiential treatment of depression. *Journal of Consulting and Clinical Psychology*, *77*, 1055-1066. http://dx.doi.org/10.1037/a0017059

Ribeiro, A. P., Mendes, I., Stiles, W. B., Angus, L., Sousa, I., & Goncalves, M. M. (2014). Ambivalence in emotion-focused therapy for depression: The maintenance of problematically dominant self-narratives. *Psychotherapy Research*, *24*, 702-710. http://dx.doi.org /10.1080/10503307.2013.879620

Rice, L. N. (1974). The evocative function of the therapist. In D. Wexler & L. N. Rice (Eds.), *Innovations in client-centered therapy* (pp. 289-311). New York, NY: Wiley.

Rice, L. N., & Greenberg, L. S. (Eds.). (1984). *Patterns of change: An intensive analysis of psychotherapeutic process*. New York, NY:

Guilford Press.

Rice, L. N., & Kerr, G. P. (1986). Measures of client and therapist vocal quality. In L. S. Greenberg & W. M. Pinsof (Eds.), *The psychotherapeutic process: A research handbook* (pp. 73-105). New York, NY: Guilford Press.

Rice, L. N., & Saperia, E. P. (1984). Task analysis and the resolution of problematic reactions. In L. N. Rice & L. S. Greenberg (Eds.), *Patterns of change* (pp. 29-66). New York, NY: Guilford Press.

Rogers, C. R. (1957). The necessary and sufficient conditions of therapeutic personality change. *Journal of Consulting Psychology, 21*, 95-103. http://dx.doi.org/10.1037/h0045357

Rogers, C. R. (1959). A theory of therapy, personality and interpersonal relationships, as developed in the client-centered framework. In S. Koch (Ed.), *Psychology: A study of a science* (Vol. 3, pp. 184-256). New York, NY: McGraw Hill.

Safdar, S., Friedlmeier, W., Matsumoto, D., Yoo, S. H., Kwantes, C. T., Kakai, H., & Shigemasu, E. (2009). Variations of emotional display rules within and across cultures: A comparison between Canada, USA, and Japan. *Canadian Journal of Behavioural Science, 41*, 1-10. http://dx.doi.org/10.1037/a0014387

Schore, A. N. (1994). *Affect regulation and the origin of the self: The neurobiology of emotional development.* Hillsdale, NJ: Lawrence Erlbaum Associates, Inc.

Schore, A. N. (2003). *Affect dysregulation & disorders of the self.* New York, NY: Norton.

Shahar, B. (2014). Emotion-focused therapy for the treatment of social anxiety: An overview of the model and a case description. *Clinical Psychology & Psychotherapy, 21*, 536-547. http://dx.doi.org/10.1002/cpp.1853

Shahar, B. (in press). Emotion-focused therapy of social anxiety disorder: Results from a multiple baseline study. *Journal of Consulting & Clinical Psychology*.

Sharbanee, J., Greenberg, L. & Watson, J. (2015, June). *Emotional processing of anxious insecurity*. Paper presented at the conference of the International Society for Psychotherapy Research, Philadelphia, PA.

Sicoli, L. A., & Hallberg, E. T. (1998). An analysis of client performance in the two-chair method. *Canadian Journal of Counselling, 32*, 151–162.

Silberschatz, G., Fretter, P. B., & Curtis, J. T. (1986). How do interpretations influence the process of psychotherapy? *Journal of Consulting and Clinical Psychology, 54*, 646–652. http://dx.doi.org/10.1037/0022-006X.54.5.646

Sroufe, L. A. (1996). *Emotional development: The organization of emotional life in the early years. Cambridge studies in social & emotional development*. New York, NY: Cambridge University Press. http://dx.doi.org/10.1017/CBO9780511527661

Stern, D. (1985). *The interpersonal world of the infant*. New York, NY: Basic Books.

Stern, D. N. (1995). Self/other differentiation in the domain of intimate socioaffective interaction: Some considerations. In P. Rochat (Ed.), *The self in infancy: Theory and research* (pp. 419–429). Amsterdam, Netherlands: North-Holland/Elsevier Science Publishers.

Stiles, W. B., Barkham, M., Mellor-Clark, J., & Connell, J. (2008a). Effectiveness of cognitive-behavioural, person-centred, and psychodynamic therapies in UK primary-care routine practice: replication in a larger sample. *Psychological Medicine, 38*, 677–688. http://dx.doi.org/10.1017/S0033291707001511

Stiles, W. B., Barkham, M., Mellor-Clark, J., & Connell, J. (2008b). Routine psychological treatment and the Dodo verdict: A rejoinder to Clark et al. (2007). *Psychological Medicine, 38*, 905-910. http://dx.doi.org/10.1017/S0033291708002717

Stillar, A., Strahan, E., Nash, P., Files, N., Scarborough, J., Mayman, S., ... Lafrance Robinson, A. (2016). The influence of carer fear and self-blame when supporting a loved one with an eating disorder. *Eating Disorders: The Journal of Treatment and Prevention, 24*, 173-185.

Taylor, C. (1990). *Human agency and language*. New York, NY: Cambridge University Press.

Thelen, E., & Smith, L. B. (1994). *A dynamic systems approach to the development of cognition and action*. Cambridge, MA: The MIT Press.

Timulak, L. (2015). *Transforming emotional pain in psychotherapy: An emotion focused approach*. London, England: Routledge.

Timulak, L., & McElvaney, J. (2016). Emotion-focused therapy for generalized anxiety disorder: An overview of the model. *Journal of Contemporary Psychotherapy, 46*, 41-52. http://dx.doi.org/10.1007/s10879-015-9310-7

Timulak, L., McElvaney, J., Martin, E., & Greenberg, L. S. (2014, June). *Emotionfocused therapy for GAD: First quantitative and qualitative outcomes*. Paper presented at the annual conference of the Society for Psychotherapy Research, Copenhagen, Denmark.

Toukmanian, S. G. (1992). Studying the client's perceptual processes and their outcomes in psychotherapy. In D. L. Rennie & S. G. Toukmanian (Eds.), *Psychotherapy process research: Paradigmatic and narrative approaches* (pp. 77-107). Thousand Oaks, CA: Sage.

Treasure, J. L., Schmidt, U. H., & Troop, N. A. (2000). Cognitive analytic therapy and the transtheoretical framework. In K. J. Miller & J. S. Scott (Eds.), *Comparative treatments for eating disorders* (pp. 284–308). New York, NY: Springer.

Trevarthen, C. (2001). Intrinsic motives for companionship in understanding: Their origin, development, and significance for infant mental health. *Infant Mental Health Journal, 22*, 95–131.

Tucker, D. M. (1981). Lateral brain function, emotion, and conceptualization. *Psychological Bulletin, 89*, 19–46.

Warwar, S., & Greenberg, L. S. (1999a). *Client Emotional Arousal Scale-III* (Unpublished manuscript). York University, Toronto, Ontario, Canada.

Warwar, S., & Greenberg, L. S. (1999b, June). *Emotional processing and therapeutic change*. Paper presented at the International Society for Psychotherapy Research Annual Meeting, Braga, Portugal.

Warwar, S., & Greenberg, L. S. (2000). Advances in theories of change and counseling. In S. D. Brown & R. W. Lent (Eds.), *Handbook of counseling psychology* (3rd ed., pp. 571–600). New York, NY: Wiley.

Warwar, S. H. (2005). Relating emotional processing to outcome in experiential psychotherapy of depression. *Dissertation Abstracts International: Section B: The Sciences and Engineering, 66*, 581.

Warwar, S. H., Links, P. S., Greenberg, L., & Bergmans, Y. (2008). Emotion-focused principles for working with borderline personality disorder. *Journal of Psychiatric Practice, 14*, 94–104. http://dx.doi.org/10.1097/01.pra.0000314316.02416.3e

Watson, J. C. (1996). The relationship between vivid description, emotional arousal, and in-session resolution of problematic reactions. *Journal of Consulting and Clinical Psychology, 64*, 459–464. http://dx.doi.org/10.1037/0022-006X.64.3.459

Watson, J. C., & Geller, S. M. (2005). The relationship among relationship conditions, working alliance, and outcome in both process-experiential and cognitive-behavioral psychotherapy [Special issue]. *Psychotherapy Research*, *15*, 25-33. http://dx.doi.or g/10.1080/10503300512331327010

Watson, J. C., Gordon, L. B., Stermac, L., Kalogerakos, F., & Steckley, P. (2003). Comparing the effectiveness of process-experiential with cognitive-behavioral psychotherapy in the treatment of depression. *Journal of Consulting and Clinical Psychology*, *71*, 773-781. http:// dx.doi.org/10.1037/0022-006X.71.4.773

Watson, J. C., & Greenberg, L. S. (2017). *Emotion-focused therapy for generalized anxiety*. Washington, DC: American Psychological Association.

Watson, J. C., & McMullen, E. J. (2005). An examination of therapist and client behavior in high- and low-alliance sessions in cognitive-behavioral therapy and process experiential therapy. *Psychotherapy: Theory, Research, Practice, Training*, *42*, 197-310. http://dx.doi.org/10.1037/0033-3204.42.3.297

Watson, J. C., & Rennie, D. L. (1994). Qualitative analysis of clients' subjective experience of significant moments during the exploration of problematic reactions. *Journal of Counseling Psychology*, *41*, 500-509.

Weakland, J., & Watzlawick, P. (1979). *The interactional view: Studies at the Mental Research Institute, Palo Alto, 1965-1974*. New York, NY: Norton.

Weerasekera, P., Linder, B., Greenberg, L., & Watson, J. (2001). The working alliance in client-centered and process-experiential therapy of depression. *Psychotherapy Research*, *11*, 221-233.

Wheeler, G. (1991). *Gestalt reconsidered: A new approach to contact and resistance*. New York, NY: Gardner Press.

Whelton, W. J. (2004). Emotional processes in psychotherapy: Evidence across therapeutic modalities. *Clinical Psychology & Psychotherapy*, *11*, 58-71. http://dx.doi.org/10.1002/cpp.392

Whelton, W. J., & Greenberg, L. S. (2001). The self as a singular multiplicity: A process-experiential perspective. In J. C. Muran (Ed.), *Self-relations in the psychotherapy process* (pp. 87-110). Washington, DC: American Psychological Association.

Whelton, W. J., & Greenberg, L. S. (2005). Emotion in self-criticism. *Personality and Individual Differences*, *38*, 1583-1595. http://dx.doi.org/10.1016/j.paid.2004.09.024

White, R. (1959). Motivation reconsidered: The concept of competence. *Psychological Review*, *66*, 297-333.

Wilson, G. T., & Vitousek, K. M. (1999). Self-monitoring in the assessment of eating disorders. *Psychological Assessment*, *11*, 480-489. http://dx.doi.org/10.1037/1040-3590.11.4.480

Wnuk, S., Greenberg, L., & Dolhanty, J. (2015). Emotion-focused group therapy for women with symptoms of bulimia nervosa. *Eating Disorders: Journal of Treatment and Prevention*, *23*, 253-261. http://dx.doi.org/10.1080/10640266.2014.964612

Yalom, I. D. (1980). *Existential psychotherapy*. New York, NY: Basic Books.

Yontef, G. M. (1995). Gestalt therapy. In A. S. Gurman & S. B. Messer (Eds.), *Essential psychotherapies: Theory and practice* (pp. 261-303). New York, NY: Guilford Press.

◆

찾아보기

EFT 커플치료 196
MENSIT 149

ㄱ

가치조건화 39
갈등 분열 144, 210
개입 기술 120
결여 108
경계선 81
경험 회피 127
고통 나침반 147
공감 219
공감적 이해 151
공감적 재초점화 152
공감적 조율 114, 118
공감적 추측 152
공감적 탐색 121, 151

공감적 확인 155
과정-결과 연구 206
과정 진단 147
과정-진단적 접근 226
과정체험치료 192
과제분석 224
과제 원리 116
관계 원리 114
교정적 정서 경험 25, 136
구성주의 60, 64
권력 72

ㄴ

내사 49
느껴진 감각 42, 215

ㄷ

도구적 84
도구적 정서 125
동기 68, 69
동기화 32
두 의자 대화 210
따라가기 116

ㅁ

명시적 88
몸의 지혜 111
문제되는 반응 143, 214
문화 168
미해결과제 49, 145, 211

ㅂ

반성적 88
반전 49
방해 148
버림받음 59
변증법적 60
변증법적 구성주의 84, 95
부인 99
부적응 정서 124
부적응적 일차적 84
부적응적 정서 도식 101
분열 53
불분명하게 느껴진 감각 143

불안 170
불일치 이론 98
빈 의자 대화 211

ㅅ

사례공식화 146
생산성 199
생산적인 각성 202
서사 29
서사적 이야기 131, 205, 216
섭식장애 184
성장 경향성 67
성차 169
성찰적 217
소외 110
소유 66
수련 228
수치심 156
숙고 29, 131
신피질 75
실연 135
실재적 60
실존 110
실현 38

ㅇ

안전 73
안정 73

알아차림 126

암묵적 96

애착 72

억압 108

역기능 97

역동적 96

역설 33

연대 72

연대감 74

욕구 71, 148

우울 170

유기체 38

유기체의 가치화 111

의미 70

이끌기 116

이야기 109

이차적 반동적 정서 125

이차적 반작용 83

이차적 정서 140

일관성 65

일차적 44

일차적 부적응 정서 133

일차적 적응 정서 124

일차적 적응적 82

일차적 정서 138

일치성 33, 65

ㅈ

자각 126

자기 돌봄 123

자기 방해 분열 144

자기 수용 127

자기 위안 123

자기 자비 134

자기 진정하기 208

자기 조절 107

자기 통제 107

자기 표상 212

작업동맹 56, 114, 219

장애물 167

재구성 95

접촉 94

정동 26

정서 26

정서 도식 75, 140, 148

정서 도식 기억 76

정서 문해력 231

정서 변화의 원리 126

정서의 변화과정 208

정서의 종류 117

정서 작업의 논리적 근거 제공 156

정서적 각성 199, 201

정서적 상처 195

정서적 생산성 203

정서적 조율 121

정서조절 105, 106, 107, 129
정서조절력 78
정서중심 트라우마 치료 196
정서처리 스타일 148
정서 코칭 232
정체성 110
주의를 분산하기 130
주장적 분노 208
주체성 37, 209
주체적 110
증거기반 처치 191
지각 기술 117

ㅊ
체험적 31
체험 척도 198
체험하기 64
초점 맞추기 45, 94, 143, 215
취약성 145
치료 과제 210
치료의 단계 137
치료적 과제 53

ㅋ
커플을 위한 EFT 196

ㅌ
타당화 109
탈바꿈 29, 129, 132
탈바꿈 단계 139
투사 49

ㅍ
편도체 74
표식 116, 142
표현 127

ㅎ
행동 경향성 119
현존 33, 67, 114
호흡하기 130
환기 143, 214
회피 99, 108

저자 소개

Leslie S. Greenberg 박사는 캐나다 토론토에 소재하는 York 대학교 심리학과의 저명한 연구 명예 교수이다. 그는 변화의 과정에 대한 광범위한 연구를 바탕으로 개인과 커플을 치료하는 정서중심적 접근에 관한 주요 도서들을 저술해 왔다. 대표 저서로는 『심리치료에서의 정서(Emotion in Psychotherapy)』(1986), 『커플을 위한 정서적 초점 치료(Emotionally Focused Therapy for Couples)』(1988), 『정서적 변화 촉진하기(Facilitating Emotional Change)』(1993), 『정서중심 커플치료: 정서, 사랑, 힘의 역동 (Emotion-Focused Couples Therapy: The Dynamics of Emotion, Love, and Power)』(2008), 『정서중심치료: 이론과 실제(Emotion-Focused Therapy: Theory and Practice)』(2010), 『정서중심치료에서 서사적 이야기 작업하기: 이야기를 변화하기, 삶을 치유하기(Working with Narrative in Emotion-Focused Therapy: Changing Stories, Healing Lives)』(2011), 『치료적 현존(Therapeutic Presence)』(2012) 등이 있다. Greenberg 박사는 Carl Rogers상과 미국심리학회 응용 연구 분야의 탁월한 전문가 기여상, 심리치료연구 국제 협회의 탁월한 연구 경력상, 캐나다 심리학회의 탁월한 심리학 기여상 등을 받았다. 그는 개인과 커플을 치료하는 개인 상담소를 운영하며 전 세계를 다니며 정서중심적 접근에 관심 있는 사람들을 수련하고 있다.

역자 소개

한기백(GiBaeg Han)
University of North Texas 심리학과 상담심리학 박사(Ph.D.)
부산대학교 교육학과 상담심리전공(M.Ed.)
부산대학교 교육학과(B.A.)

현 서강대학교 교육대학원 상담심리전공 주임교수
    서강대학교 교육대학원 심리상담실 상담원 겸 수련감독자
    한국정서중심치료연구회(KIEFT) 회장
    한국인간중심 및 체험상담학회 운영위원
    한국심리유형학회 고문

전 한국인간중심 및 체험상담학회 회장
    한국심리유형학회 회장 및 편집위원장
    한국게슈탈트상담심리학회 이사
    한국상담심리학회 및 한국상담학회 임원

임상 수련(주요)
미국 캘리포니아주 Preston Youth Correctional Facility 박사 전 인턴십
   (2009~2010년)
Dallas Sigma Counseling Services 상담원(2007~2009년)
University of North Texas Psychology Clinic 상담원(2004~2007년)
University of North Texas Counseling & Testing Services 상담원(2004~2006년)
Southern Illinois University Counseling & Psychological Services 상담원
   (1999~2000년)
부산교육대학교 학생생활연구소 전임상담원(1994~1997년)

정서중심치료(원서 2판)

Emotional-Focused Therapy (Revised Edition)

2023년 3월 20일 1판 1쇄 인쇄
2023년 3월 30일 1판 1쇄 발행

지은이 • Leslie S. Greenberg
옮긴이 • 한기백
펴낸이 • 김진환
펴낸곳 • ㈜ 학지사

04031 서울특별시 마포구 양화로 15길 20 마인드월드빌딩
대표전화 • 02-330-5114   팩스 • 02-324-2345
등록번호 • 제313-2006-000265호

홈페이지 • http://www.hakjisa.co.kr
페이스북 • https://www.facebook.com/hakjisabook

ISBN 978-89-997-2776-4 93180

정가 17,000원

출판미디어기업 학지사

간호보건의학출판 학지사메디컬 www.hakjisamd.co.kr
심리검사연구소 인싸이트 www.inpsyt.co.kr
학술논문서비스 뉴논문 www.newnonmun.com
교육연수원 카운피아 www.counpia.com